Hellsing

KOHTA HIRANO

Story & Zeichnungen

KOHTA HIRANO

Übersetzung

BURKHARD HÖFLER

Bearbeitung

FRANCESCO BARBIERI

Lettering

LARA IACUCCI

INHALT

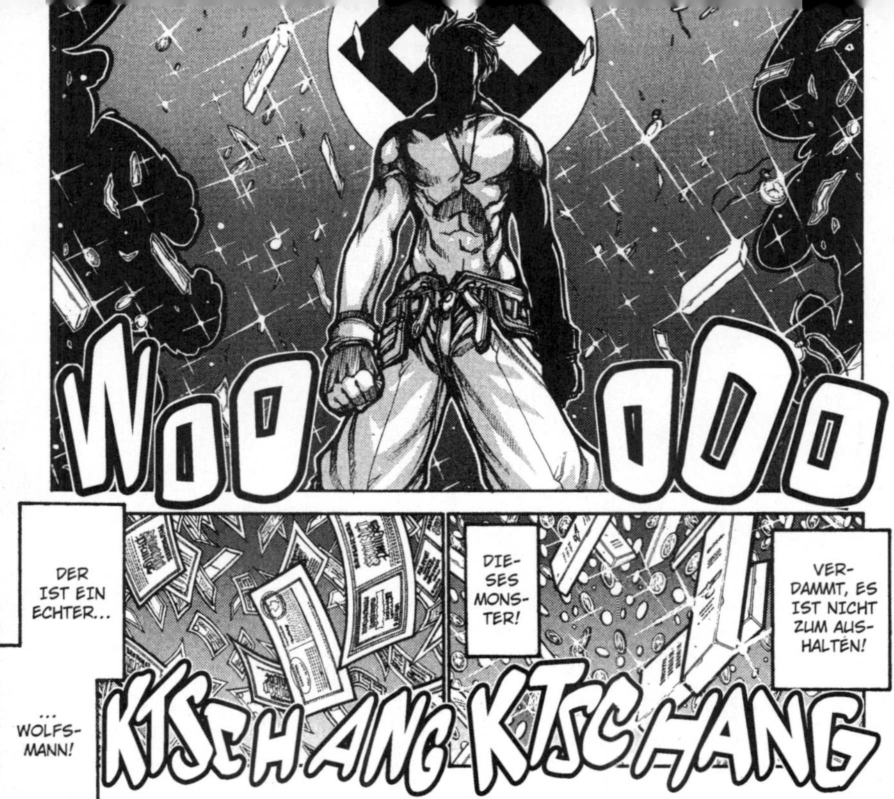

KAPITEL 1: WOLF FANG 1

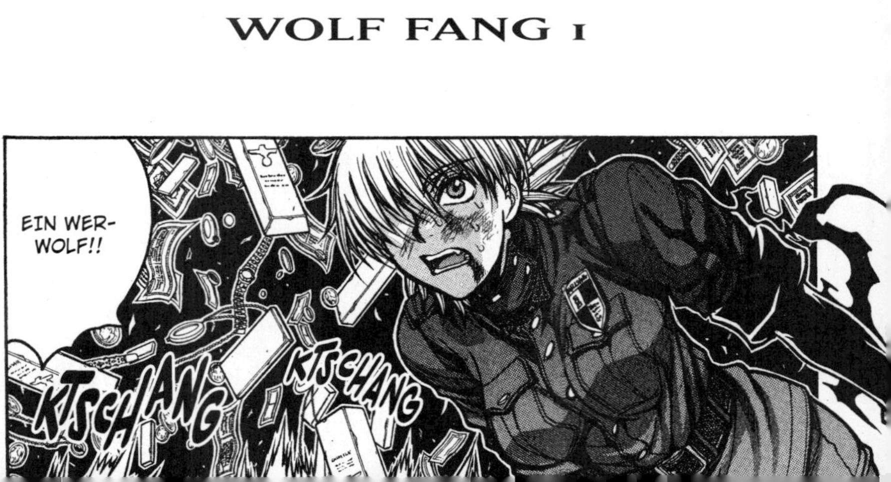

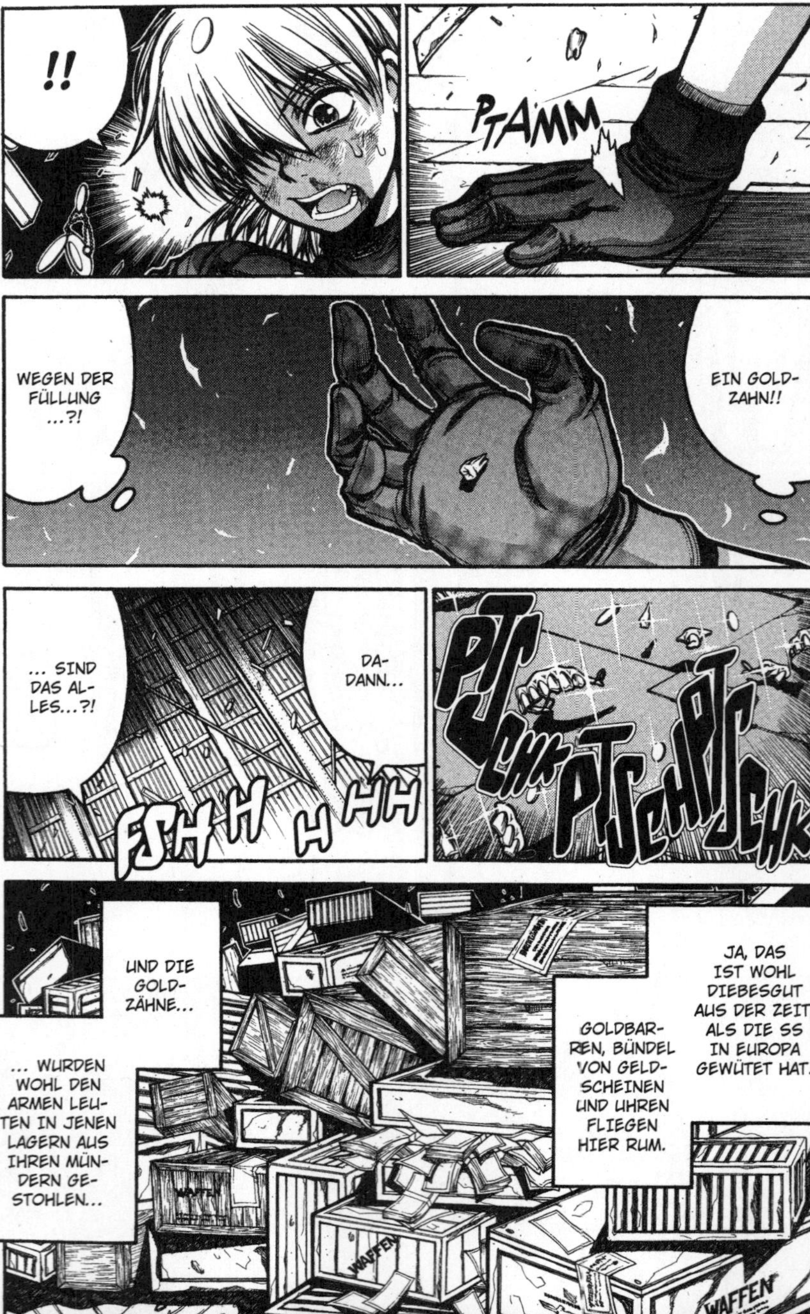
PTAMM
!!
EIN GOLD-ZAHN!!
WEGEN DER FÜLLUNG ...?!
PTSCHK PTSCHK PTSCHK
DA-DANN...
... SIND DAS AL-LES...?!
FSHHHHHH
JA, DAS IST WOHL DIEBESGUT AUS DER ZEIT, ALS DIE SS IN EUROPA GEWÜTET HAT.
GOLDBAR-REN, BÜNDEL VON GELD-SCHEINEN UND UHREN FLIEGEN HIER RUM.
UND DIE GOLD-ZÄHNE...
... WURDEN WOHL DEN ARMEN LEU-TEN IN JENEN LAGERN AUS IHREN MÜN-DERN GE-STOHLEN...
WAFFEN
WAFFEN
WAFFEN

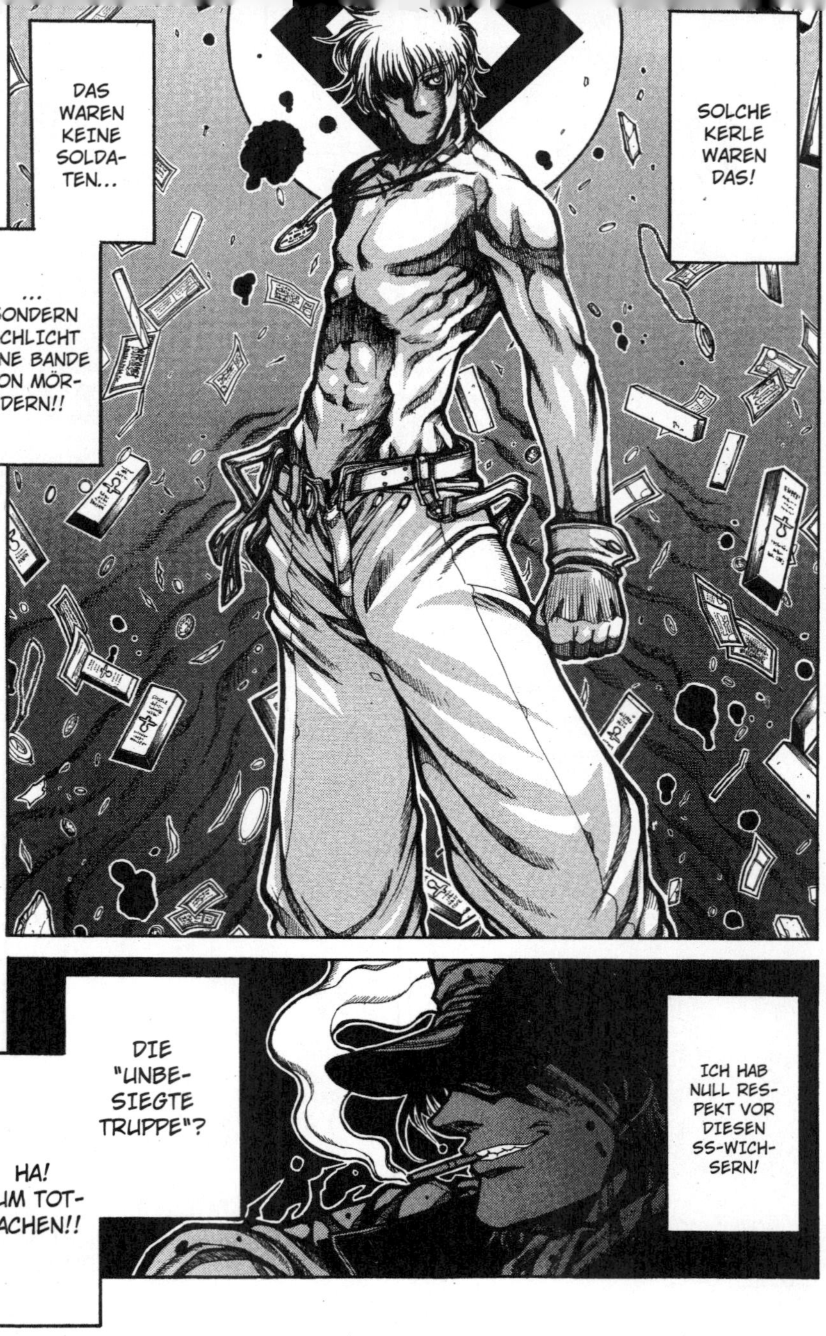
SOLCHE KERLE WAREN DAS!
DAS WAREN KEINE SOLDATEN...
... SONDERN SCHLICHT EINE BANDE VON MÖRDERN!!
ICH HAB NULL RESPEKT VOR DIESEN SS-WICHSERN!
DIE "UNBESIEGTE TRUPPE"?
HA! ZUM TOTLACHEN!!

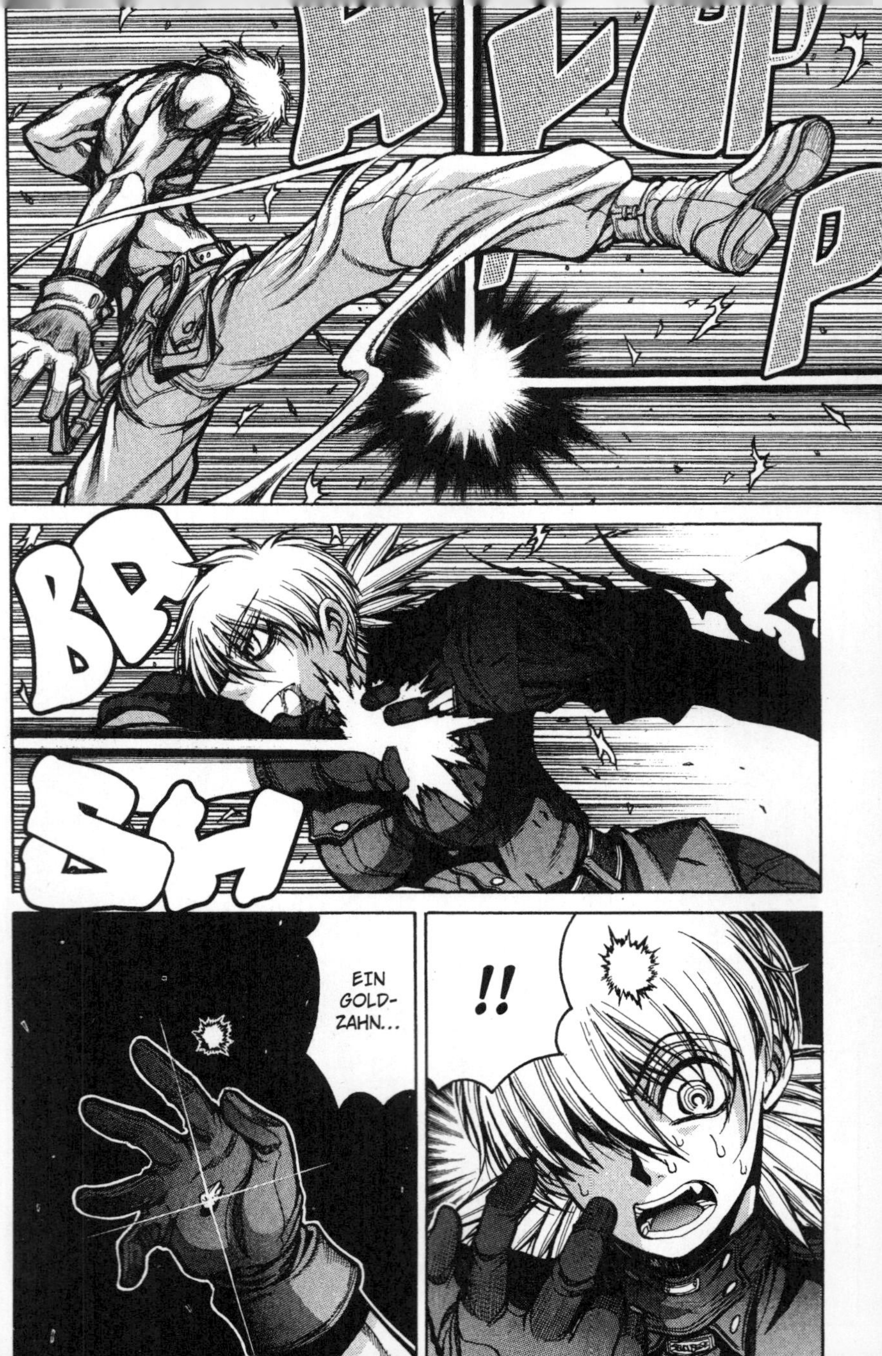
BASH
!!
EIN GOLD-
ZAHN...

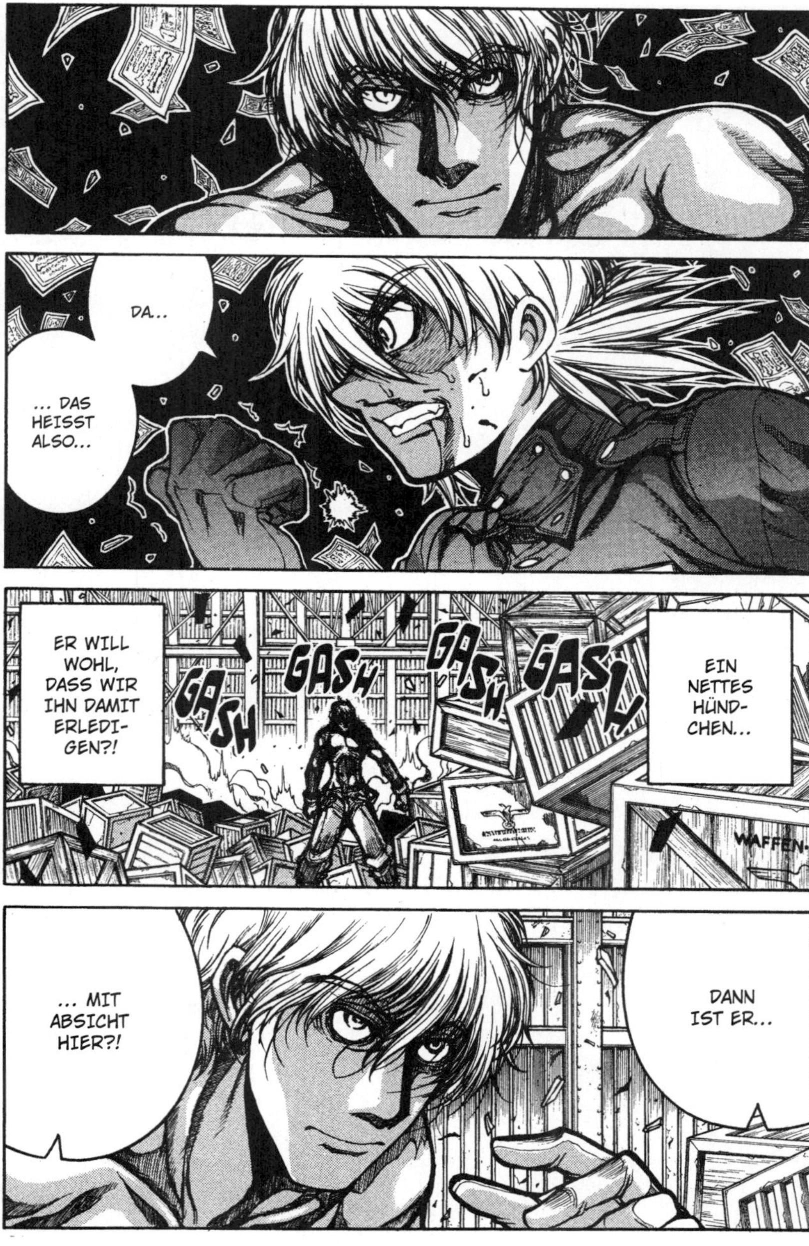
DA…
… DAS HEISST ALSO…
GASH GASH GASH GASH
EIN NETTES HÜND-CHEN…
ER WILL WOHL, DASS WIR IHN DAMIT ERLEDI-GEN?!
WAFFEN
DANN IST ER…
… MIT ABSICHT HIER?!

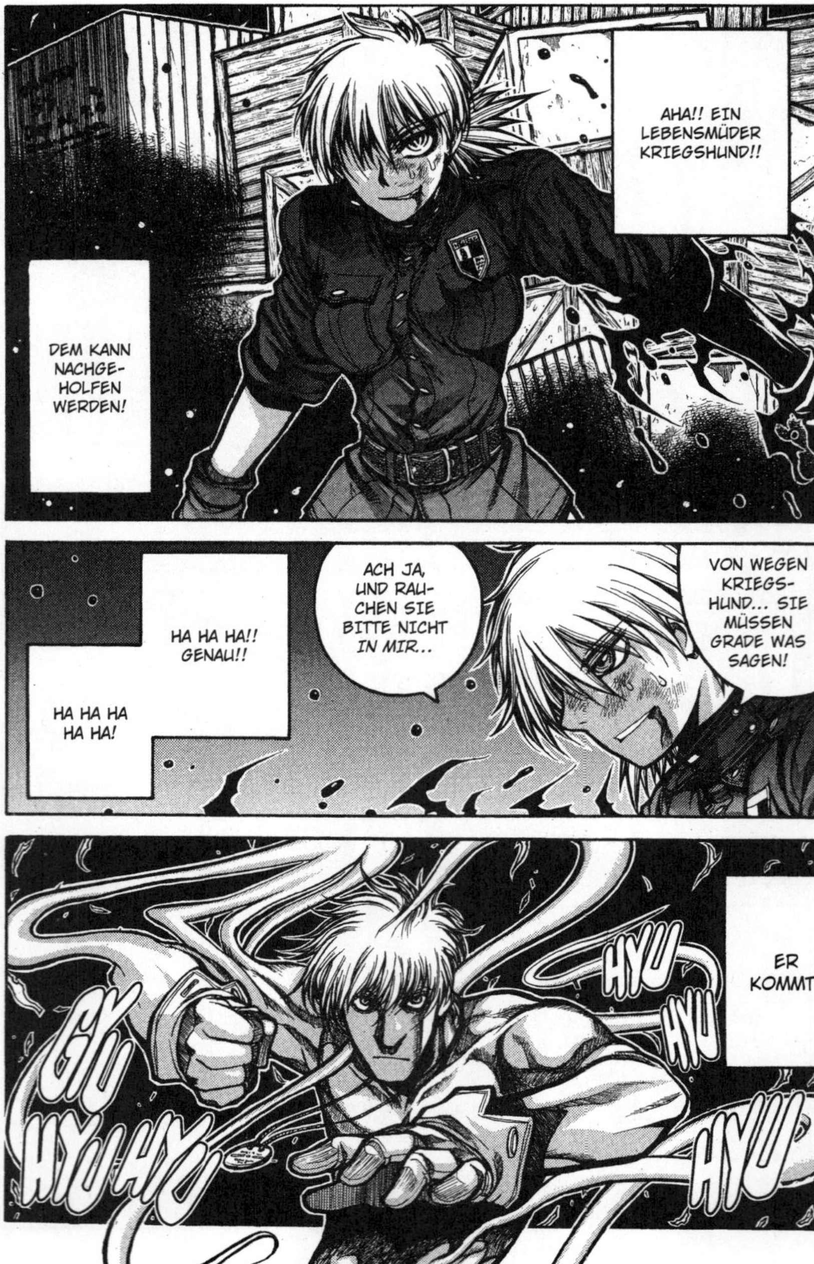
AHA!! EIN LEBENSMÜDER KRIEGSHUND!!
DEM KANN NACHGE-HOLFEN WERDEN!
VON WEGEN KRIEGS-HUND... SIE MÜSSEN GRADE WAS SAGEN!
ACH JA, UND RAU-CHEN SIE BITTE NICHT IN MIR...
HA HA HA!! GENAU!!
HA HA HA HA HA!
ER KOMMT!
HYU
HYU
HYU
GYU
HYU HYU
HYU

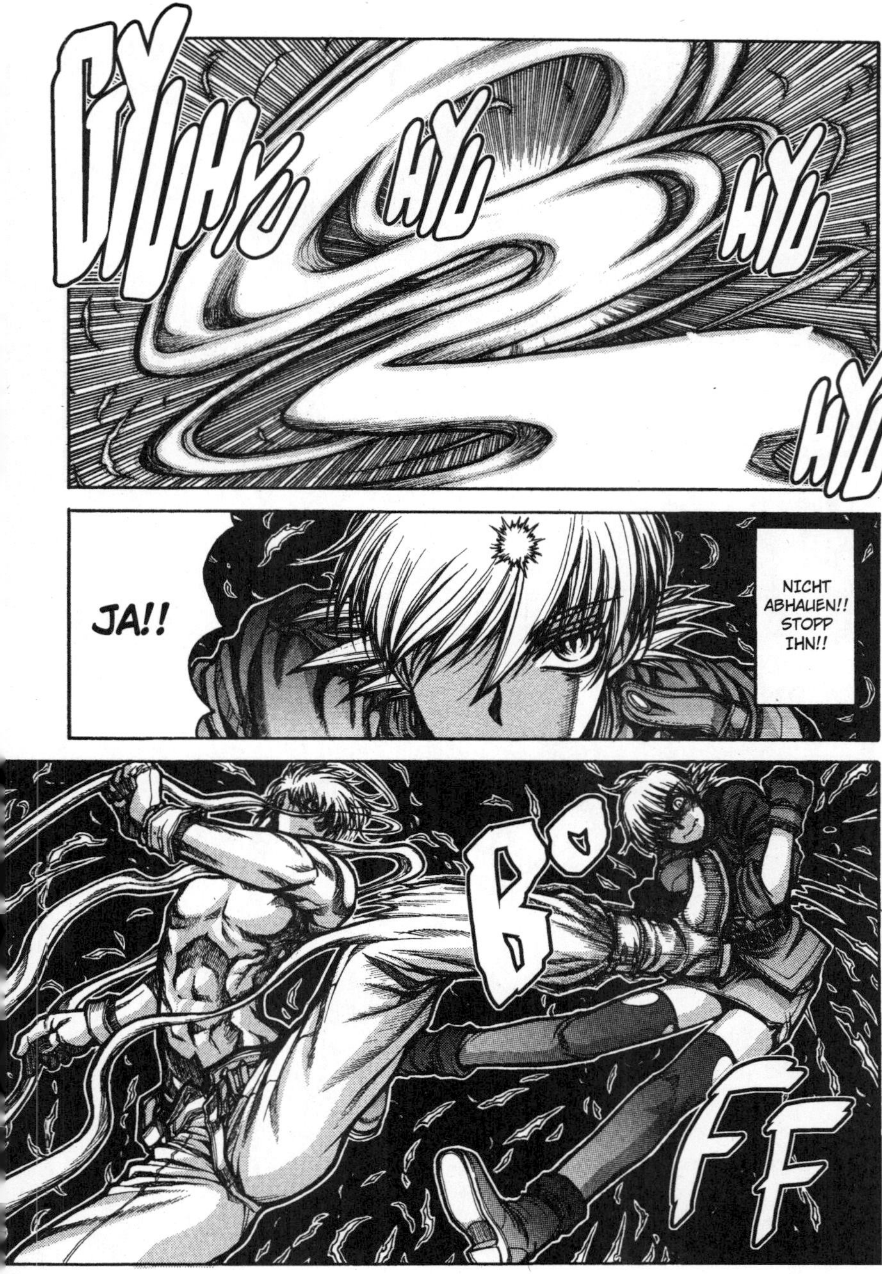
NICHT ABHAUEN!! STOPP IHN!!
JA!!
BOFF

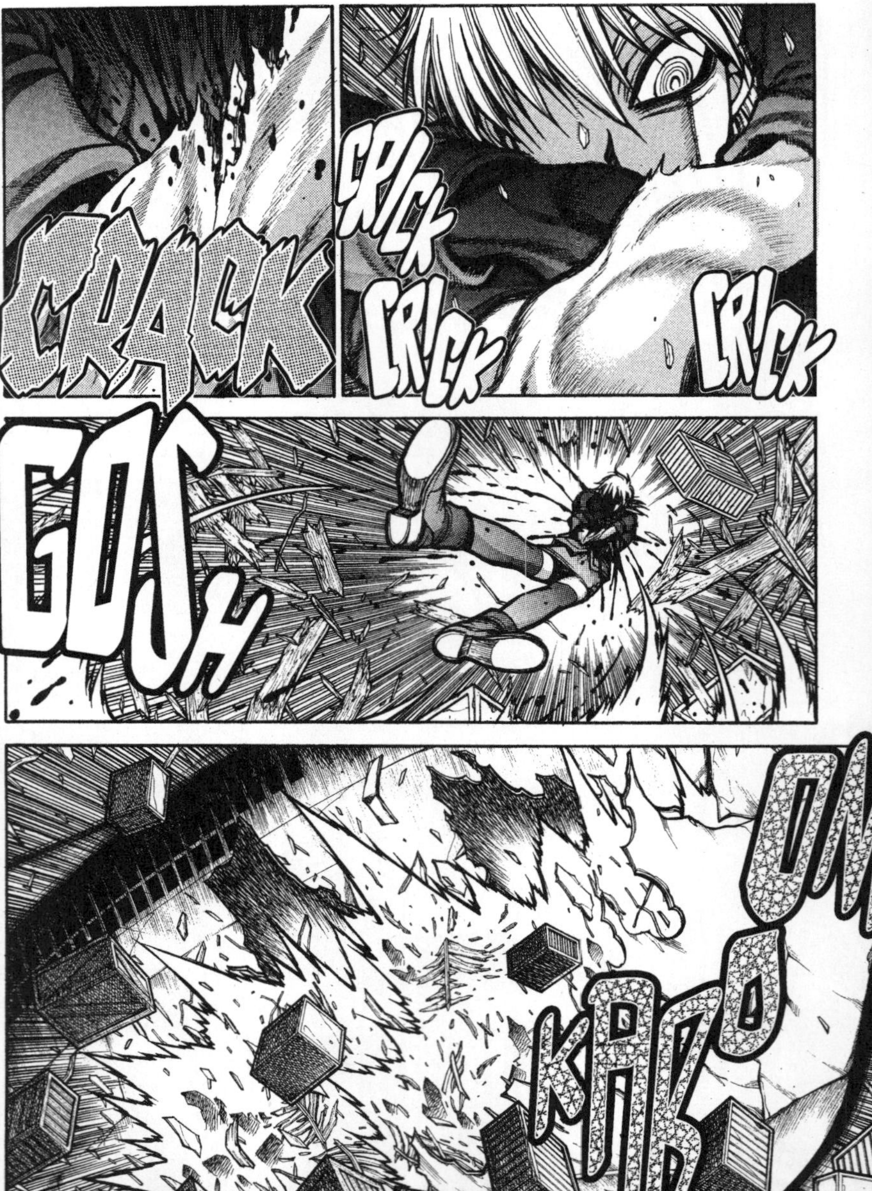
CRACK
CRICK
CRICK
CRICK
GOSH
KABOOM

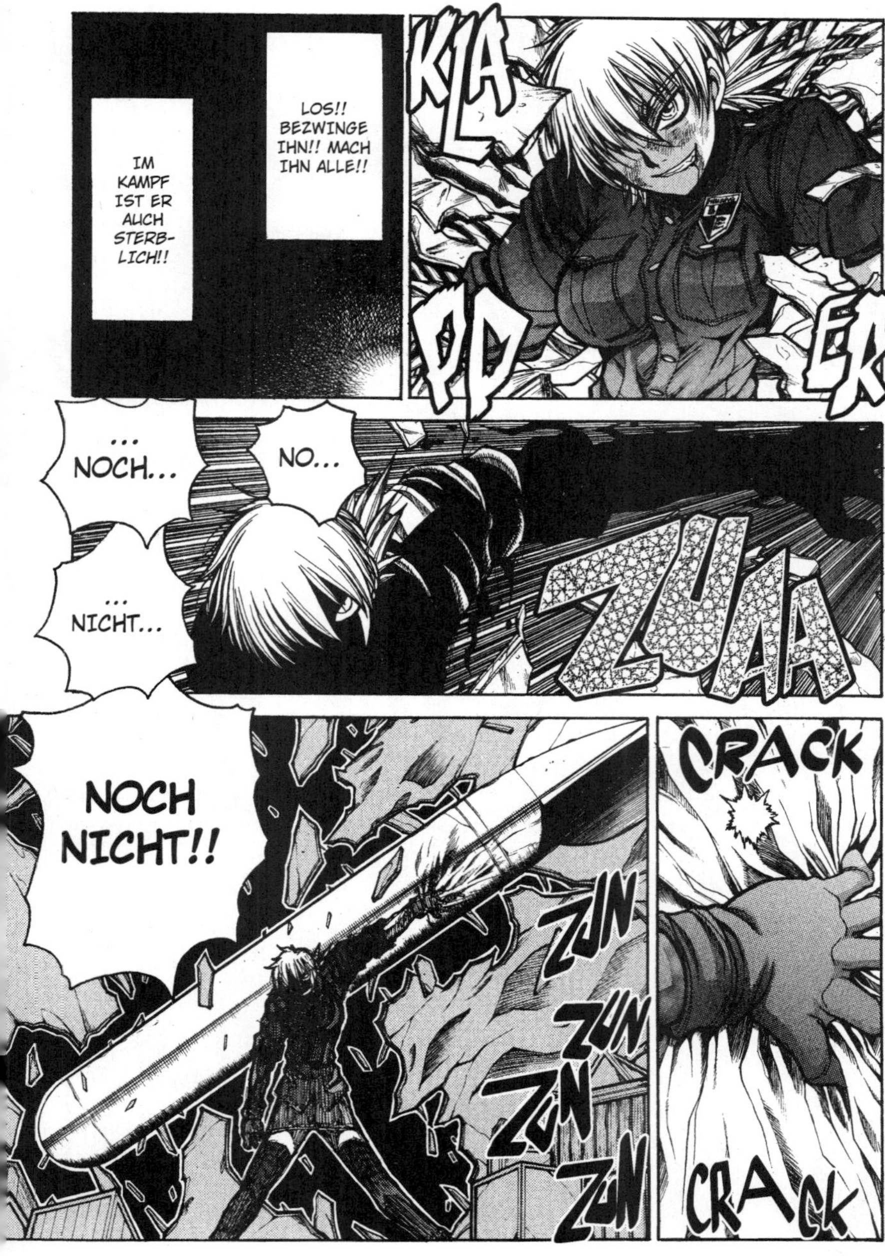
KLAPPER
LOS!! BEZWINGE IHN!! MACH IHN ALLE!!
IM KAMPF IST ER AUCH STERB-LICH!!
ZUAA
NO...
... NOCH...
... NICHT...
CRACK
CRACK
ZUN
ZUN
ZUN
ZUN
NOCH NICHT!!

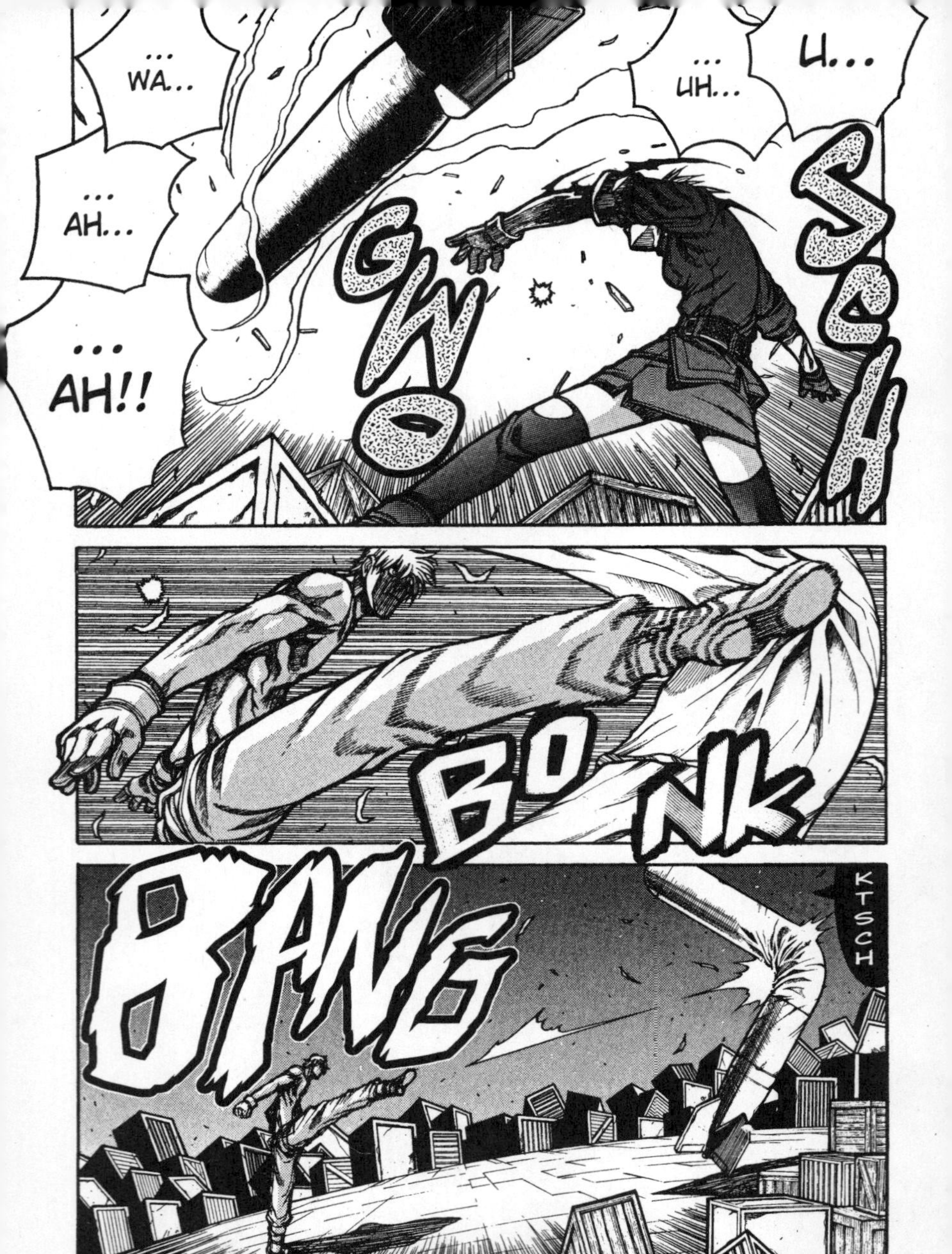
U...
... UH...
... WA...
... AH...
... AH!!
SCH
GWO
BONK
BANG
KTSCH

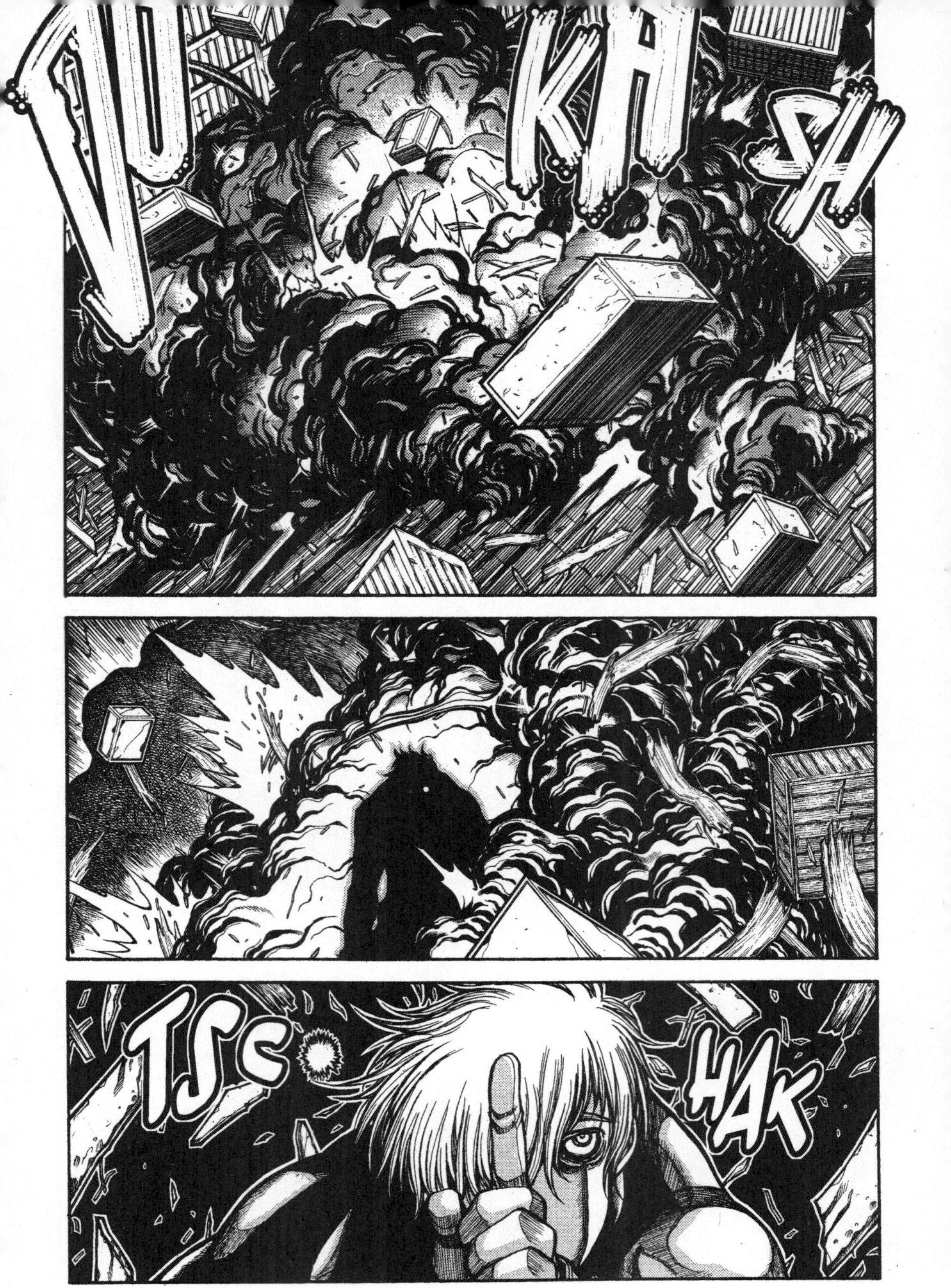
TSC
HAK

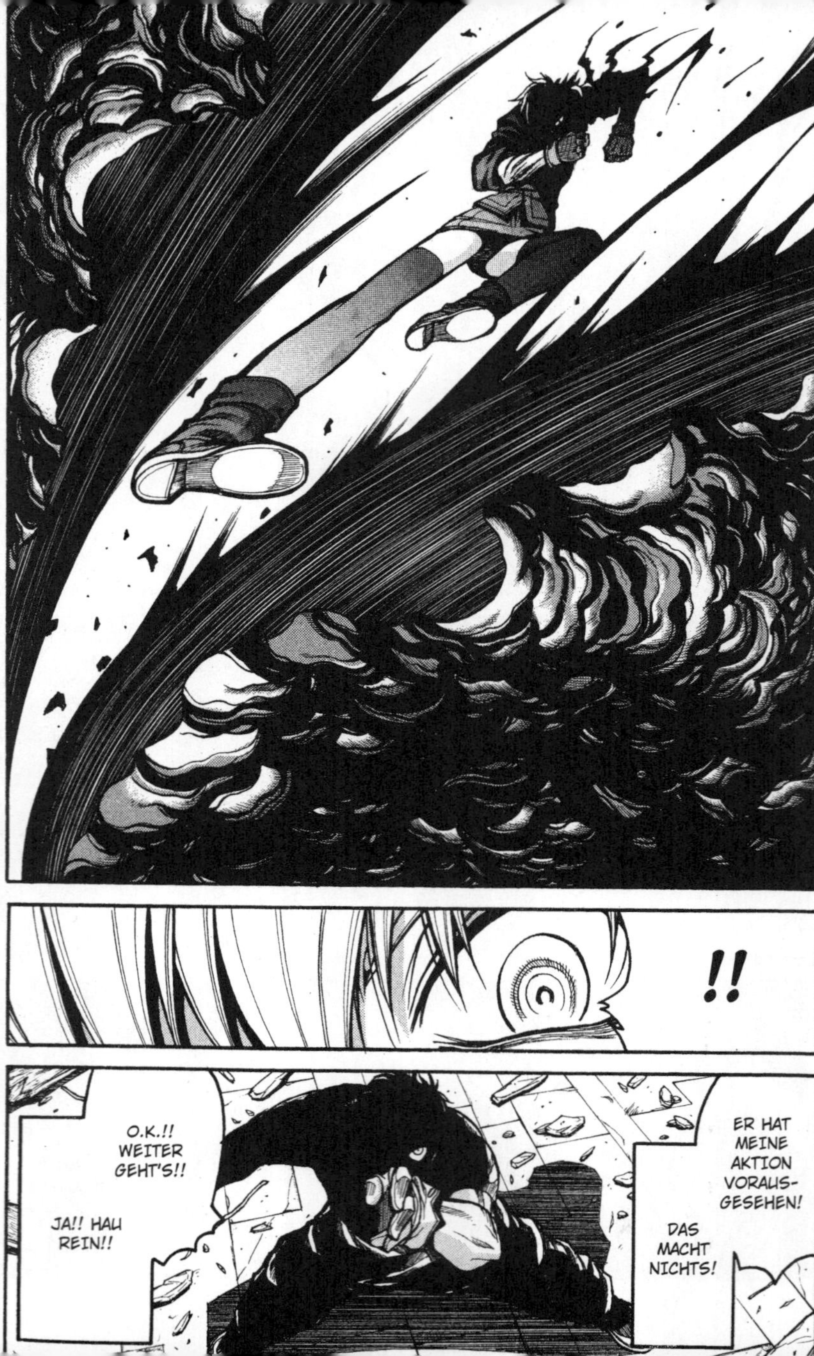
!!
ER HAT MEINE AKTION VORAUS-GESEHEN!
DAS MACHT NICHTS!
O.K.!! WEITER GEHT'S!!
JA!! HAU REIN!!

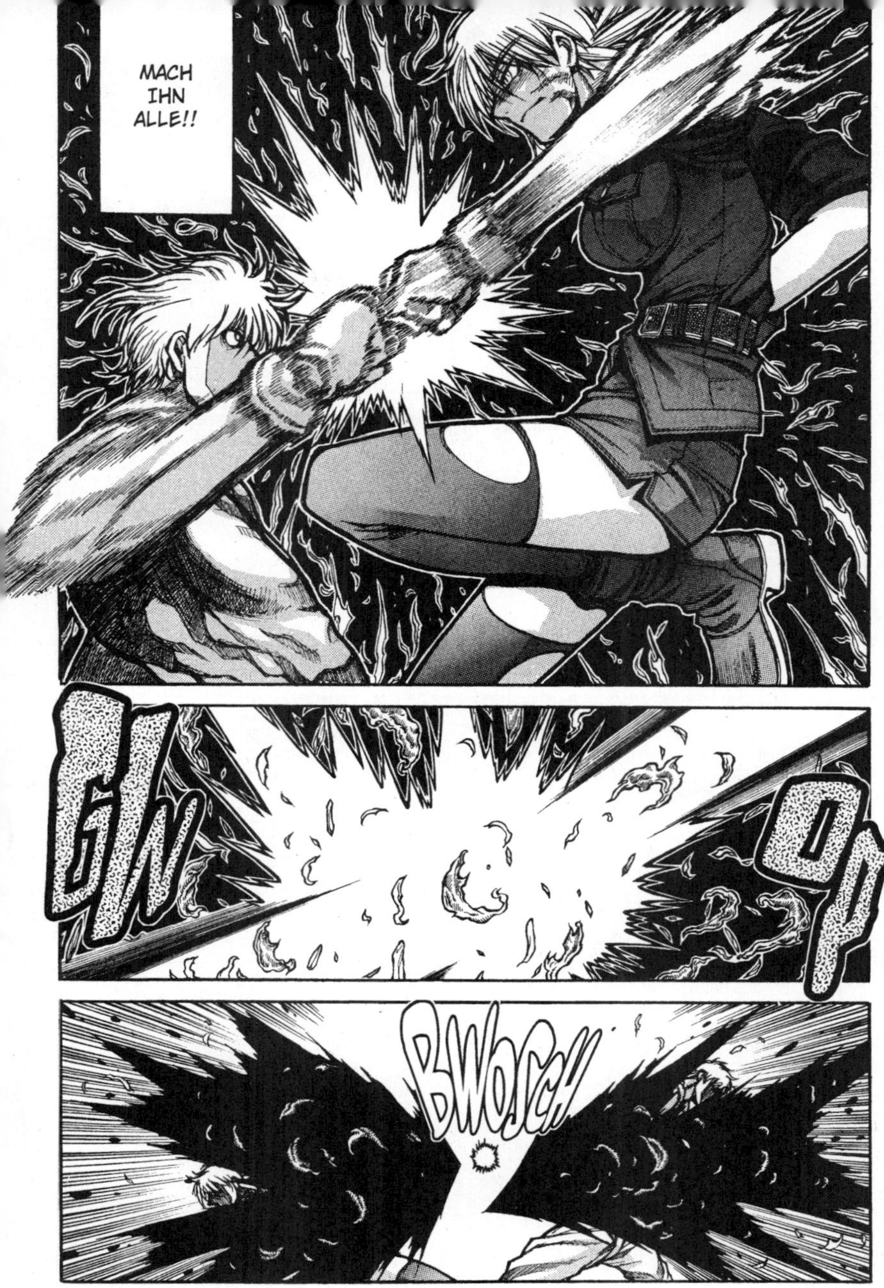
MACH IHN ALLE!!
GWOP
BWOSCH!

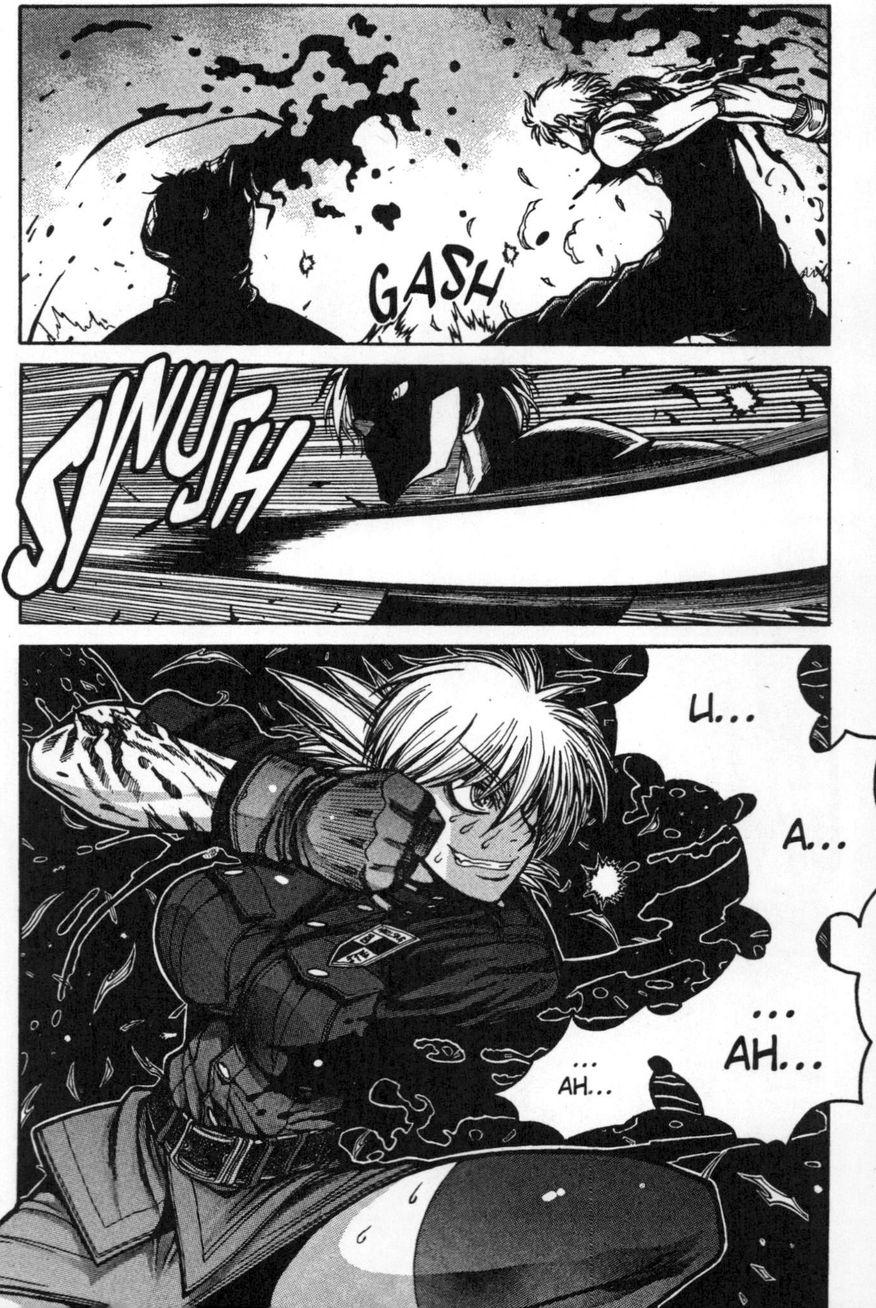
GASH
SNUSH
U...
A...
... AH...
... AH...

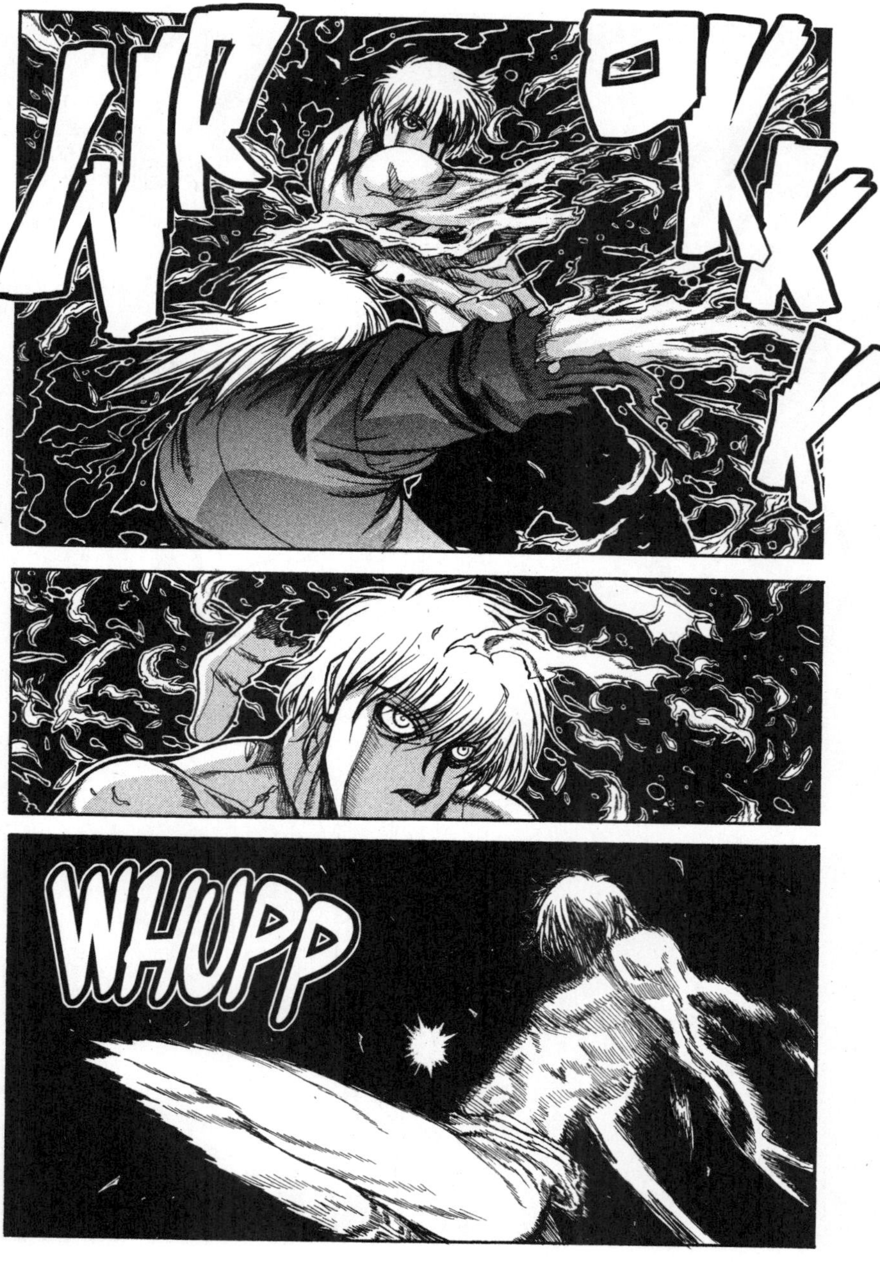
WHUPP

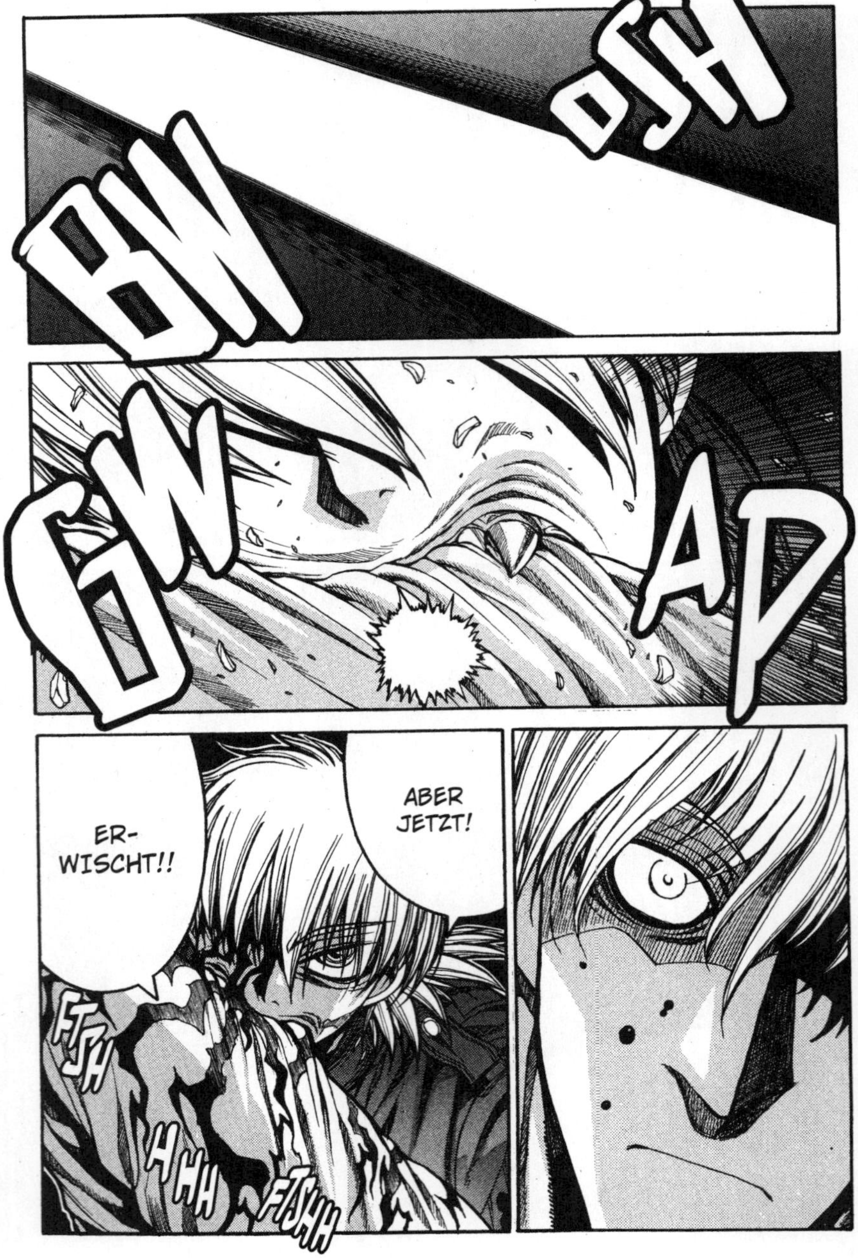
ABER JETZT!
ER-WISCHT!!

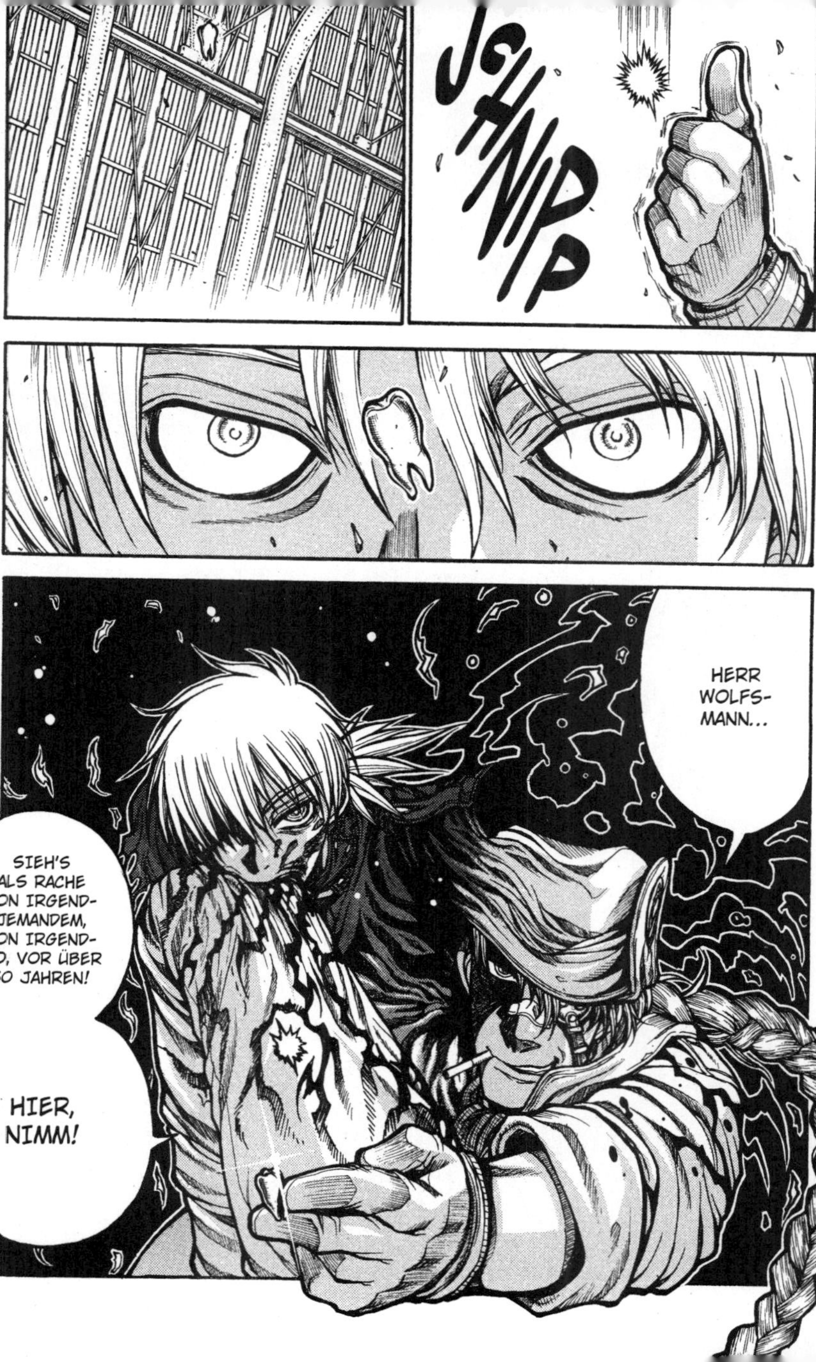
SCHNIPP
HERR WOLFS-MANN...
SIEH'S ALS RACHE VON IRGEND-JEMANDEM, VON IRGEND-WO, VOR ÜBER 50 JAHREN!
HIER, NIMM!

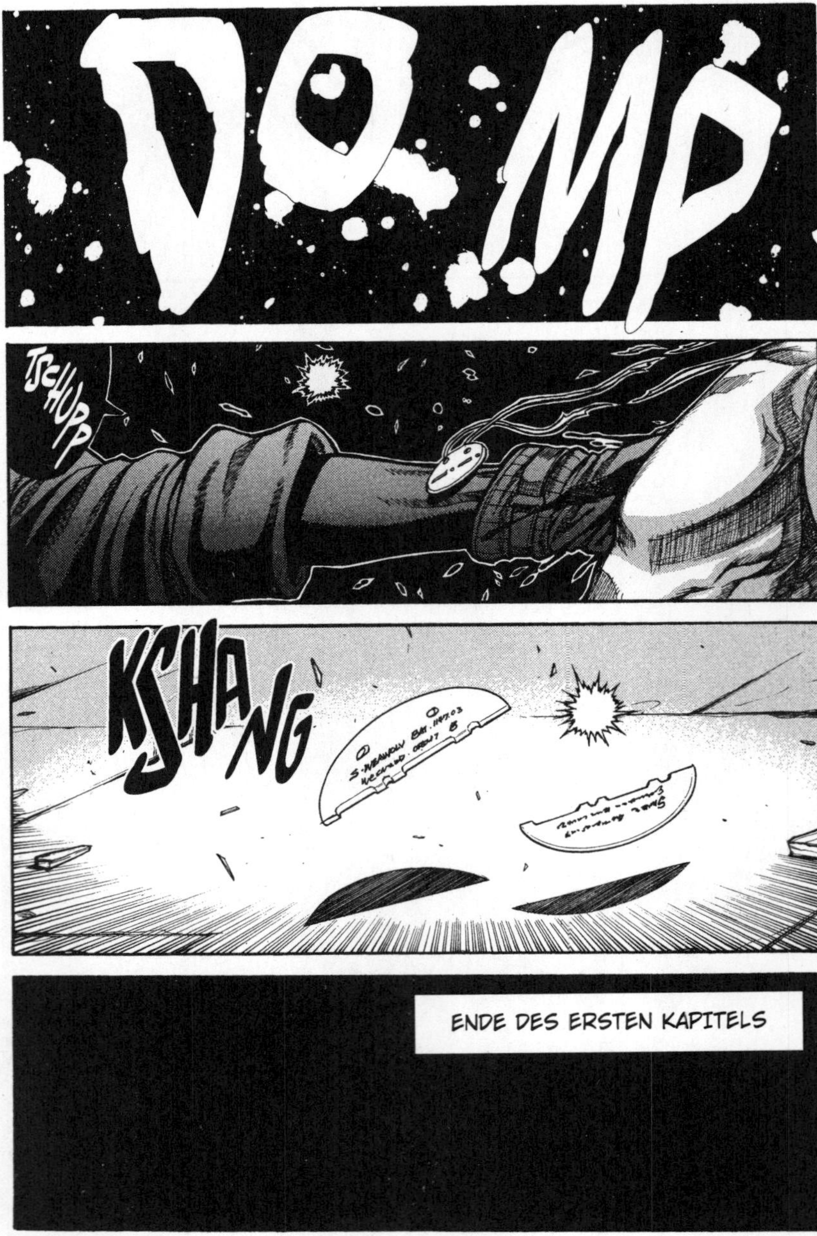
DOMP
TSCHUPP
KSHANG
ENDE DES ERSTEN KAPITELS

KAPITEL 2: WOLF FANG 2

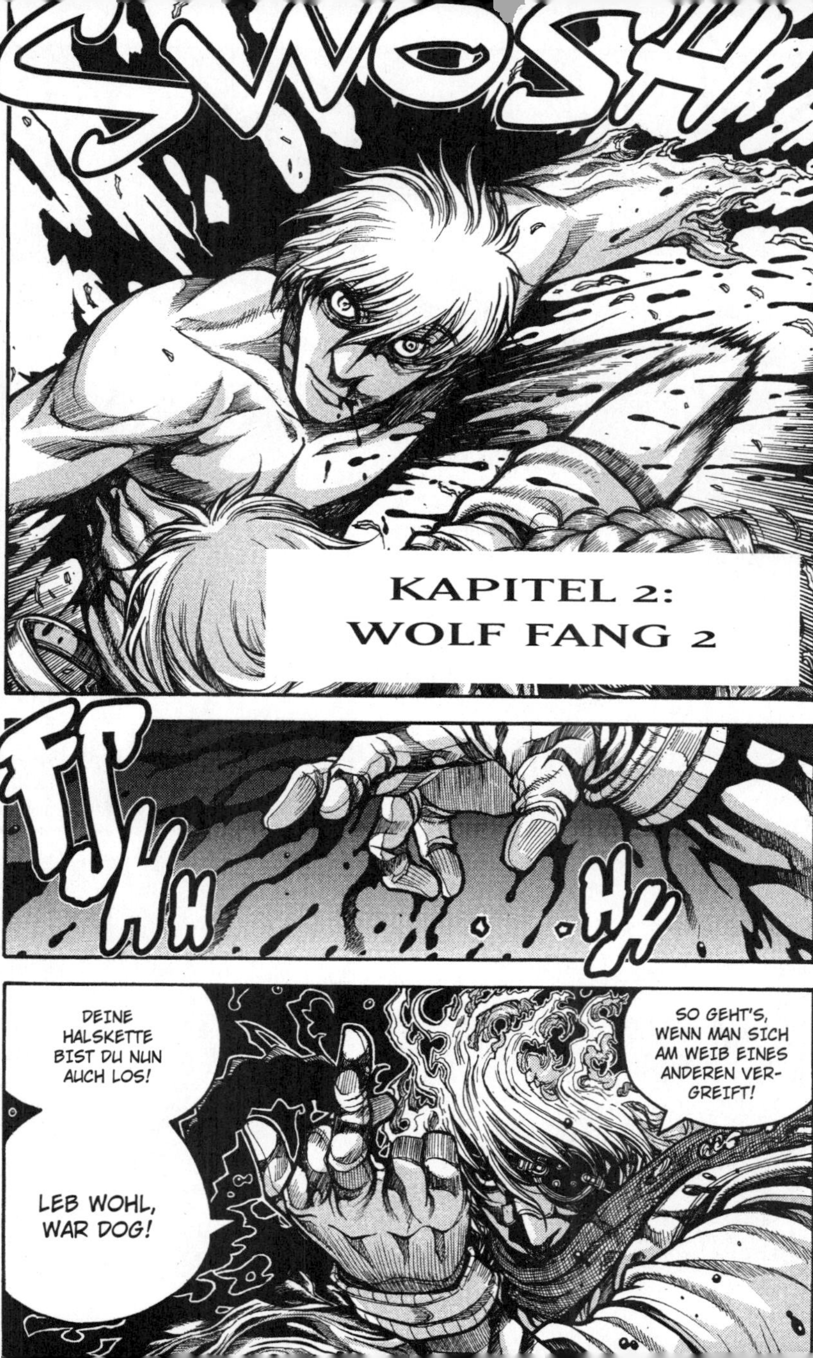

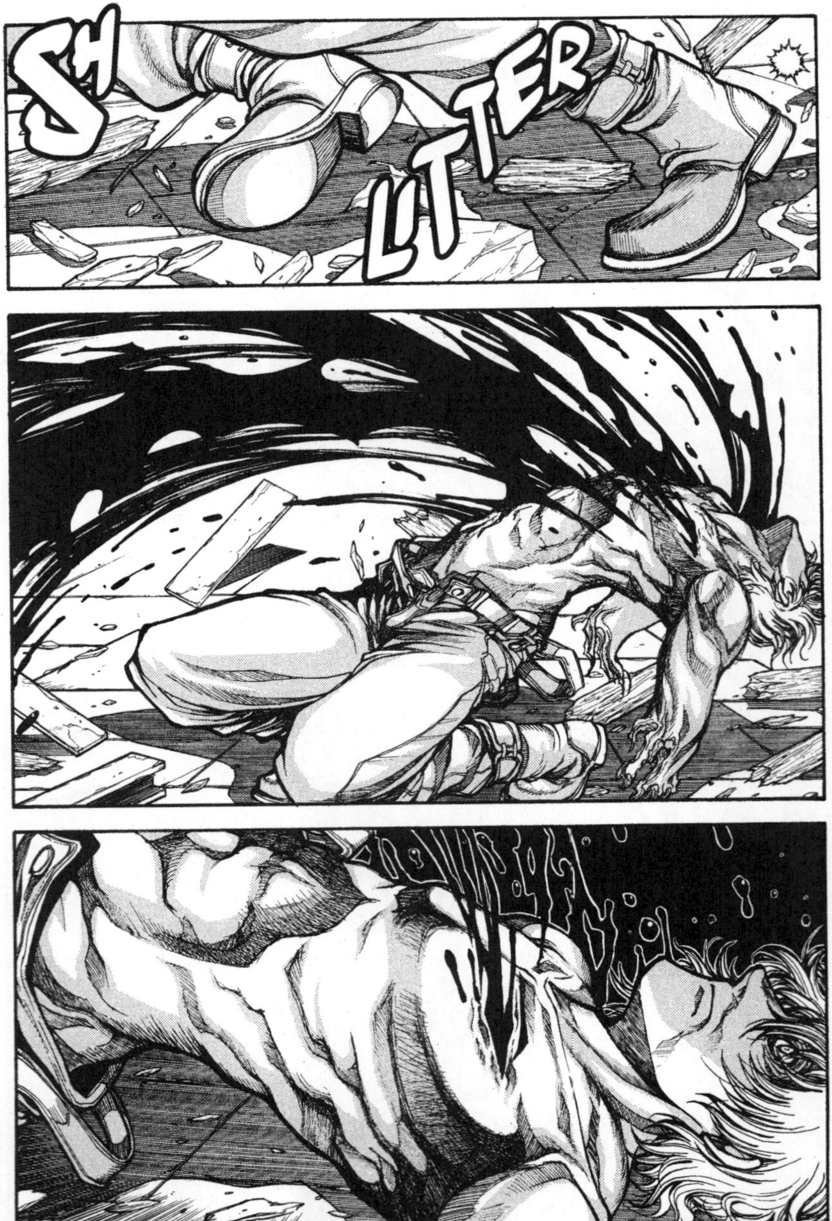
SH
LITTER

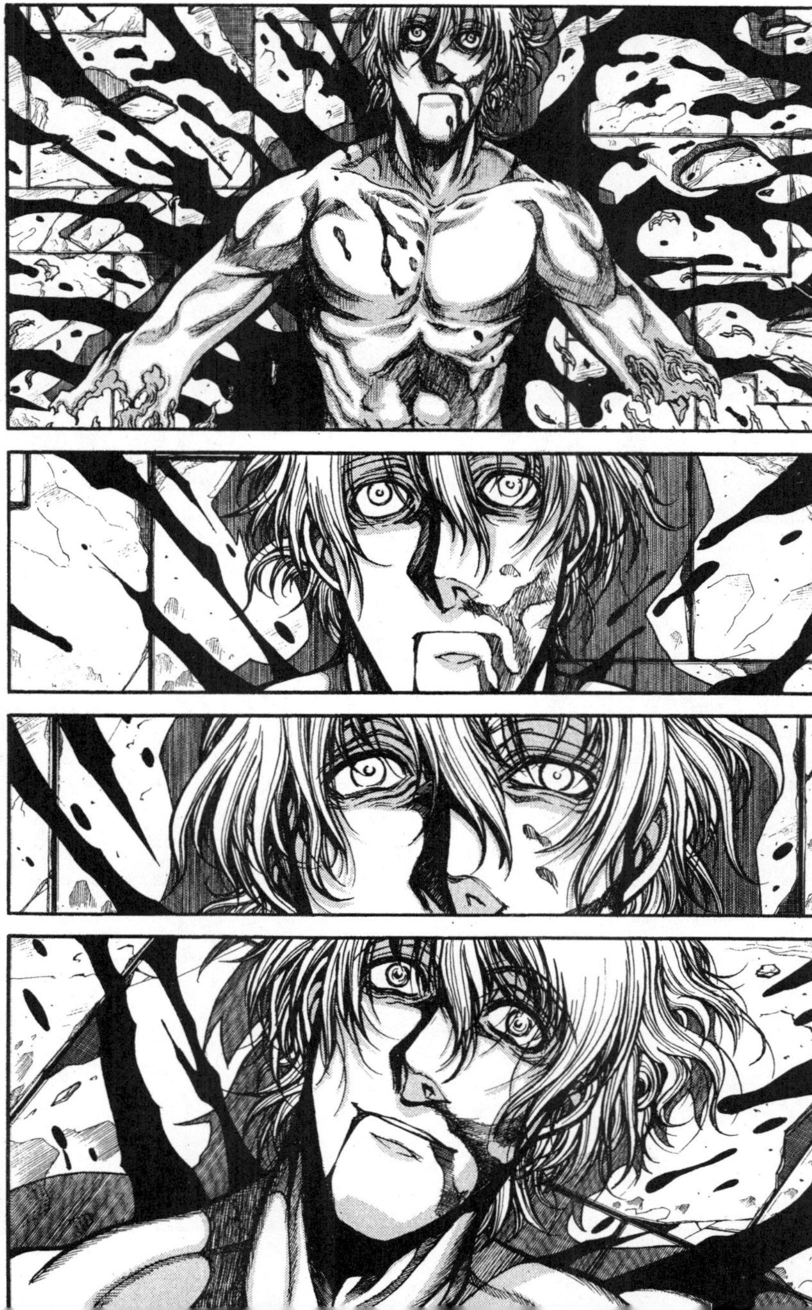

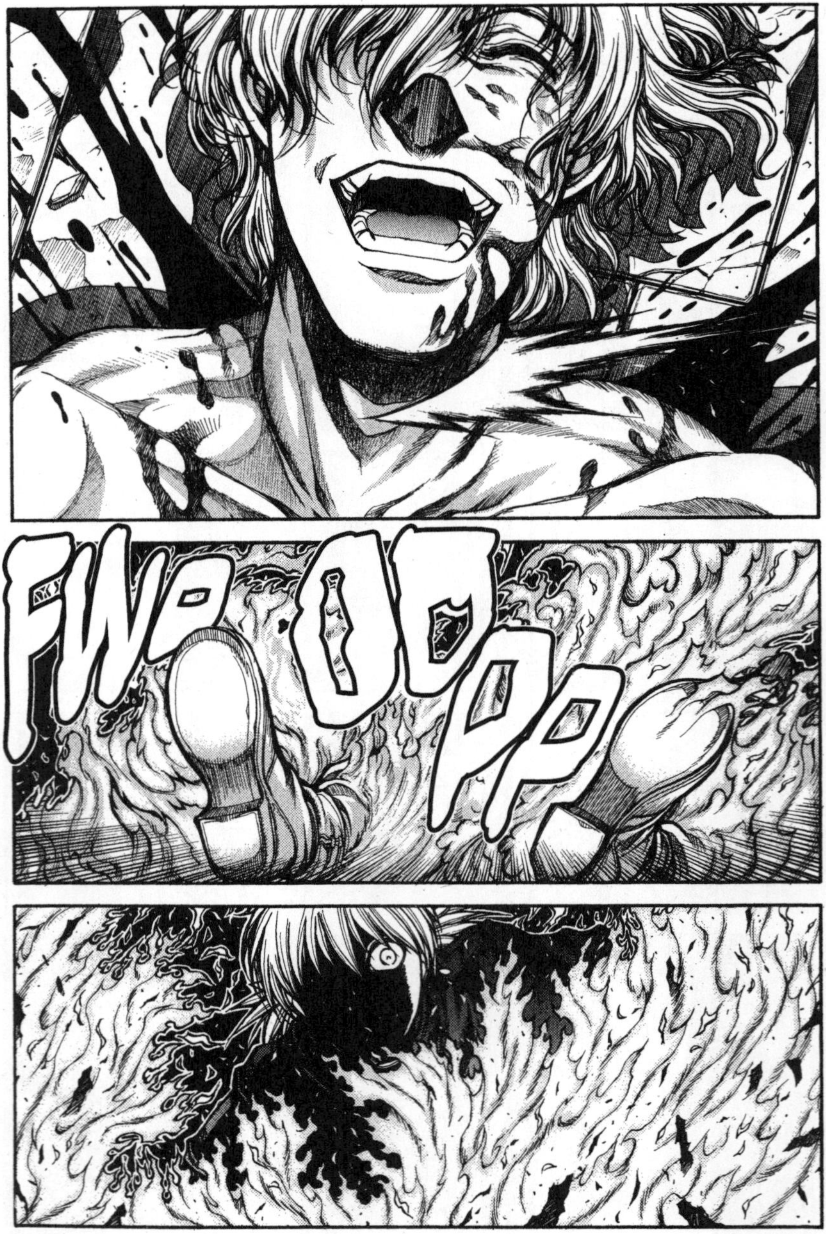
FWOOOOPP

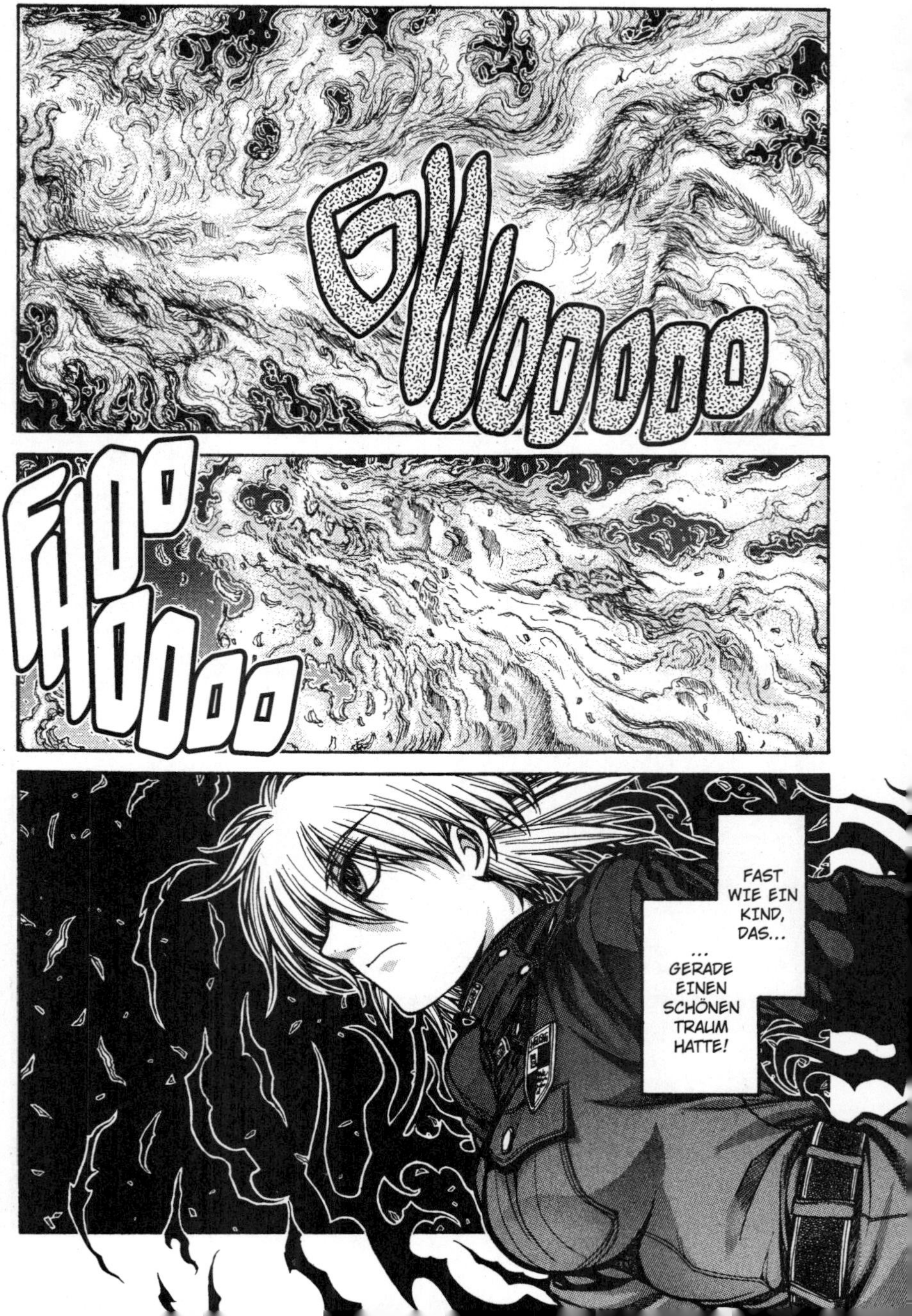
GWOOOOOO
FHOO
HOOOOO
FAST WIE EIN KIND, DAS...
... GERADE EINEN SCHÖNEN TRAUM HATTE!

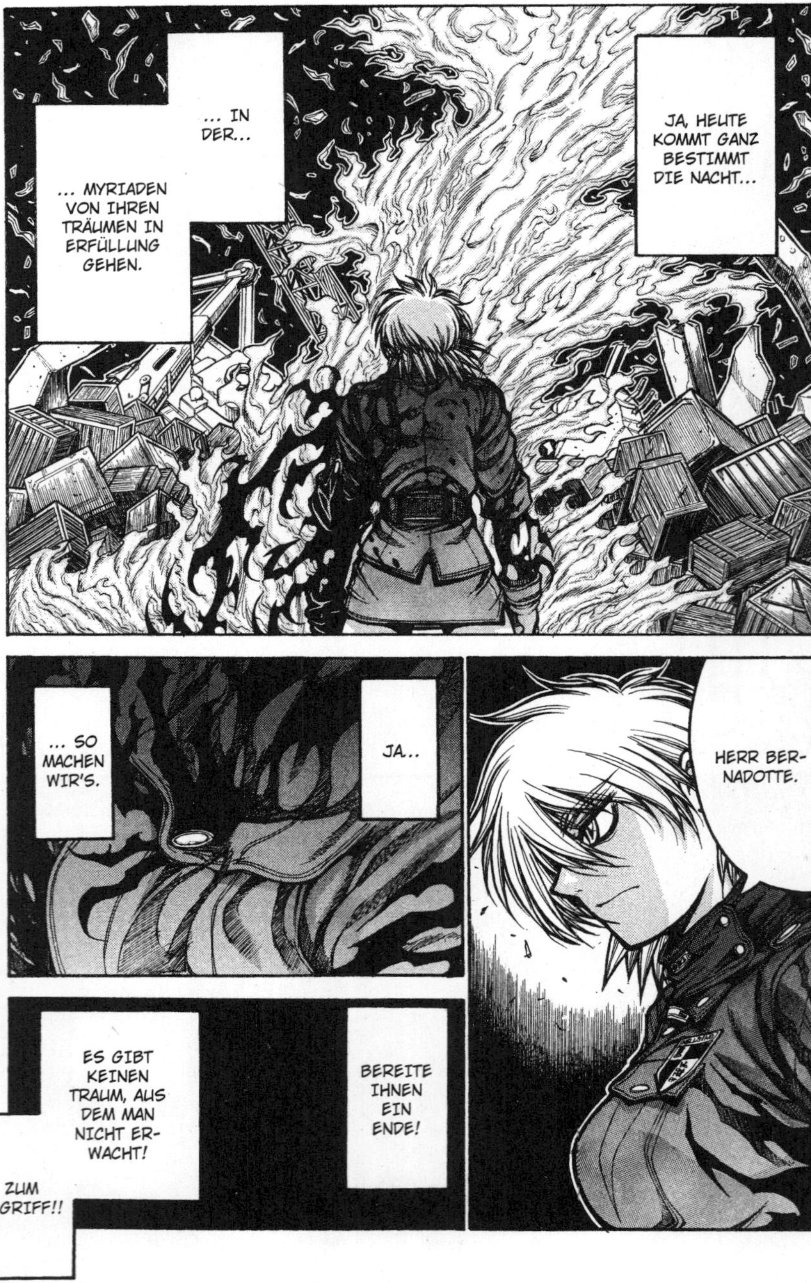
JA, HEUTE KOMMT GANZ BESTIMMT DIE NACHT...
... IN DER...
... MYRIADEN VON IHREN TRÄUMEN IN ERFÜLLUNG GEHEN.
HERR BERNADOTTE.
JA...
... SO MACHEN WIR'S.
BEREITE IHNEN EIN ENDE!
ES GIBT KEINEN TRAUM, AUS DEM MAN NICHT ERWACHT!
ZUM ANGRIFF!!

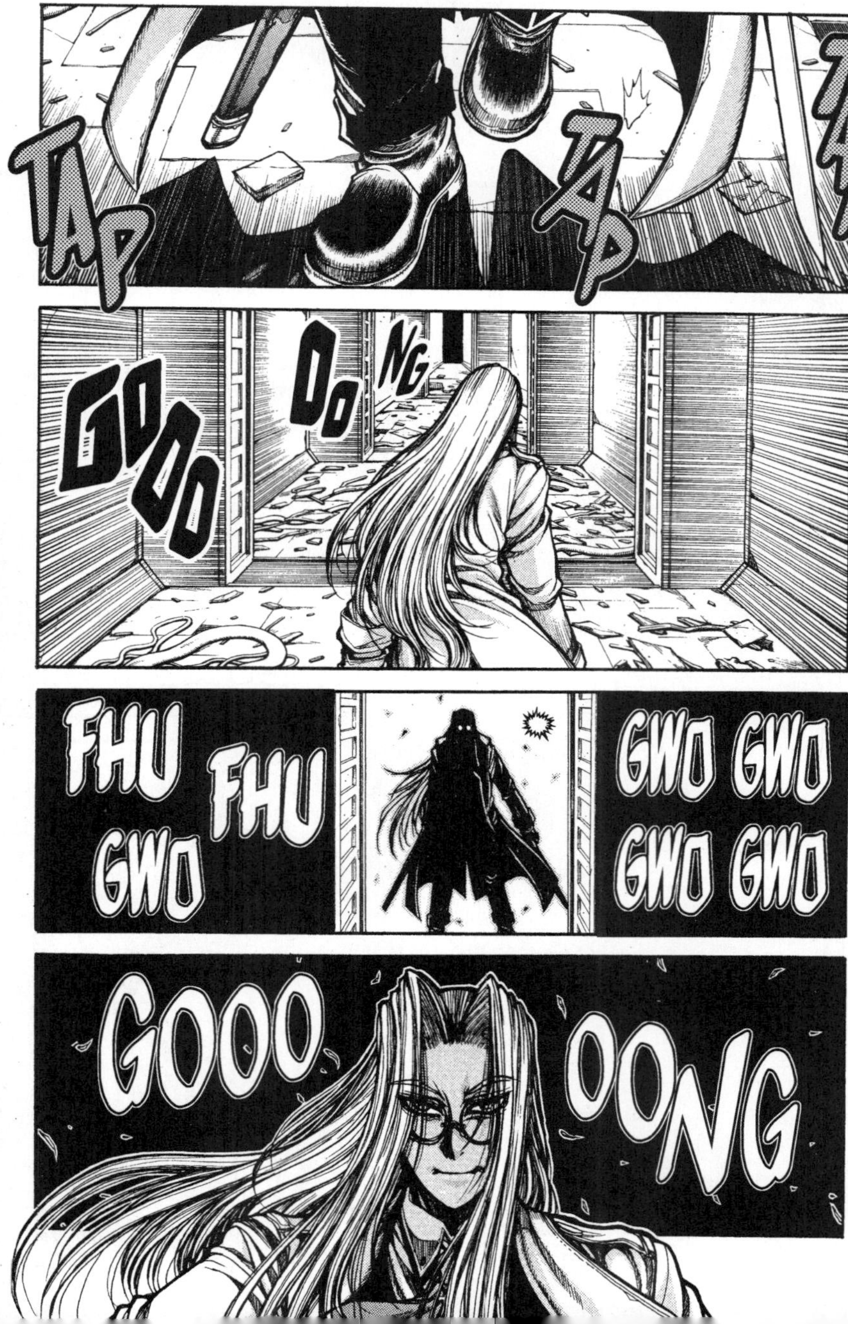
TAP
TAP
TAP
GOOOO
OO
NG
GWO GWO
GWO GWO
FHU FHU
GWO
GOOO
OONG

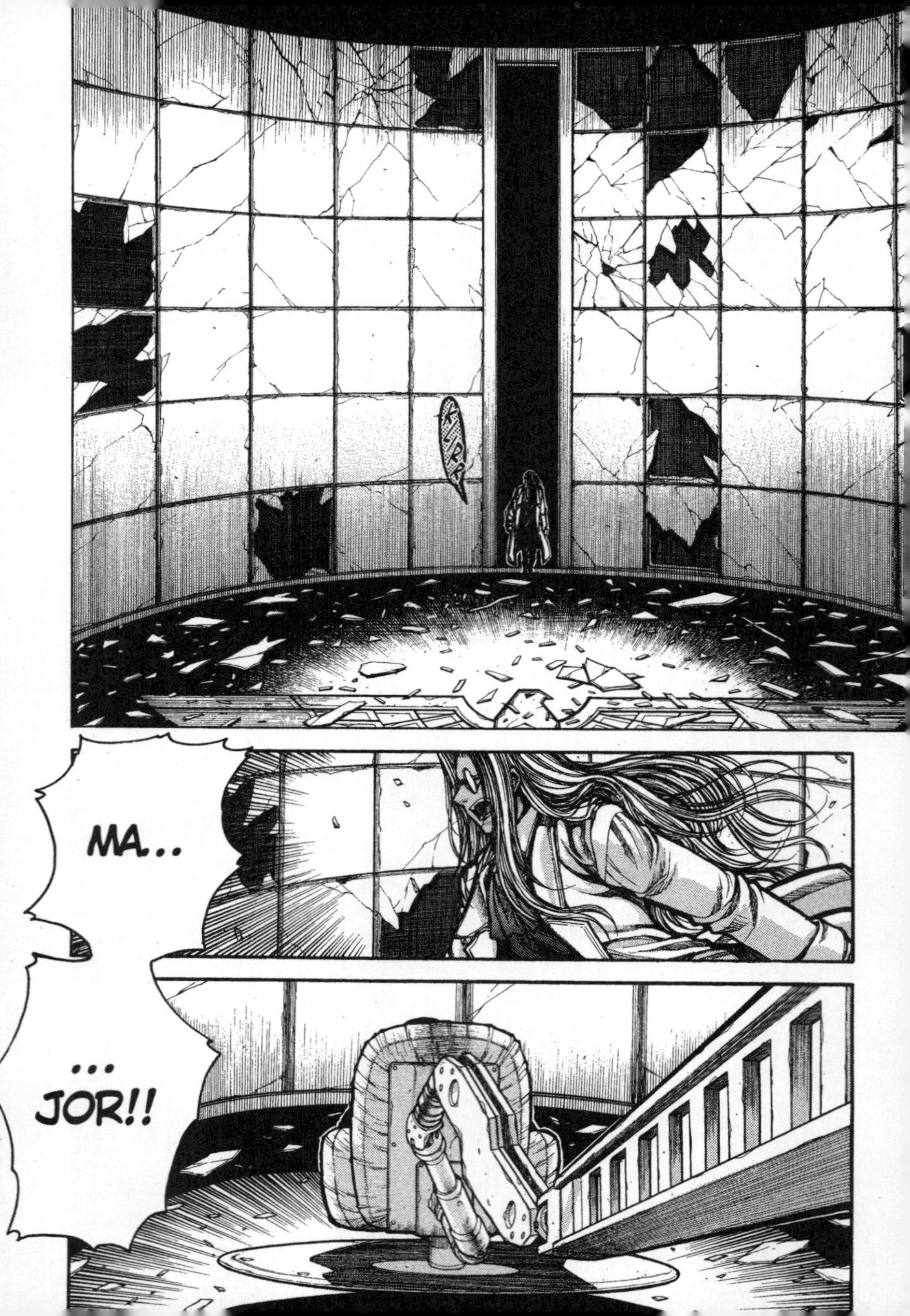
KLIRR
MA...
...JOR!!

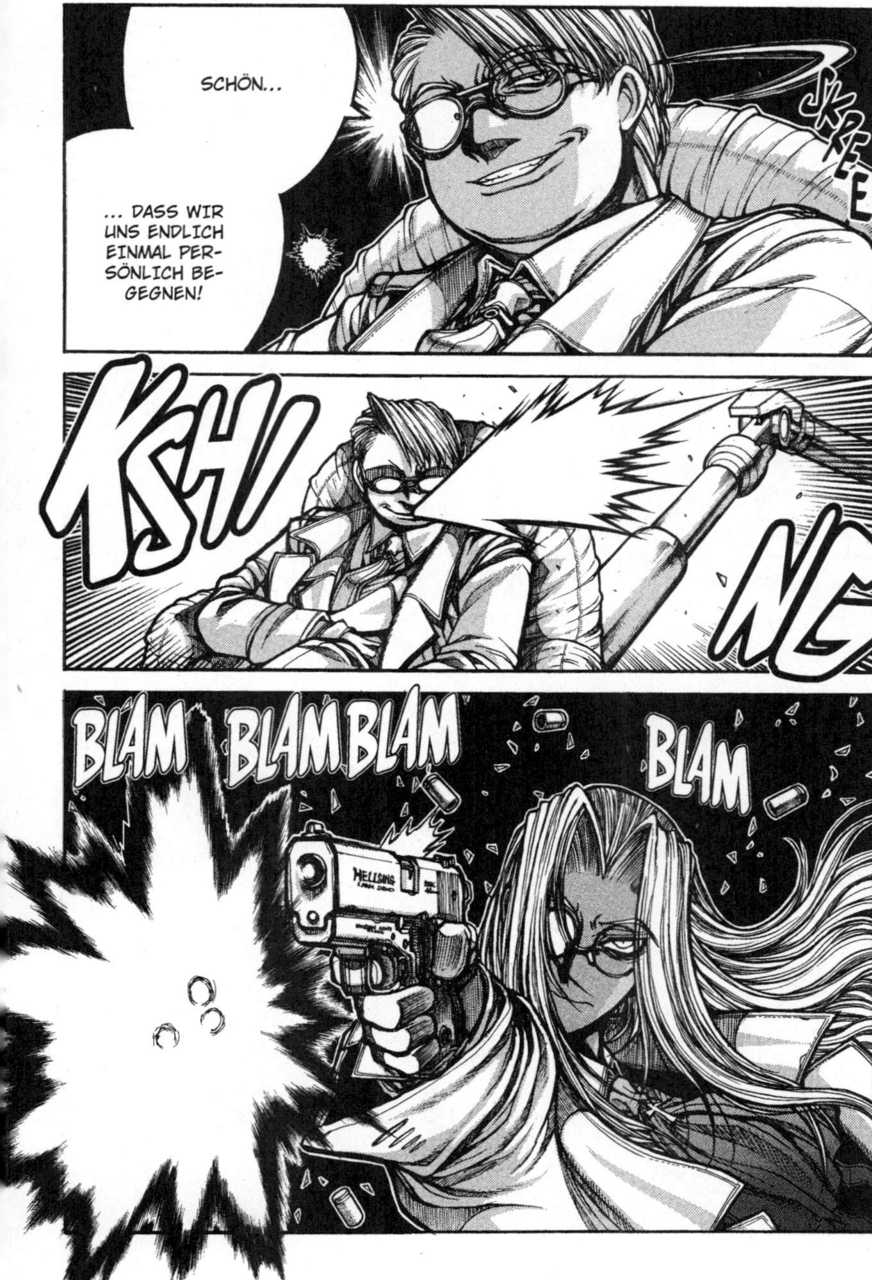
SCHÖN...
... DASS WIR UNS ENDLICH EINMAL PERSÖNLICH BEGEGNEN!
SKREEE
KSHING
BLAM BLAM BLAM BLAM

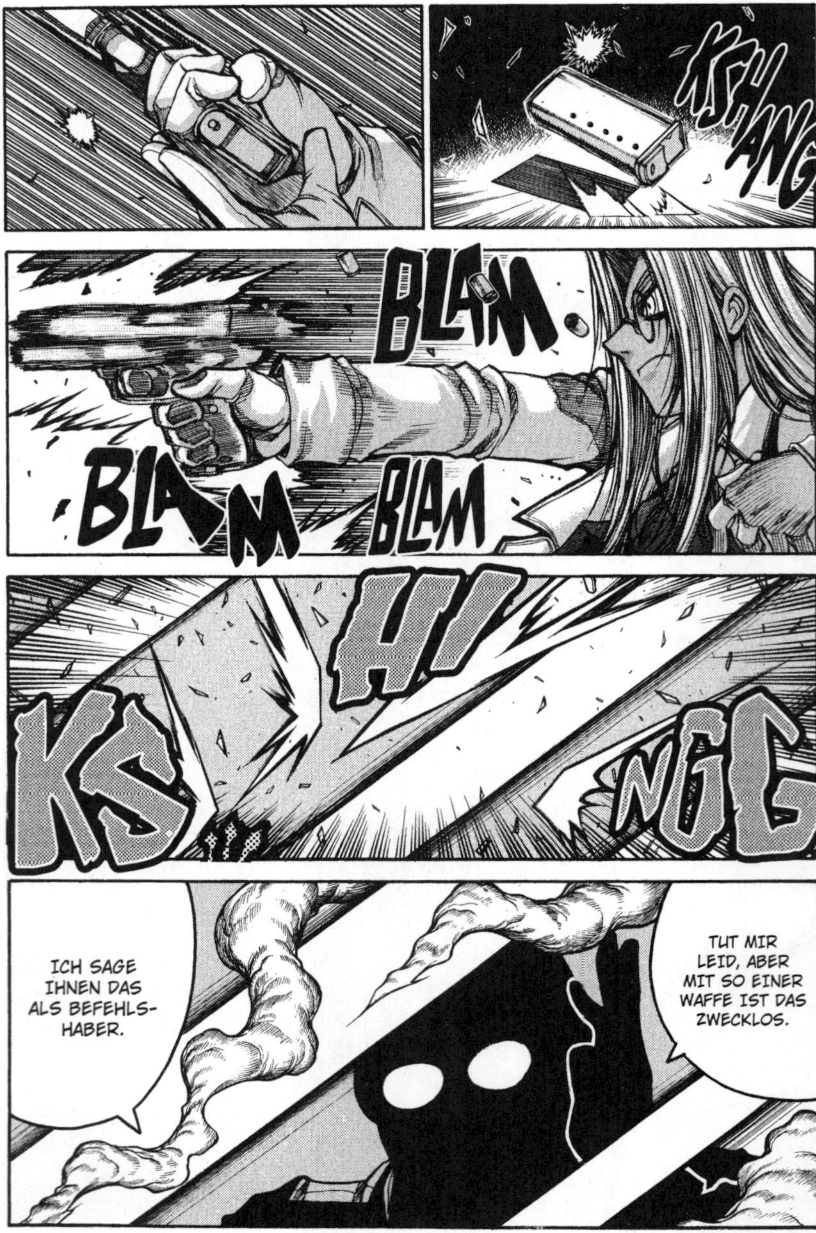
KSHANG
BLAM
BLAM
BLAM
KS
HI
NGG
TUT MIR LEID, ABER MIT SO EINER WAFFE IST DAS ZWECKLOS.
ICH SAGE IHNEN DAS ALS BEFEHLS-HABER.

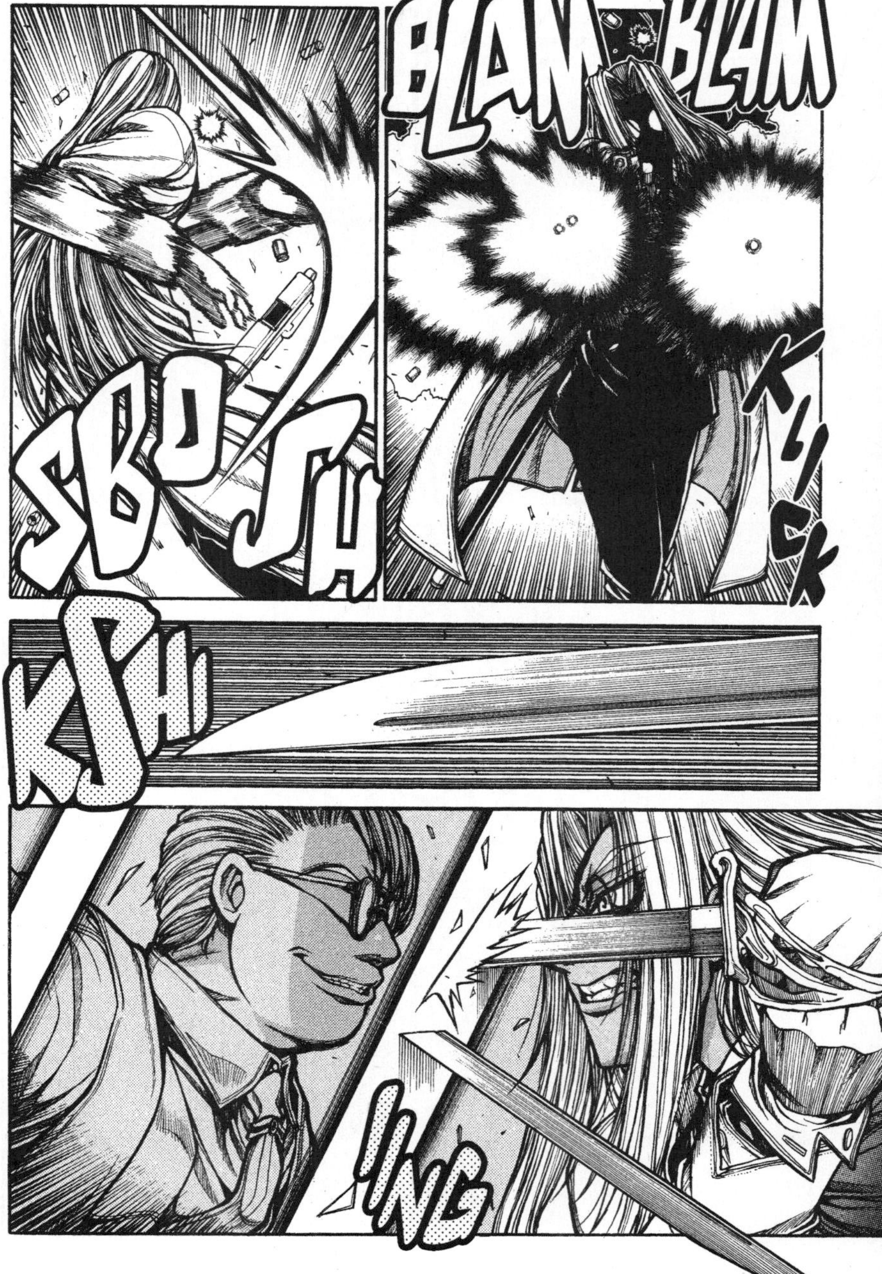

SBOSH
BLAM
BLAM
KLICK
ING

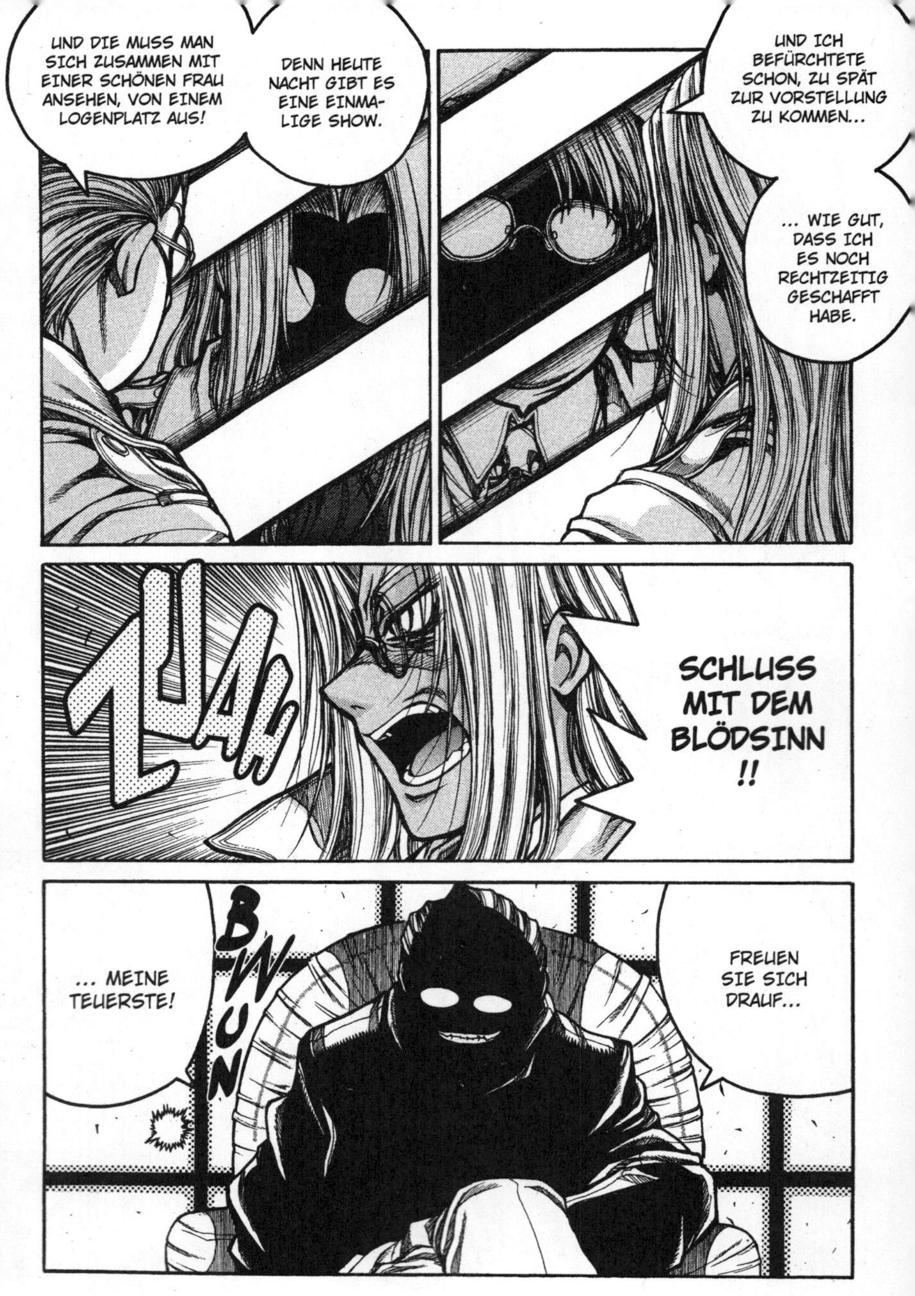
UND ICH BEFÜRCHTETE SCHON, ZU SPÄT ZUR VORSTELLUNG ZU KOMMEN...
... WIE GUT, DASS ICH ES NOCH RECHTZEITIG GESCHAFFT HABE.
DENN HEUTE NACHT GIBT ES EINE EINMALIGE SHOW.
UND DIE MUSS MAN SICH ZUSAMMEN MIT EINER SCHÖNEN FRAU ANSEHEN, VON EINEM LOGENPLATZ AUS!
SCHLUSS MIT DEM BLÖDSINN !!
ZUAH
FREUEN SIE SICH DRAUF...
BWUN
... MEINE TEUERSTE!

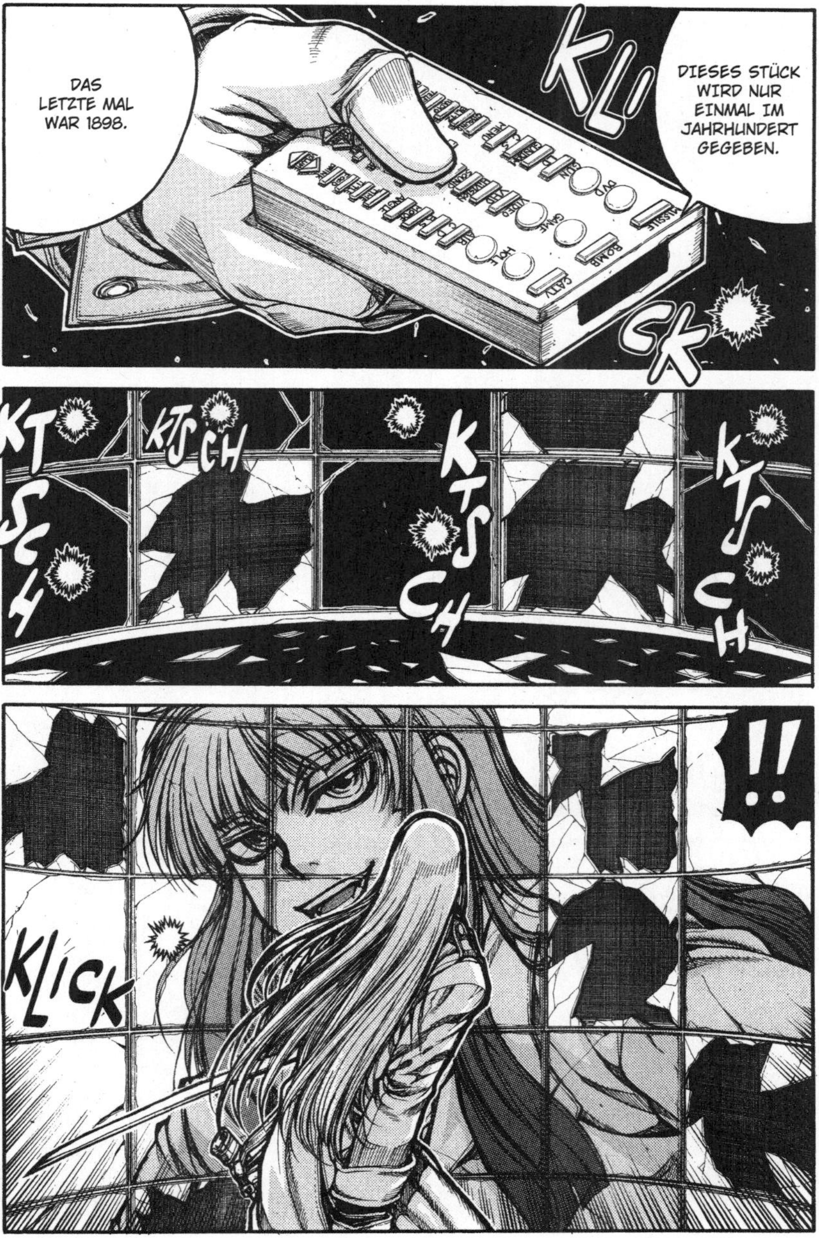

DIESES STÜCK WIRD NUR EINMAL IM JAHRHUNDERT GEGEBEN.
DAS LETZTE MAL WAR 1898.
KLICK
KTSCH
KTSCH
KTSCH
KTSCH
!!
KLICK

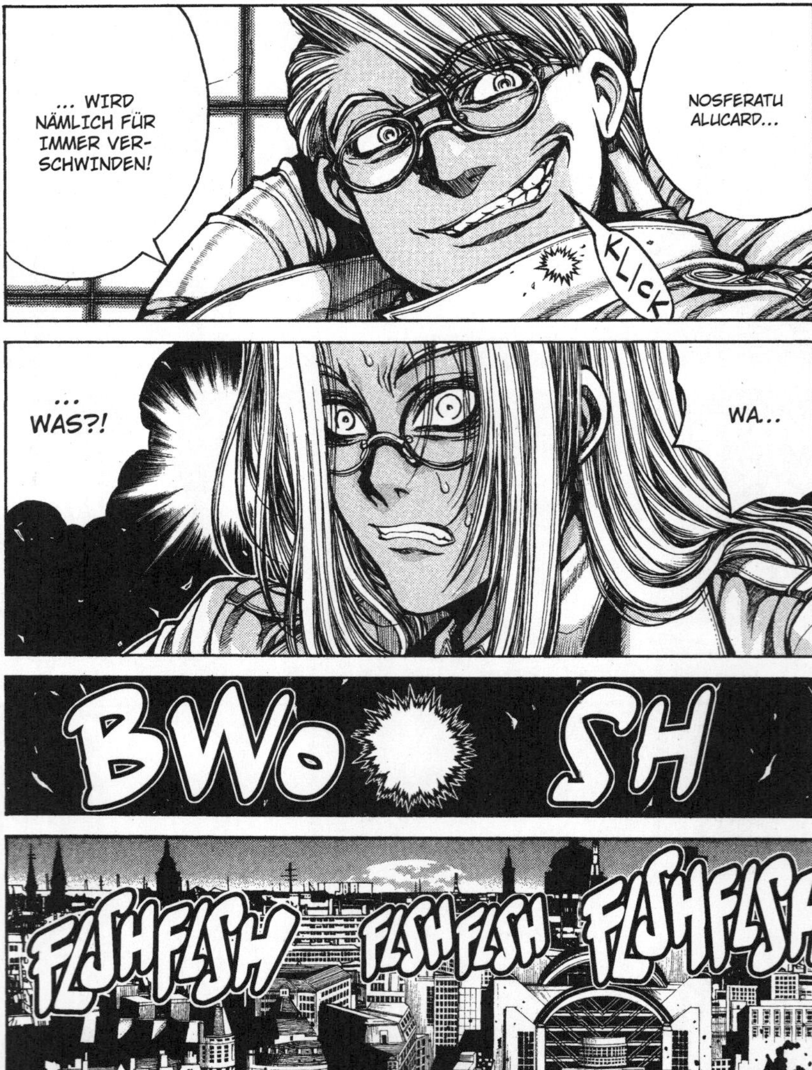
NOSFERATU ALUCARD...
... WIRD NÄMLICH FÜR IMMER VER-SCHWINDEN!
KLICK
WA...
... WAS?!
BWO SH
FLSHFLSH
FLSHFLSH
FLSHFLSH

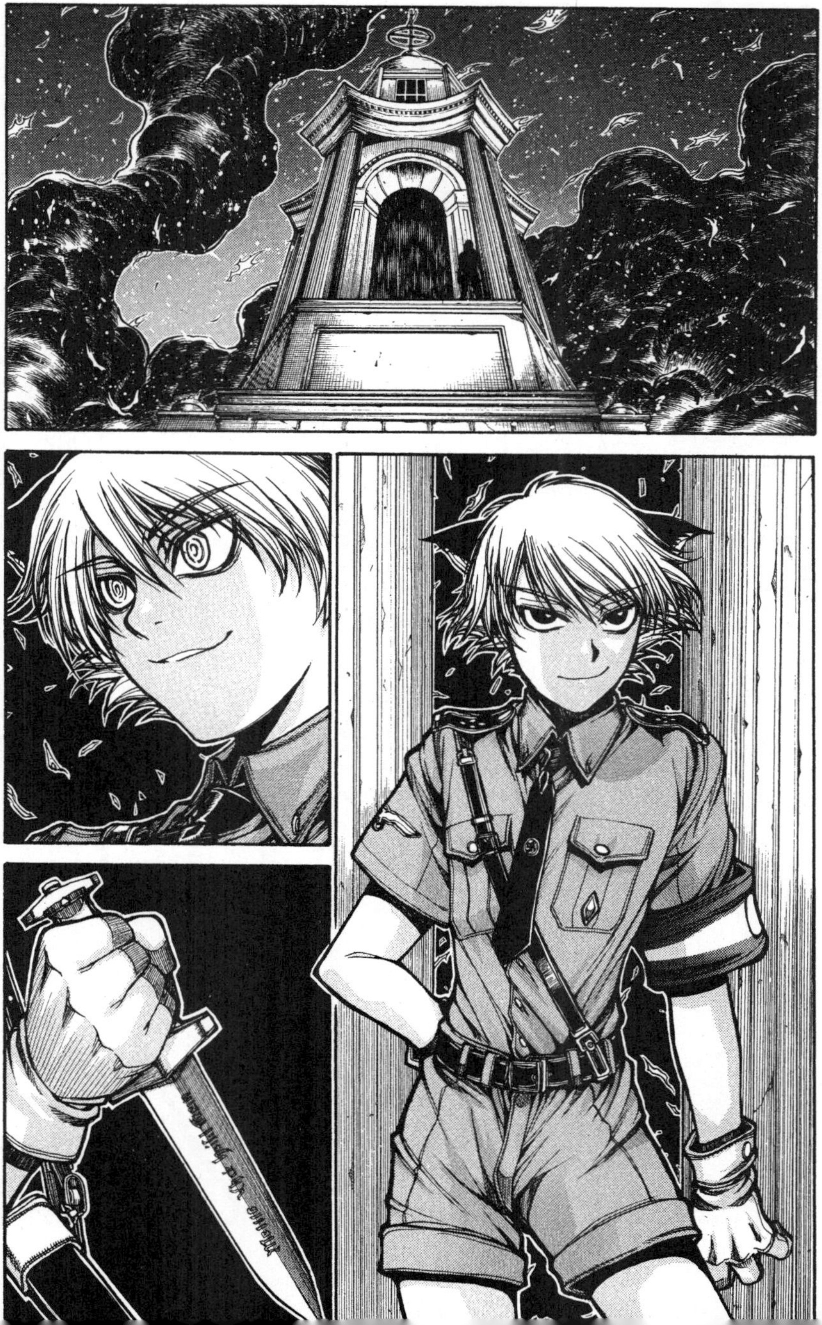

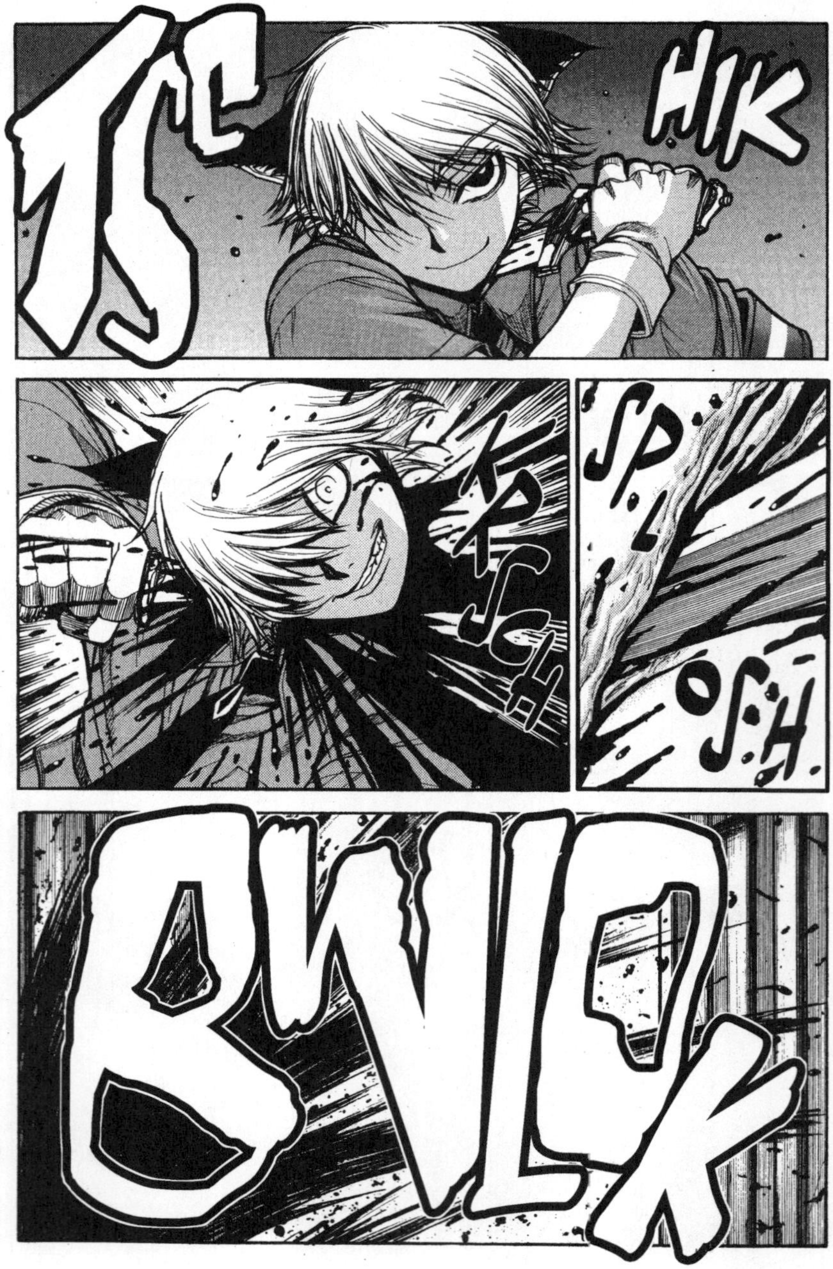
HIK
KRSCH

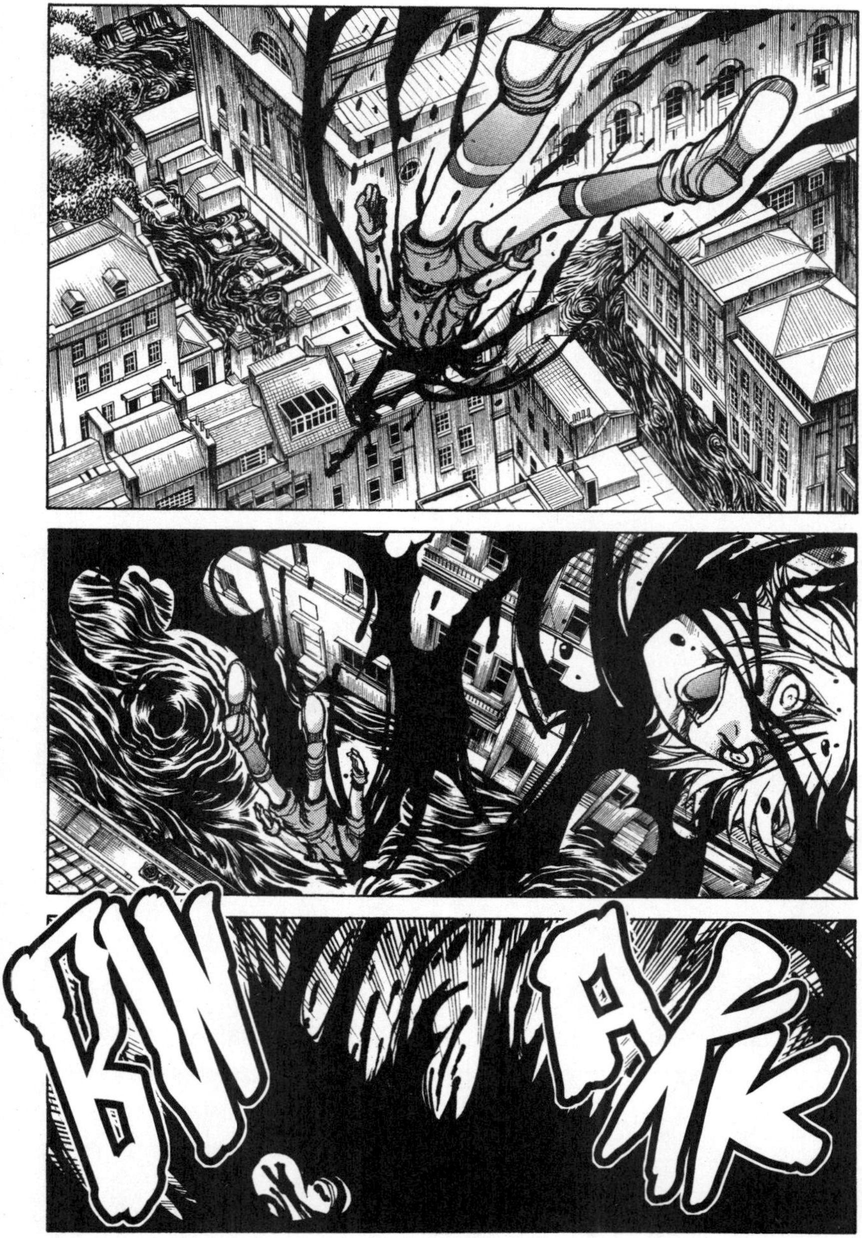

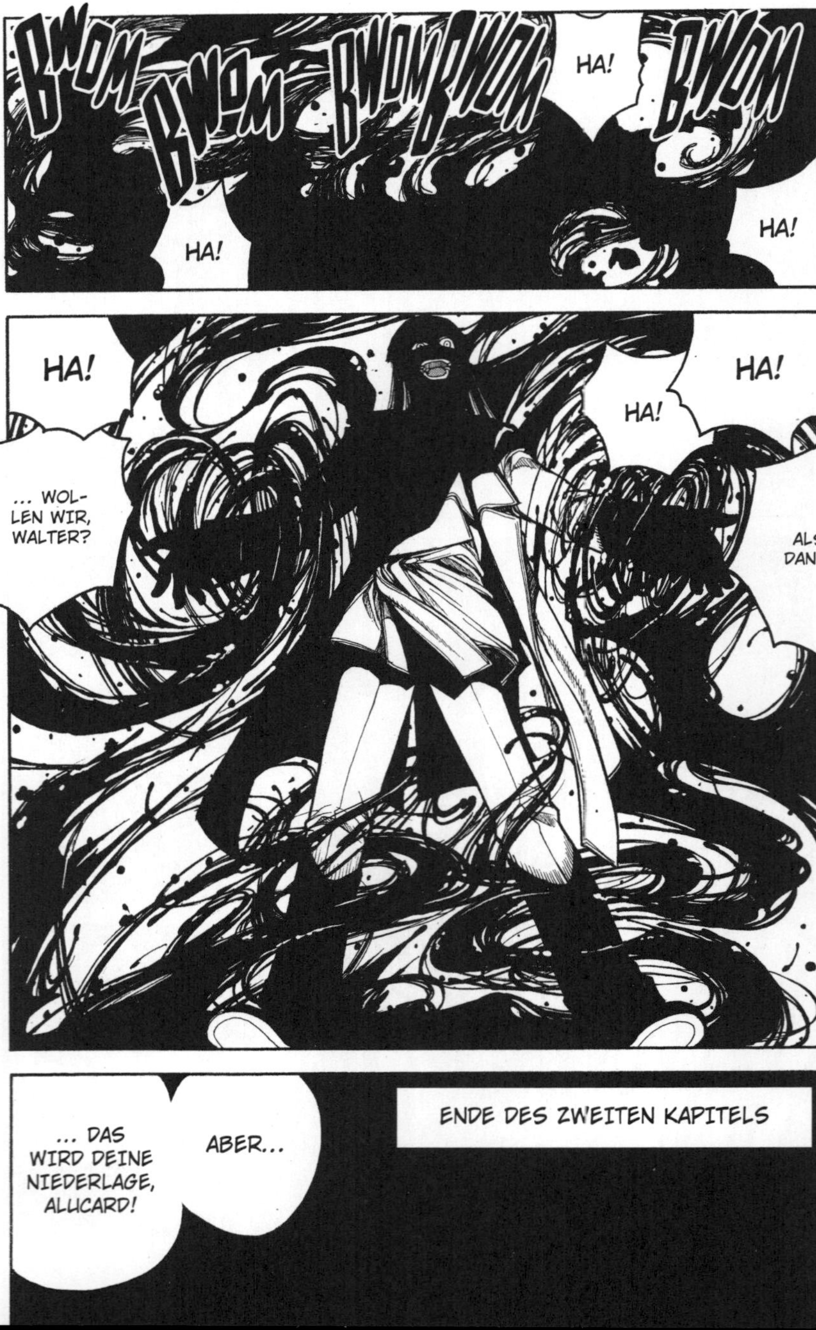
BWOM
HA!
BWOMBWOM
BWOM
BWOM
HA!
HA!
HA!
HA!
HA!
ALSO DANN...
... WOL-LEN WIR, WALTER?
ABER...
... DAS WIRD DEINE NIEDERLAGE, ALUCARD!
ENDE DES ZWEITEN KAPITELS

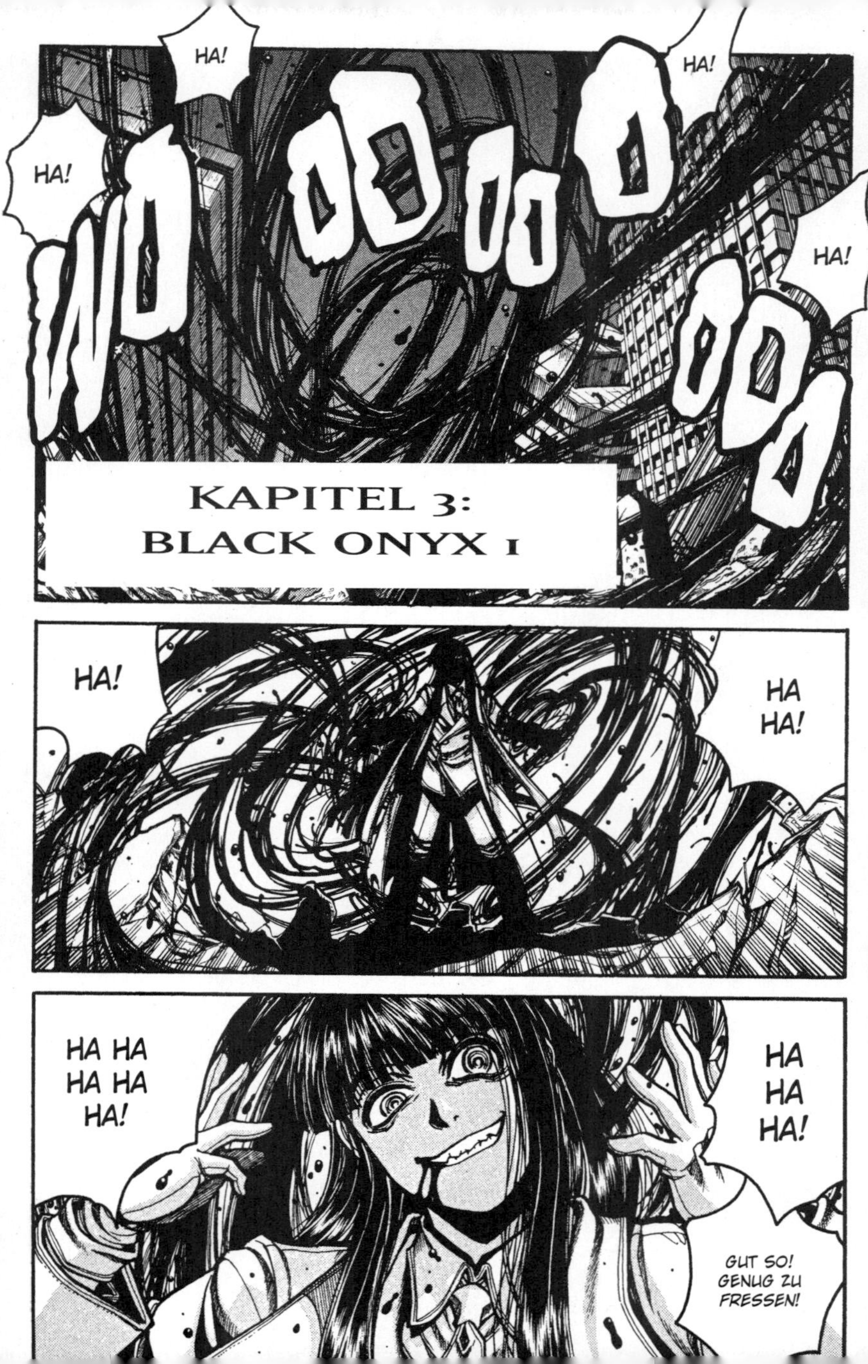
HA!
HA!
HA!
HA!
KAPITEL 3:
BLACK ONYX 1
HA
HA!
HA!
HA
HA
HA!
GUT SO!
GENUG ZU
FRESSEN!
HA HA
HA HA
HA!

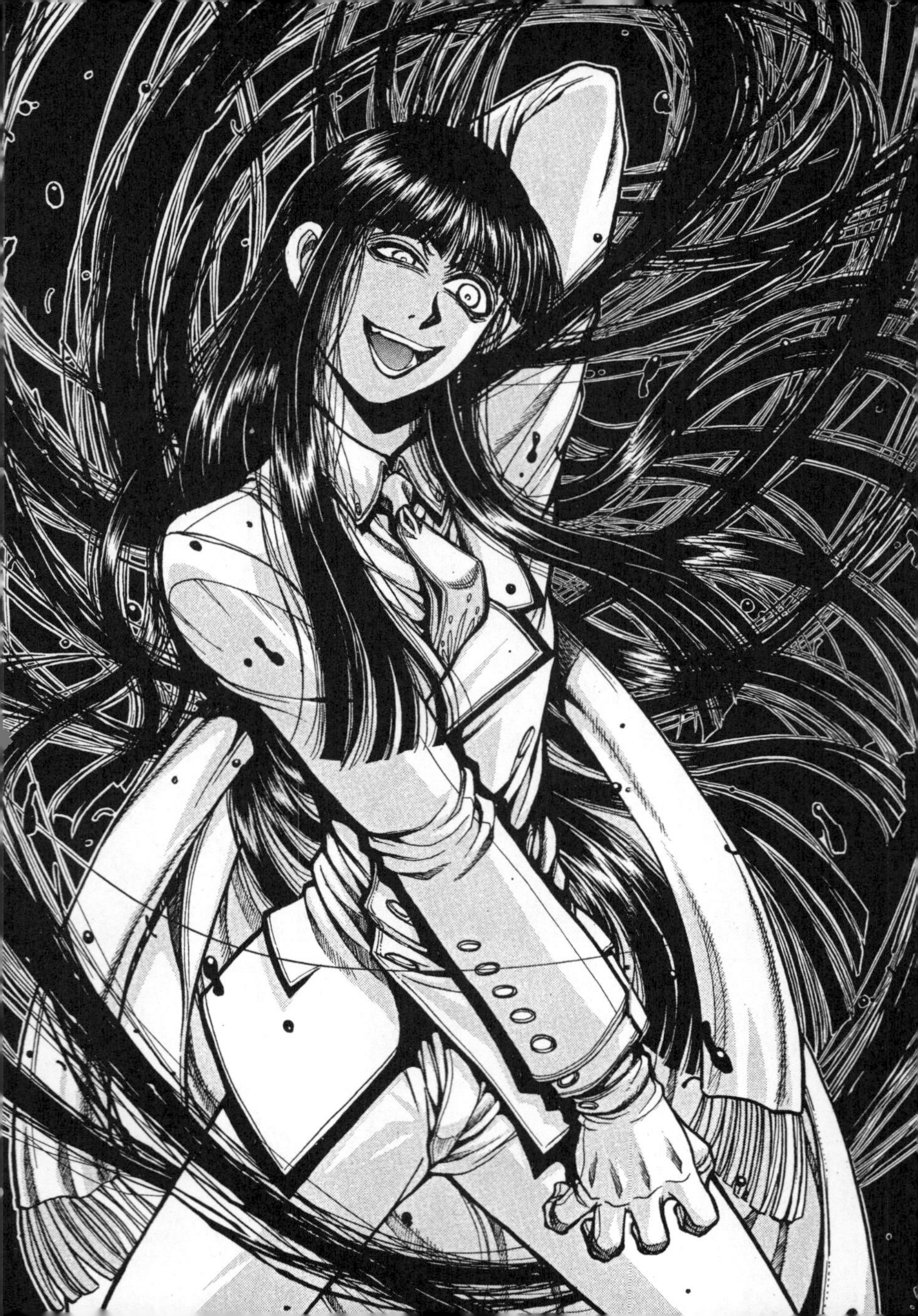

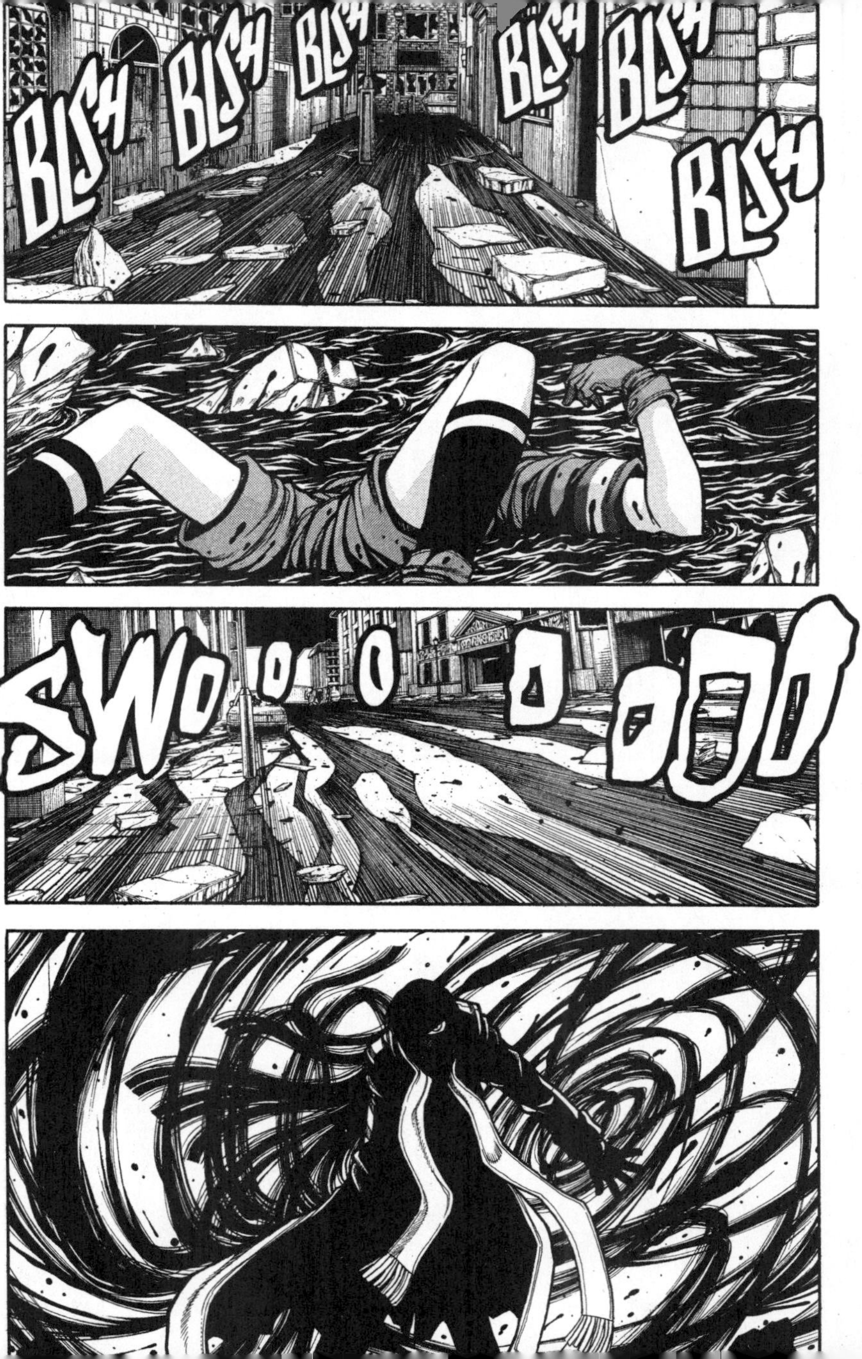
BLISH
BLISH
BLISH
BLISH
BLISH
BLISH
SWOOOOOOM

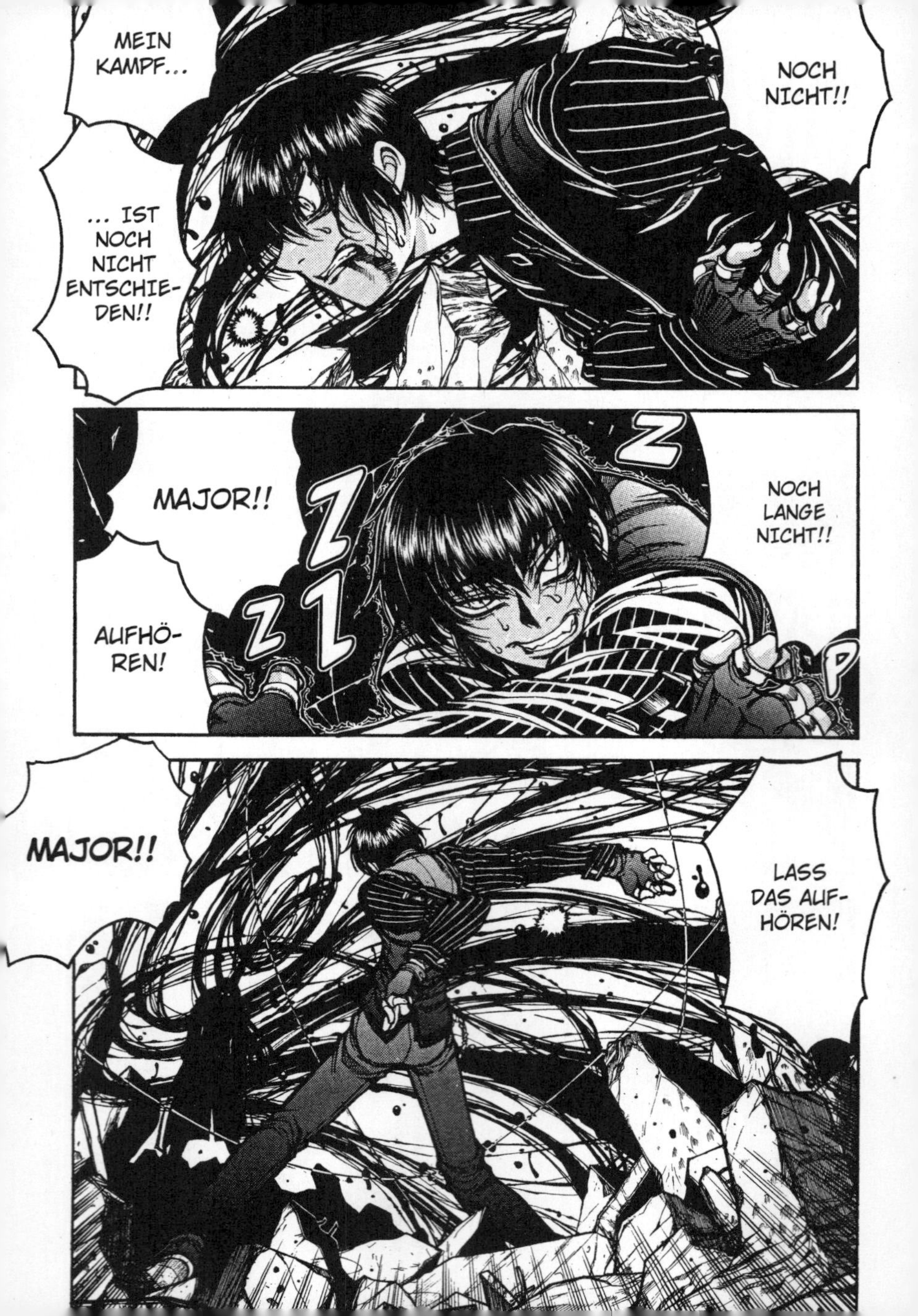

NOCH NICHT!!
MEIN KAMPF...
... IST NOCH NICHT ENTSCHIEDEN!!
NOCH LANGE NICHT!!
MAJOR!!
AUFHÖREN!
LASS DAS AUFHÖREN!
MAJOR!!

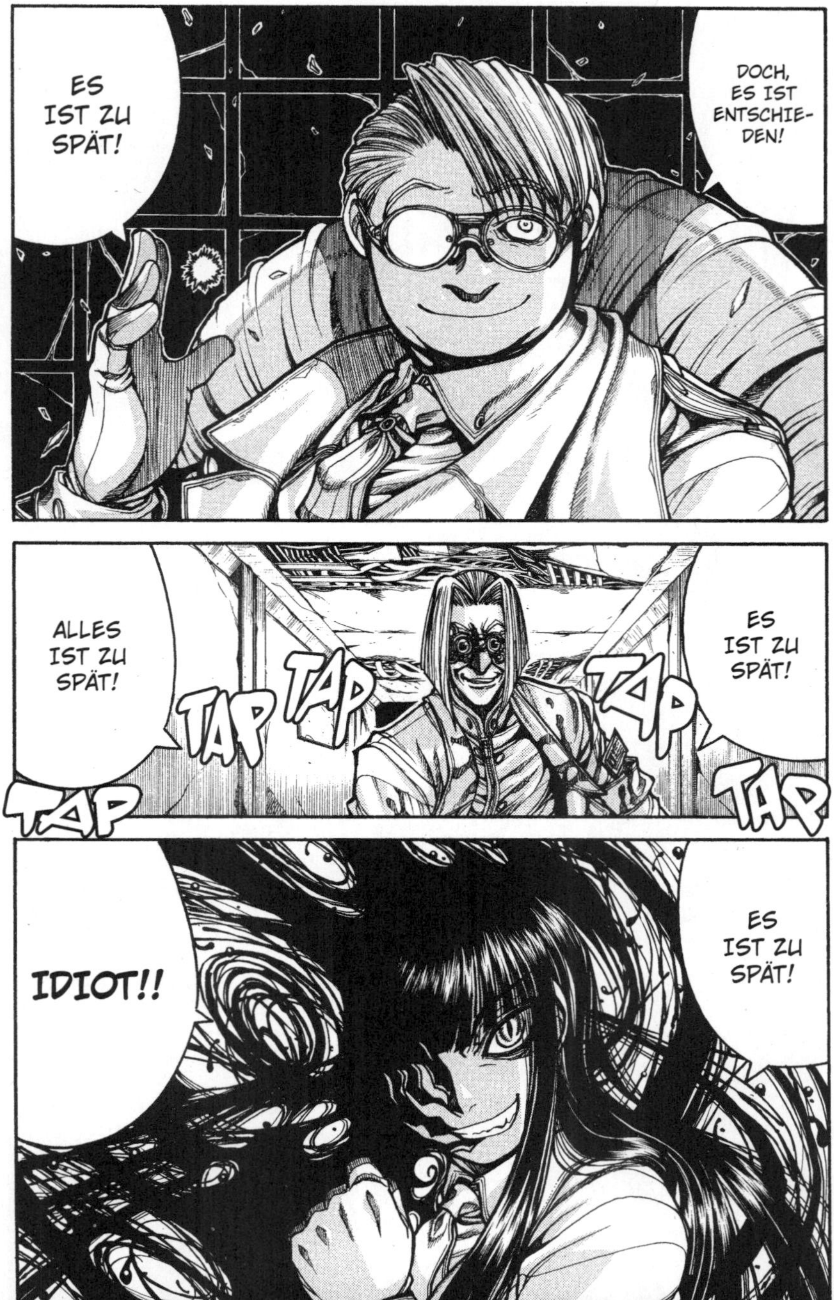
DOCH, ES IST ENTSCHIE-DEN!
ES IST ZU SPÄT!
ES IST ZU SPÄT!
ALLES IST ZU SPÄT!
TAP TAP TAP TAP TAP TAP
ES IST ZU SPÄT!
IDIOT!!

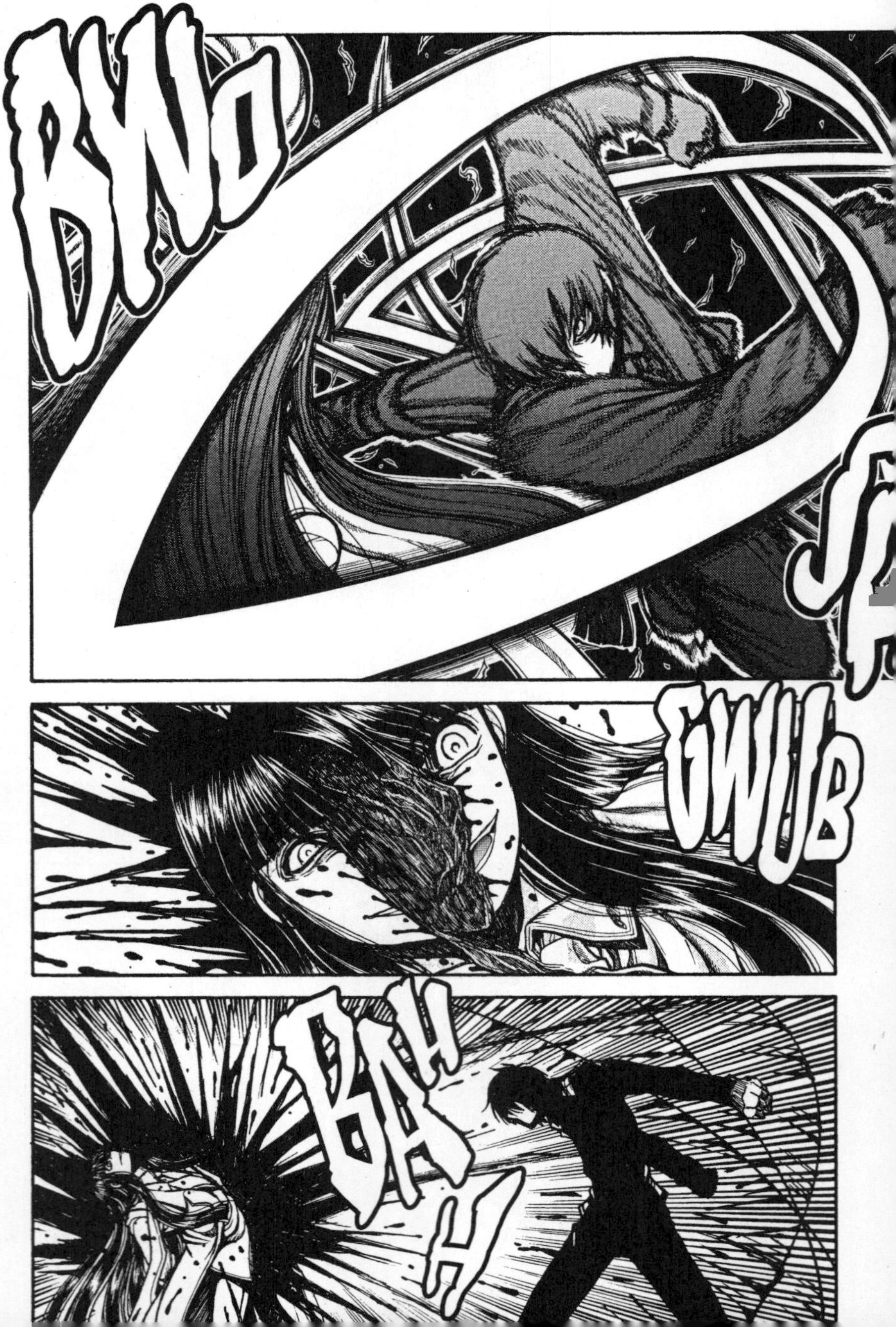
GWUB
BAH

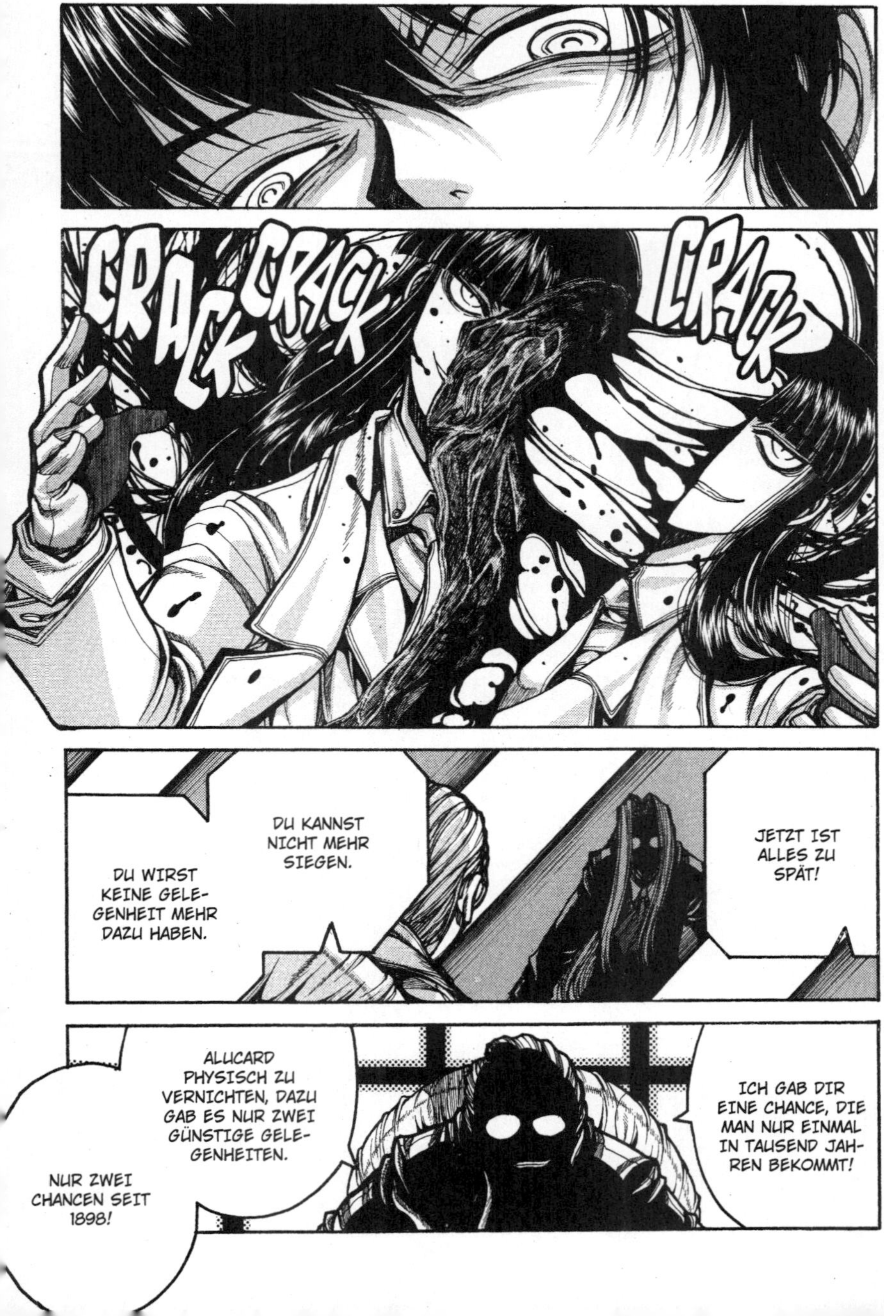

CRACK
CRACK
CRACK
JETZT IST ALLES ZU SPÄT!
DU KANNST NICHT MEHR SIEGEN.
DU WIRST KEINE GELEGENHEIT MEHR DAZU HABEN.
ICH GAB DIR EINE CHANCE, DIE MAN NUR EINMAL IN TAUSEND JAHREN BEKOMMT!
ALUCARD PHYSISCH ZU VERNICHTEN, DAZU GAB ES NUR ZWEI GÜNSTIGE GELEGENHEITEN.
NUR ZWEI CHANCEN SEIT 1898!

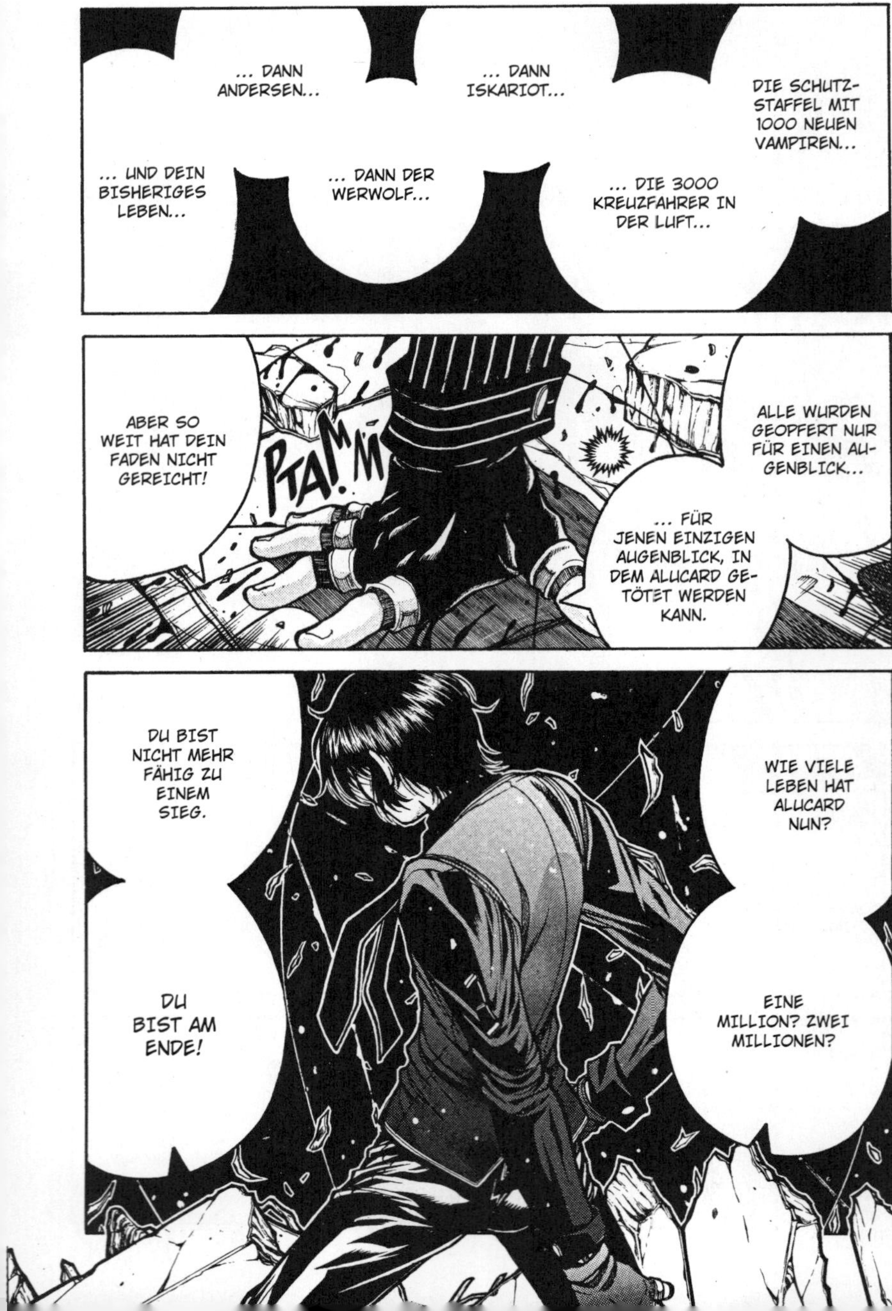
DIE SCHUTZSTAFFEL MIT 1000 NEUEN VAMPIREN...
... DIE 3000 KREUZFAHRER IN DER LUFT...
... DANN ISKARIOT...
... DANN DER WERWOLF...
... DANN ANDERSEN...
... UND DEIN BISHERIGES LEBEN...
ALLE WURDEN GEOPFERT NUR FÜR EINEN AUGENBLICK...
... FÜR JENEN EINZIGEN AUGENBLICK, IN DEM ALUCARD GETÖTET WERDEN KANN.
PTAMM
ABER SO WEIT HAT DEIN FADEN NICHT GEREICHT!
WIE VIELE LEBEN HAT ALUCARD NUN?
EINE MILLION? ZWEI MILLIONEN?
DU BIST NICHT MEHR FÄHIG ZU EINEM SIEG.
DU BIST AM ENDE!

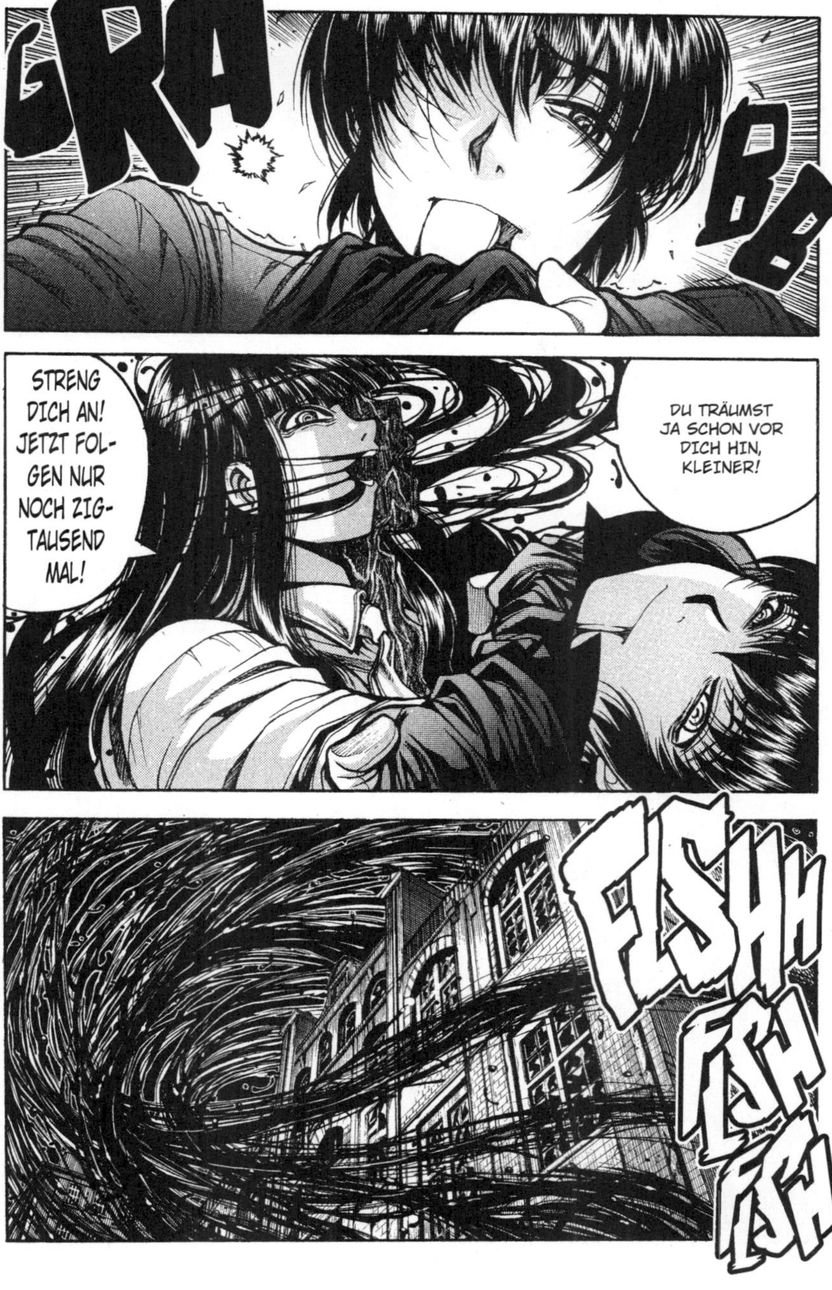
GRABB
DU TRÄUMST JA SCHON VOR DICH HIN, KLEINER!
STRENG DICH AN! JETZT FOLGEN NUR NOCH ZIGTAUSEND MAL!
FSHH
FSH
FSH

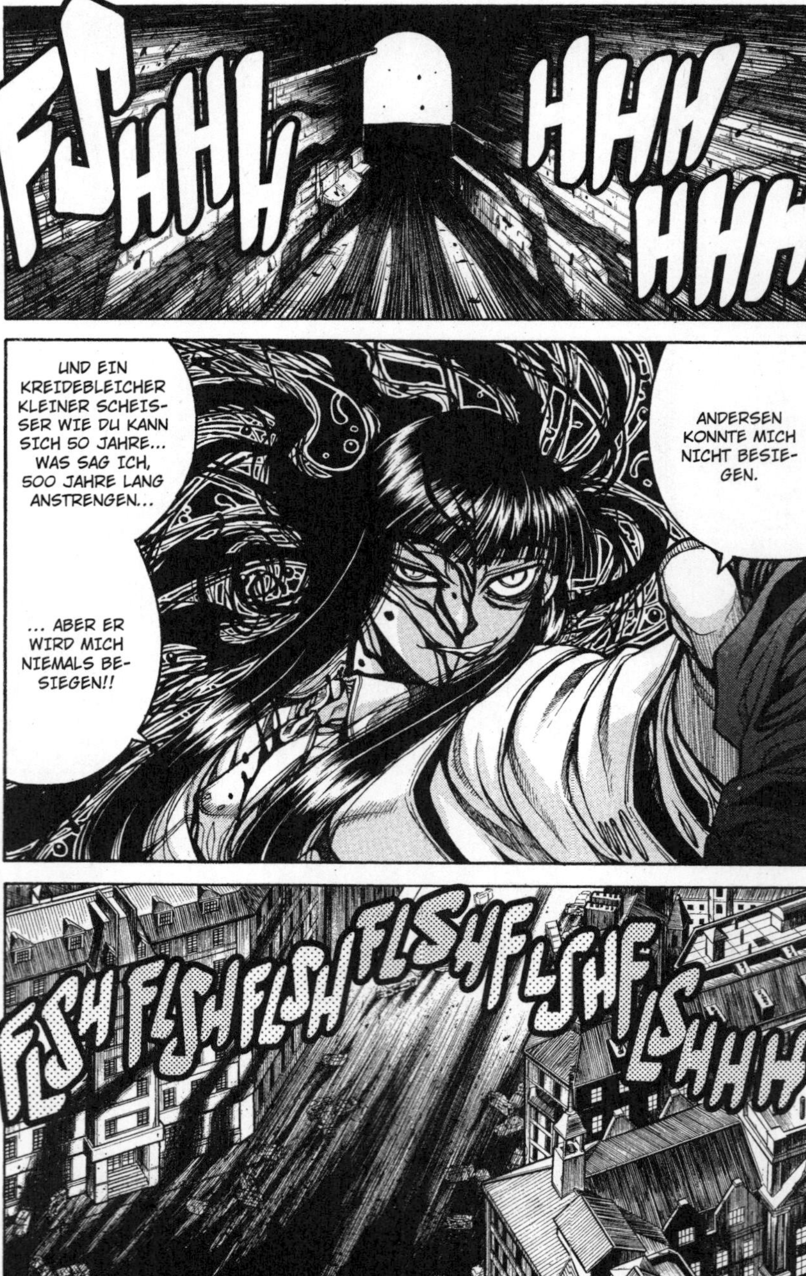
FSHHH HHH HHH
ANDERSEN KONNTE MICH NICHT BESIEGEN.
UND EIN KREIDEBLEICHER KLEINER SCHEISSER WIE DU KANN SICH 50 JAHRE... WAS SAG ICH, 500 JAHRE LANG ANSTRENGEN...
... ABER ER WIRD MICH NIEMALS BESIEGEN!!
FLSHFLSHFLSHFLSHFLSHFLSHHH

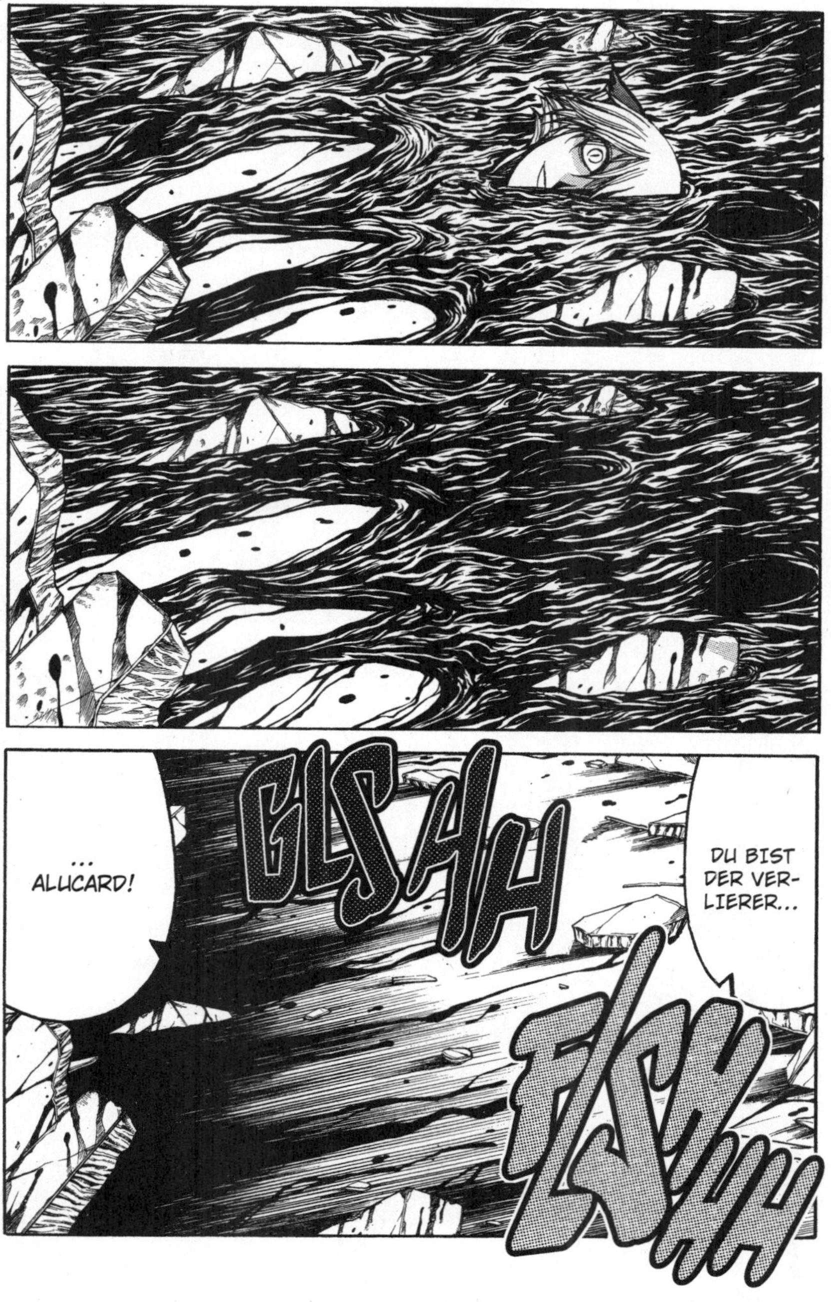
DU BIST DER VER-LIERER...
... ALUCARD!

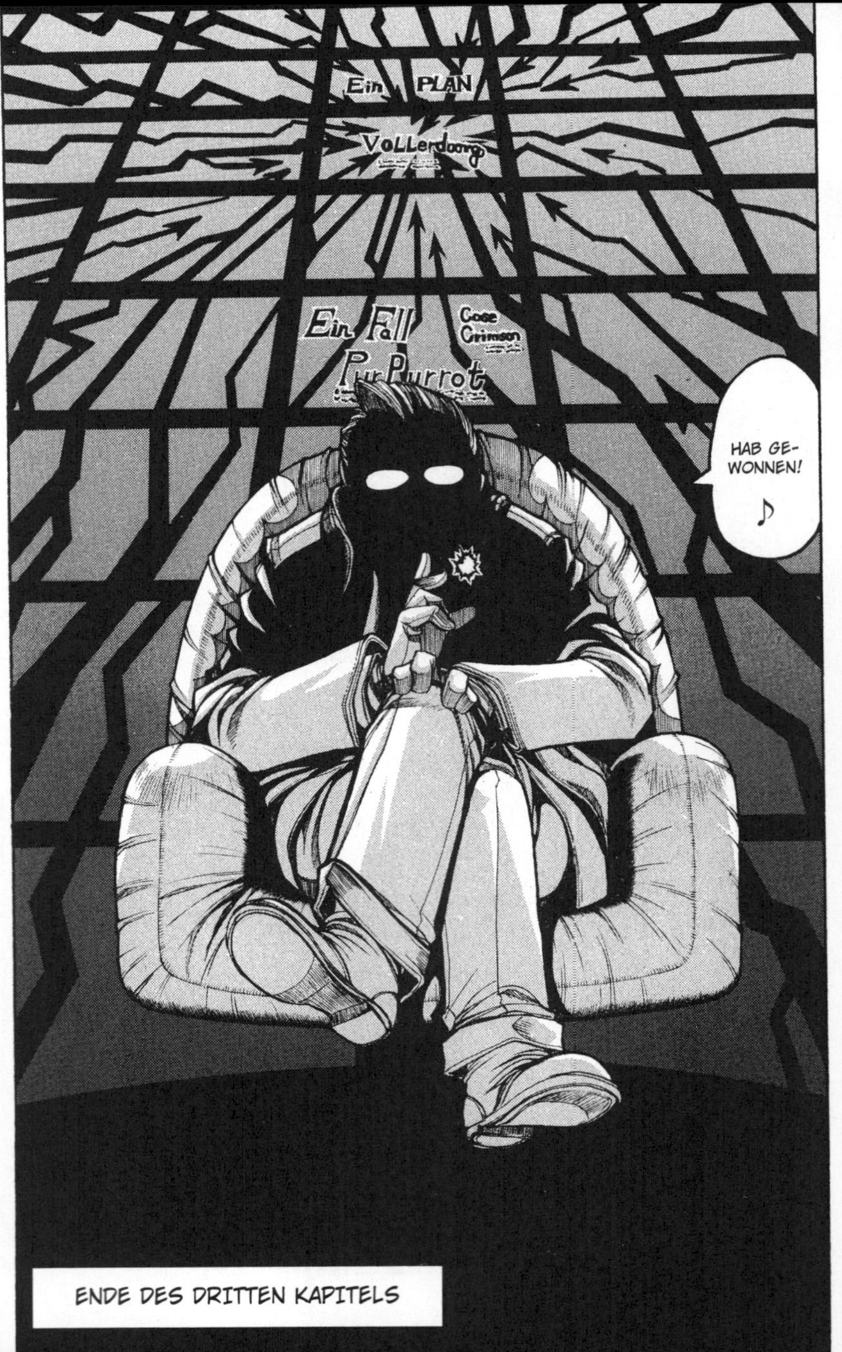
Ein PLAN
VoLLerdoong
Ein Fall PurPurrot
Case Crimson
HAB GE-WONNEN! ♪
ENDE DES DRITTEN KAPITELS

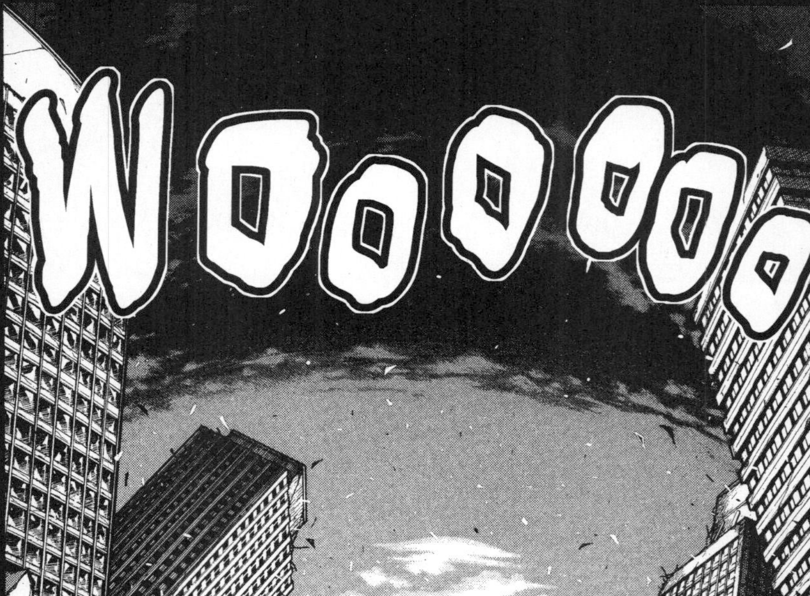

KAPITEL 4:
BLACK ONYX 2

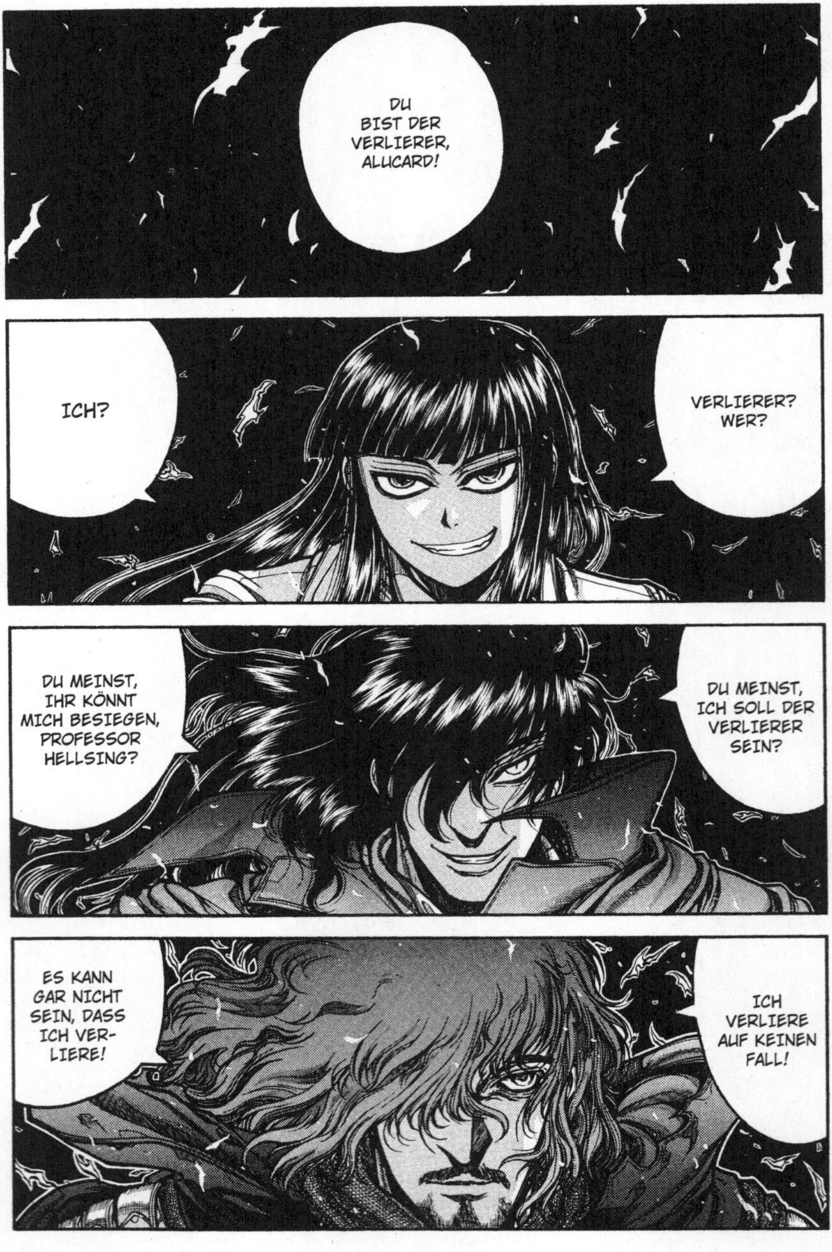
DU BIST DER VERLIERER, ALUCARD!
VERLIERER? WER?
ICH?
DU MEINST, ICH SOLL DER VERLIERER SEIN?
DU MEINST, IHR KÖNNT MICH BESIEGEN, PROFESSOR HELLSING?
ICH VERLIERE AUF KEINEN FALL!
ES KANN GAR NICHT SEIN, DASS ICH VER-LIERE!

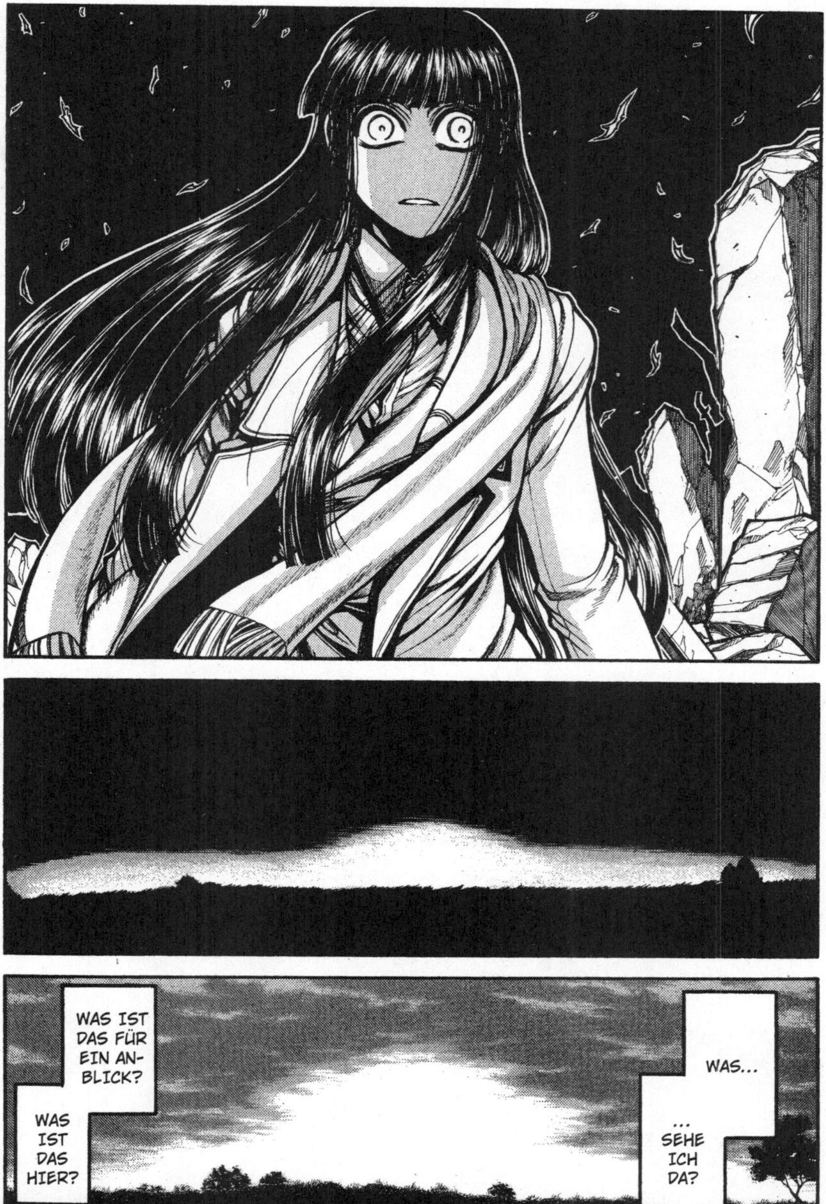
WAS…
… SEHE ICH DA?
WAS IST DAS FÜR EIN AN-BLICK?
WAS IST DAS HIER?

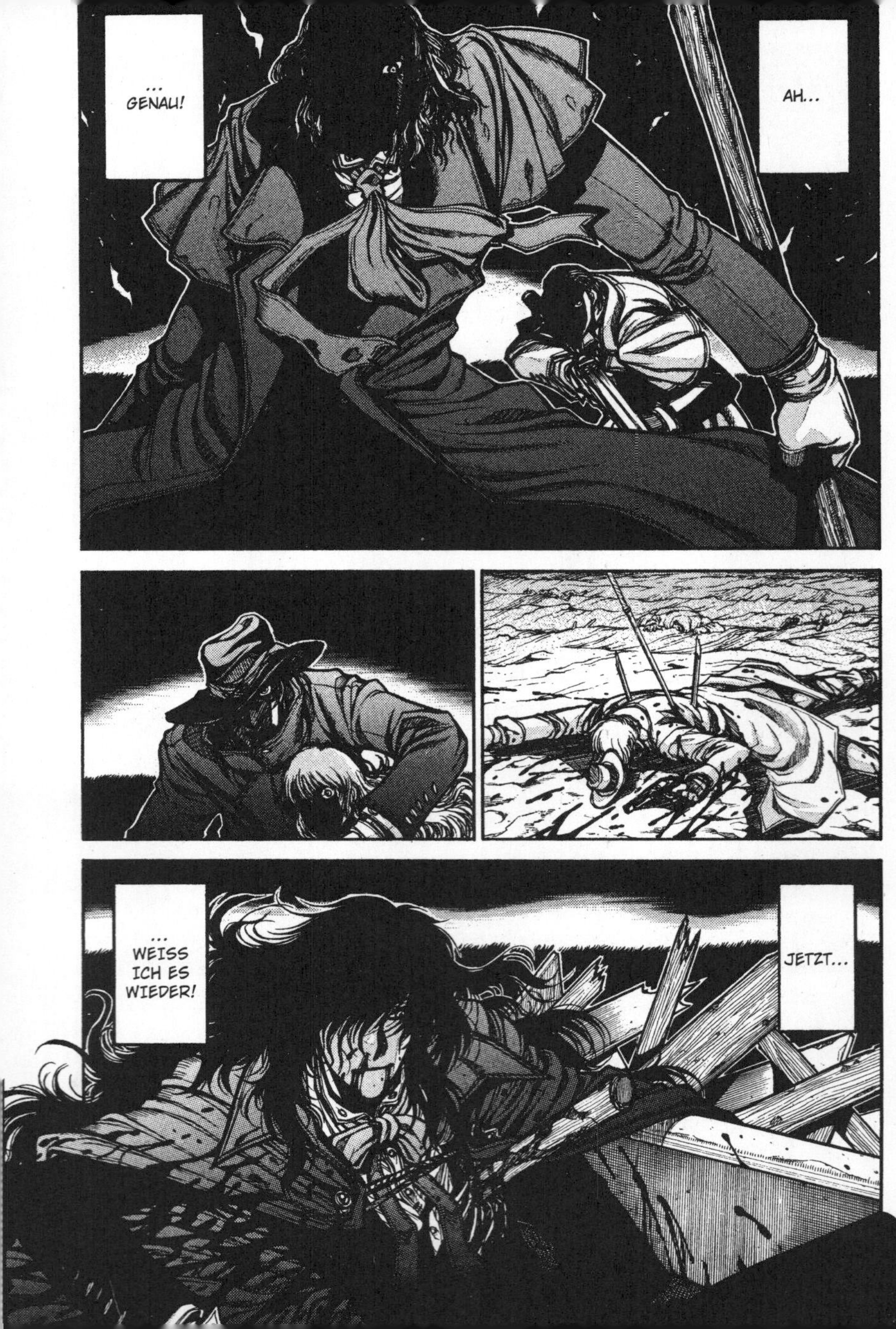
AH…
… GENAU!
JETZT…
… WEISS ICH ES WIEDER!

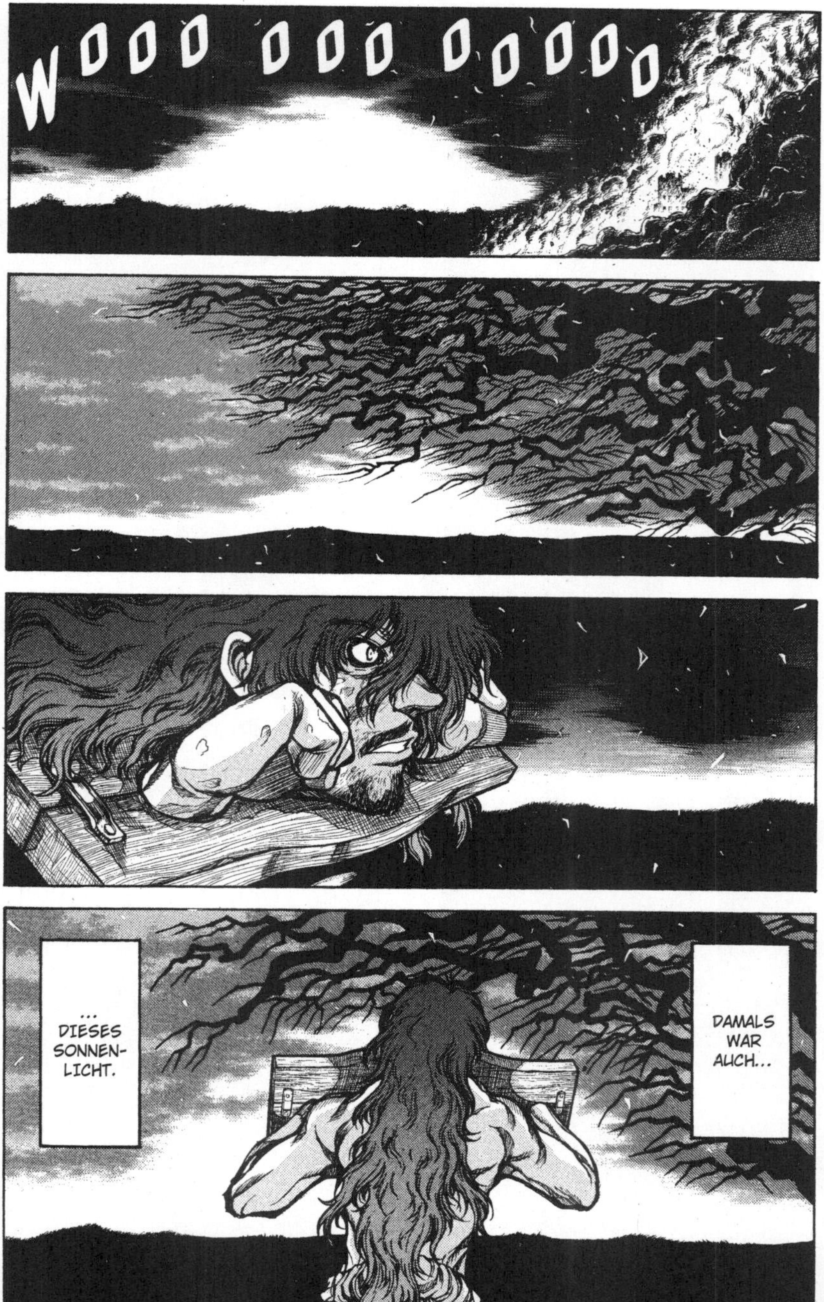
WOOO OOO OOOOO
DAMALS WAR AUCH...
... DIESES SONNENLICHT.

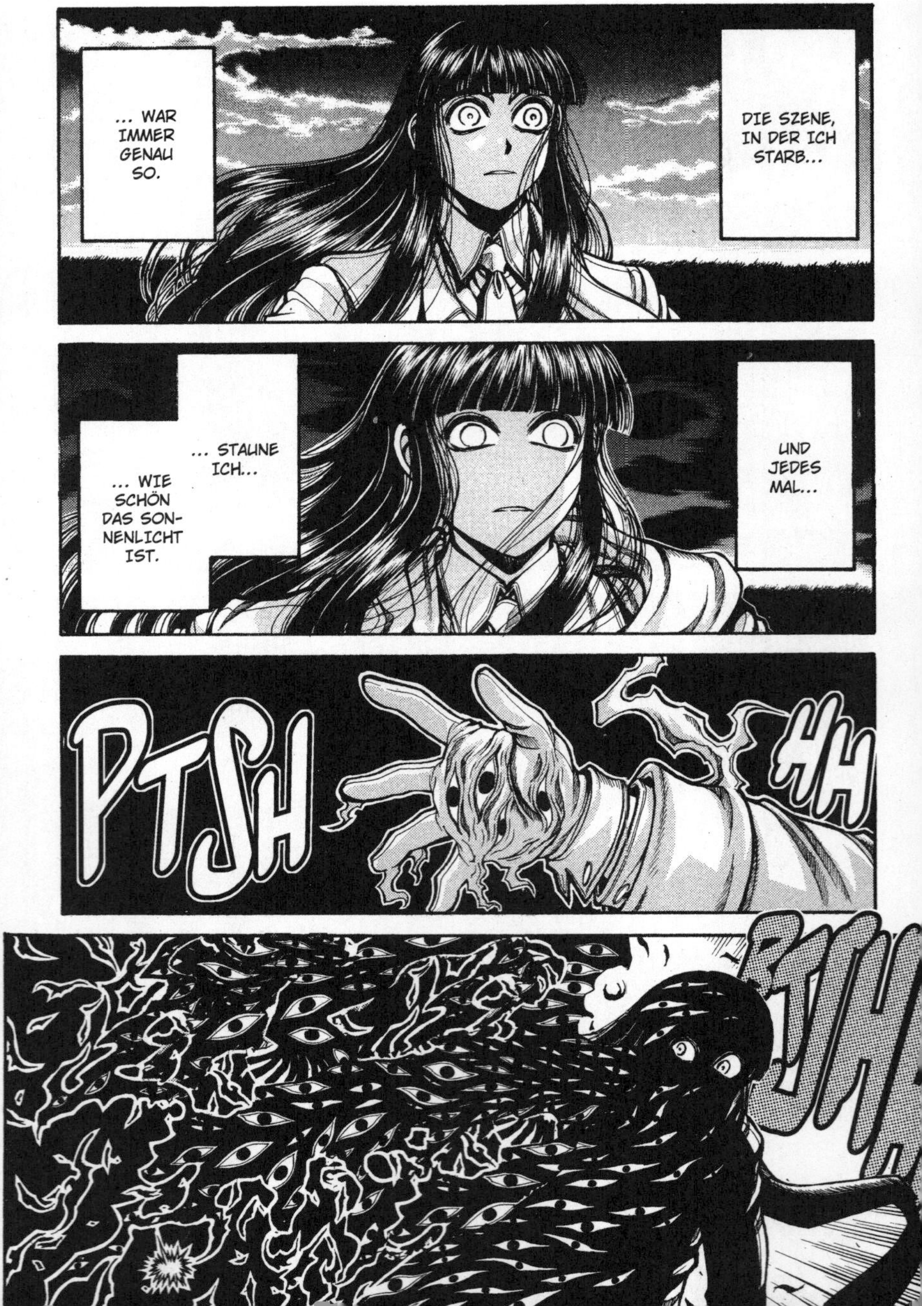
DIE SZENE, IN DER ICH STARB…
… WAR IMMER GENAU SO.
UND JEDES MAL…
… STAUNE ICH…
… WIE SCHÖN DAS SONNENLICHT IST.
PTSHHH

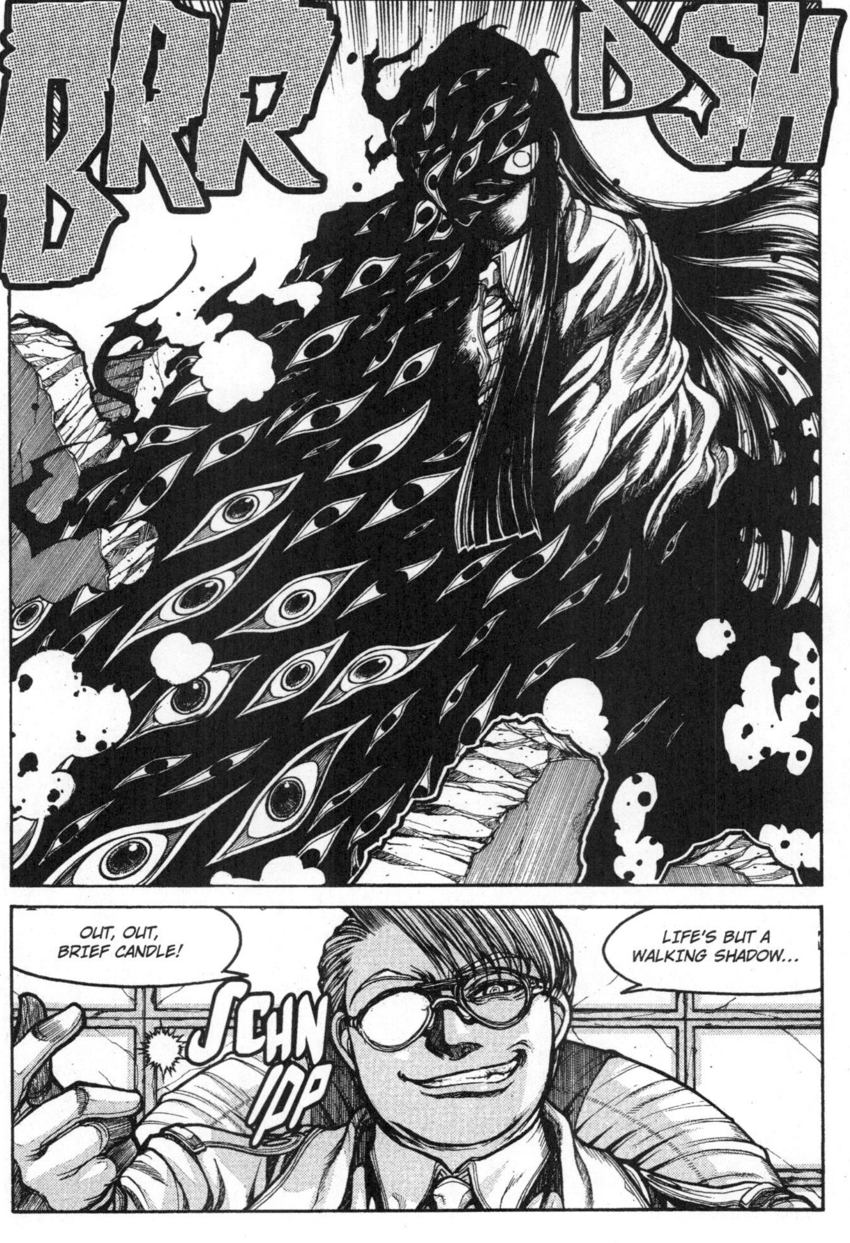
BRR
DSH
OUT, OUT, BRIEF CANDLE!
LIFE'S BUT A WALKING SHADOW...
SCHN
IPP

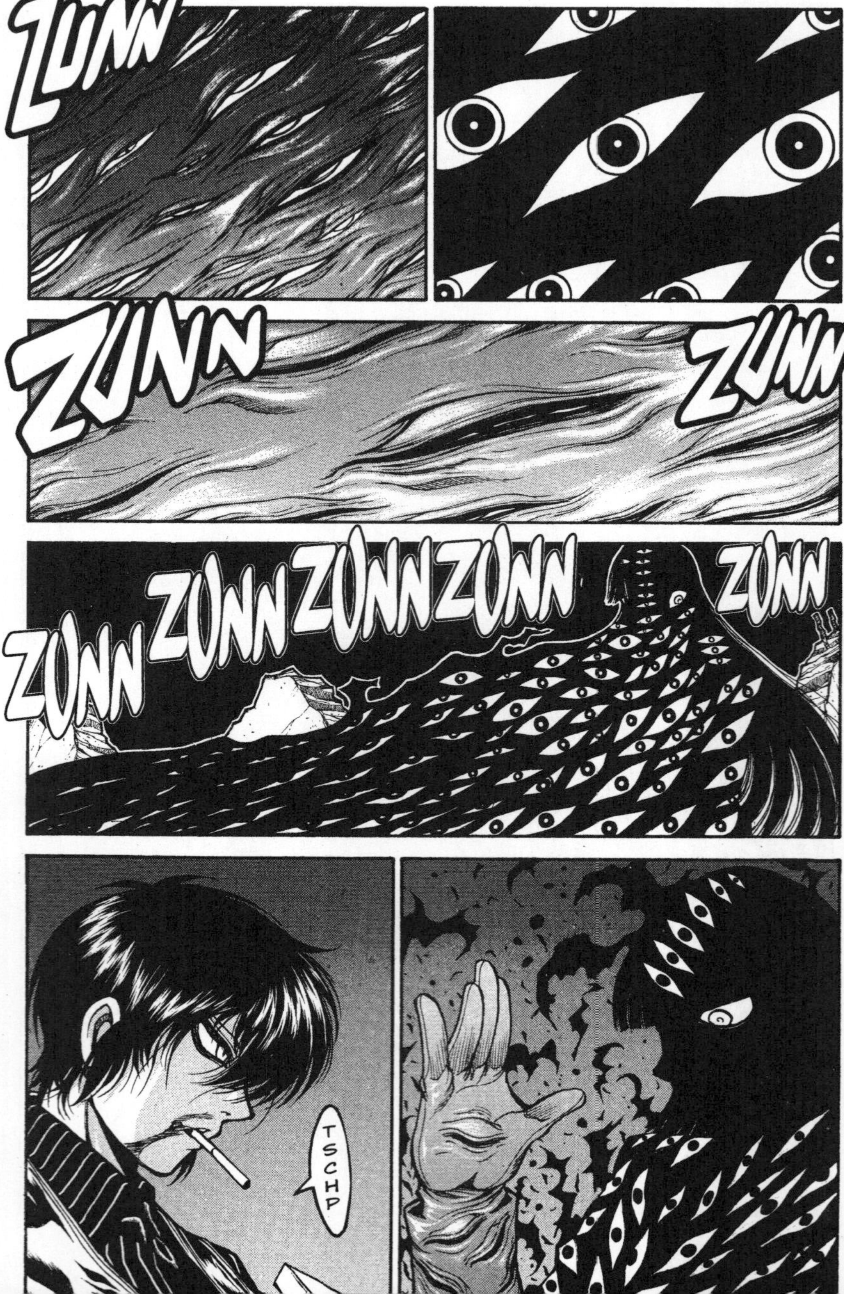
ZUNN
ZUNN
ZUNN
ZUNN
ZUNN
ZUNN
ZUNN
ZUNN
TSCHP

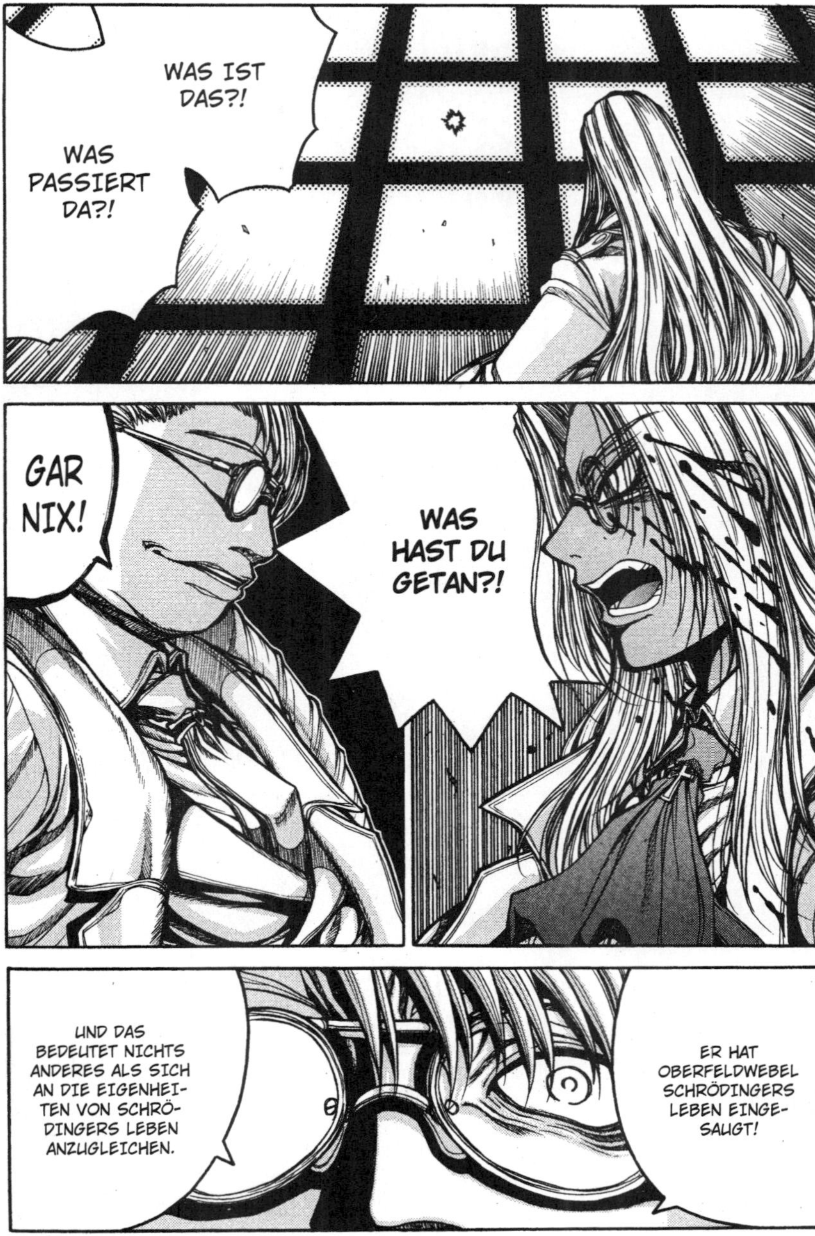

WAS IST DAS?!
WAS PASSIERT DA?!
WAS HAST DU GETAN?!
GAR NIX!
ER HAT OBERFELDWEBEL SCHRÖDINGERS LEBEN EINGE-SAUGT!
UND DAS BEDEUTET NICHTS ANDERES ALS SICH AN DIE EIGENHEI-TEN VON SCHRÖ-DINGERS LEBEN ANZUGLEICHEN.

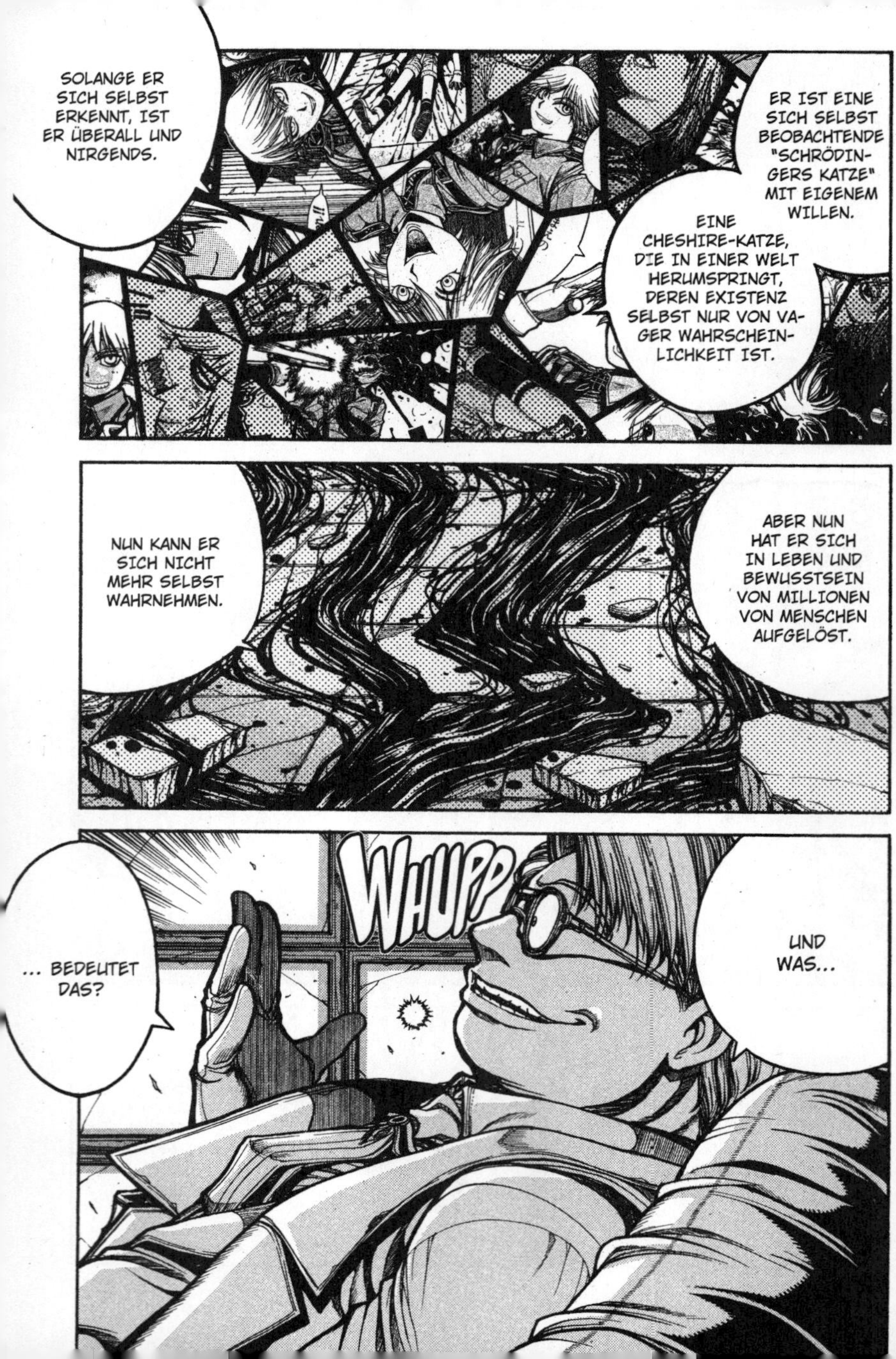

ER IST EINE SICH SELBST BEOBACHTENDE "SCHRÖDINGERS KATZE" MIT EIGENEM WILLEN.
EINE CHESHIRE-KATZE, DIE IN EINER WELT HERUMSPRINGT, DEREN EXISTENZ SELBST NUR VON VAGER WAHRSCHEINLICHKEIT IST.
SOLANGE ER SICH SELBST ERKENNT, IST ER ÜBERALL UND NIRGENDS.
ABER NUN HAT ER SICH IN LEBEN UND BEWUSSTSEIN VON MILLIONEN VON MENSCHEN AUFGELÖST.
NUN KANN ER SICH NICHT MEHR SELBST WAHRNEHMEN.
WHUPP
UND WAS...
... BEDEUTET DAS?

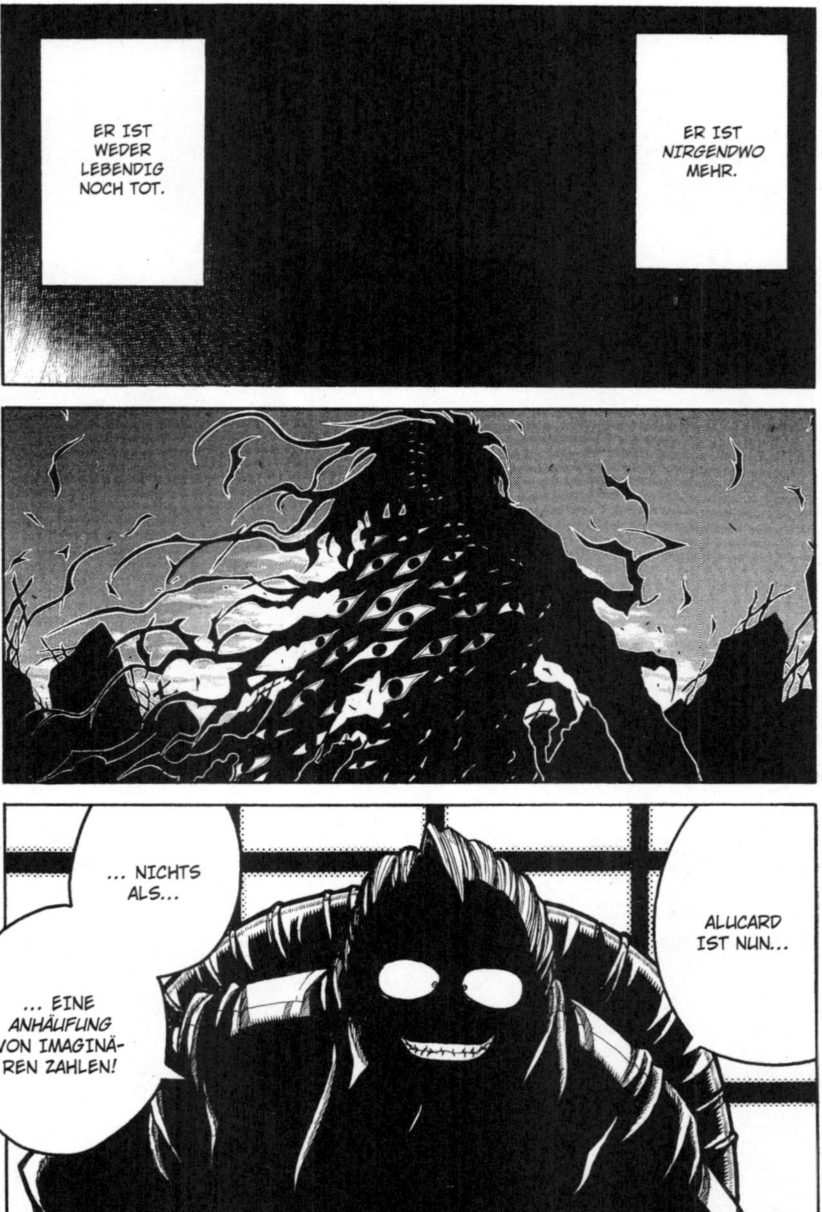
ER IST NIRGENDWO MEHR.
ER IST WEDER LEBENDIG NOCH TOT.
ALUCARD IST NUN...
... NICHTS ALS...
... EINE ANHÄUFUNG VON IMAGINÄREN ZAHLEN!

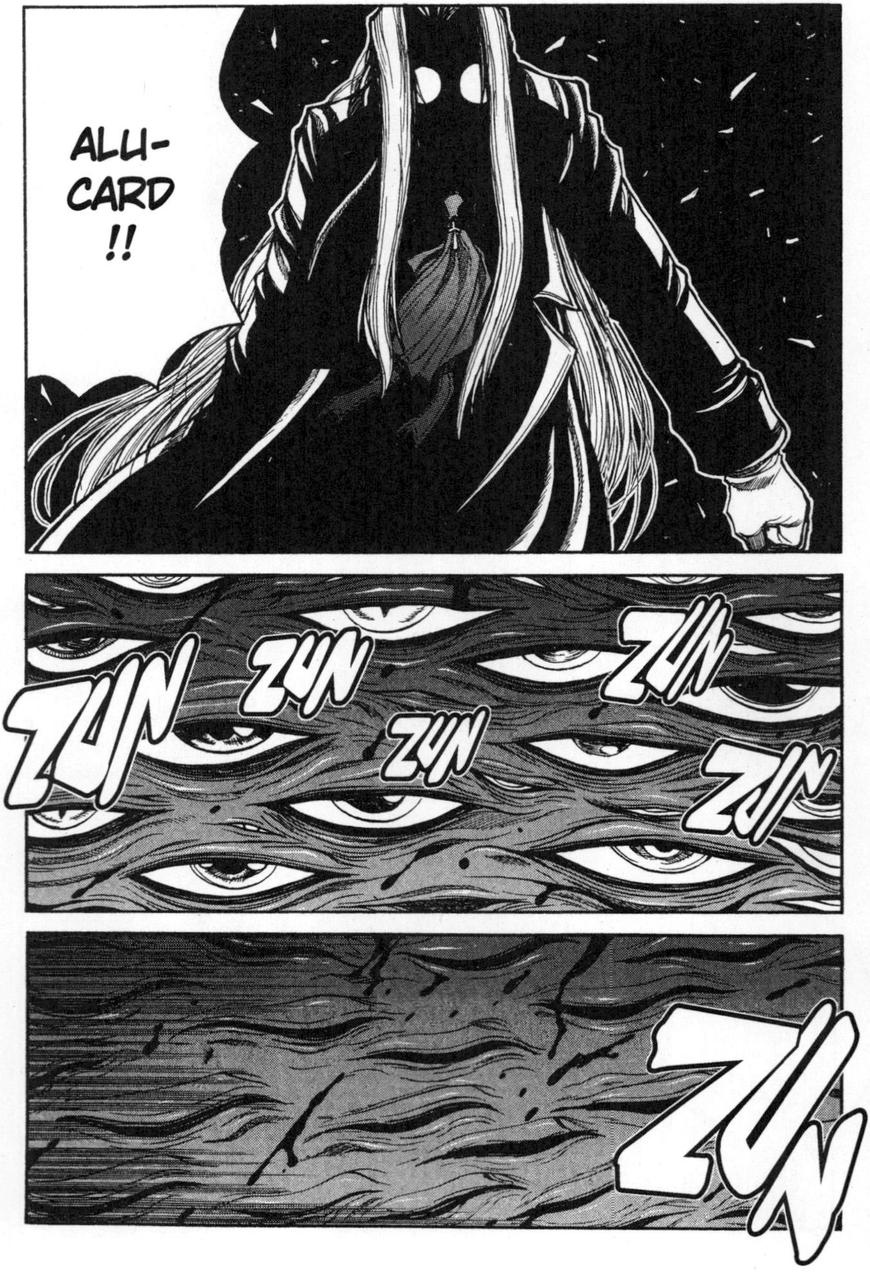
ALLU-
CARD
!!
ZUN
ZUN
ZUN
ZUN
ZUN
ZUN

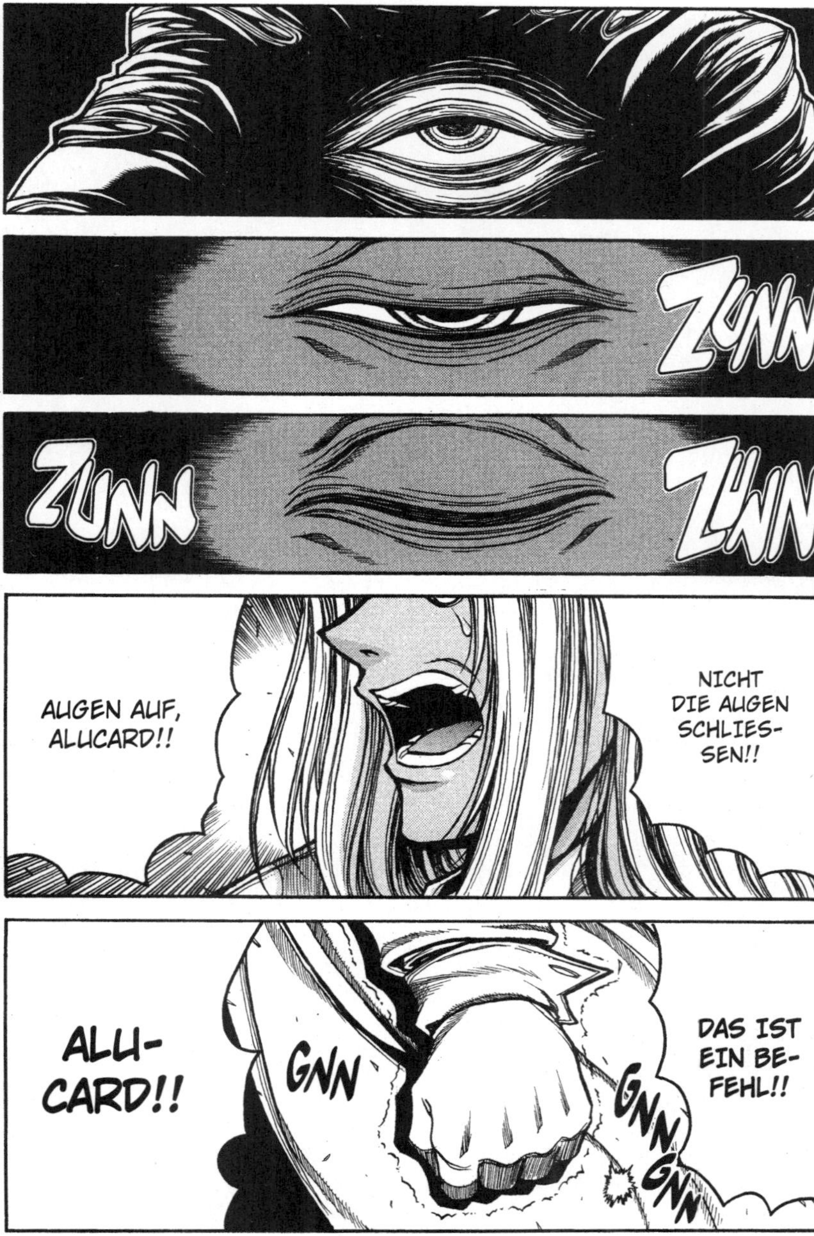
ZUNN
ZUNN
ZUNN
AUGEN AUF, ALUCARD!!
NICHT DIE AUGEN SCHLIES-SEN!!
ALU-CARD!!
GNN
GNN GNN GNN
DAS IST EIN BE-FEHL!!

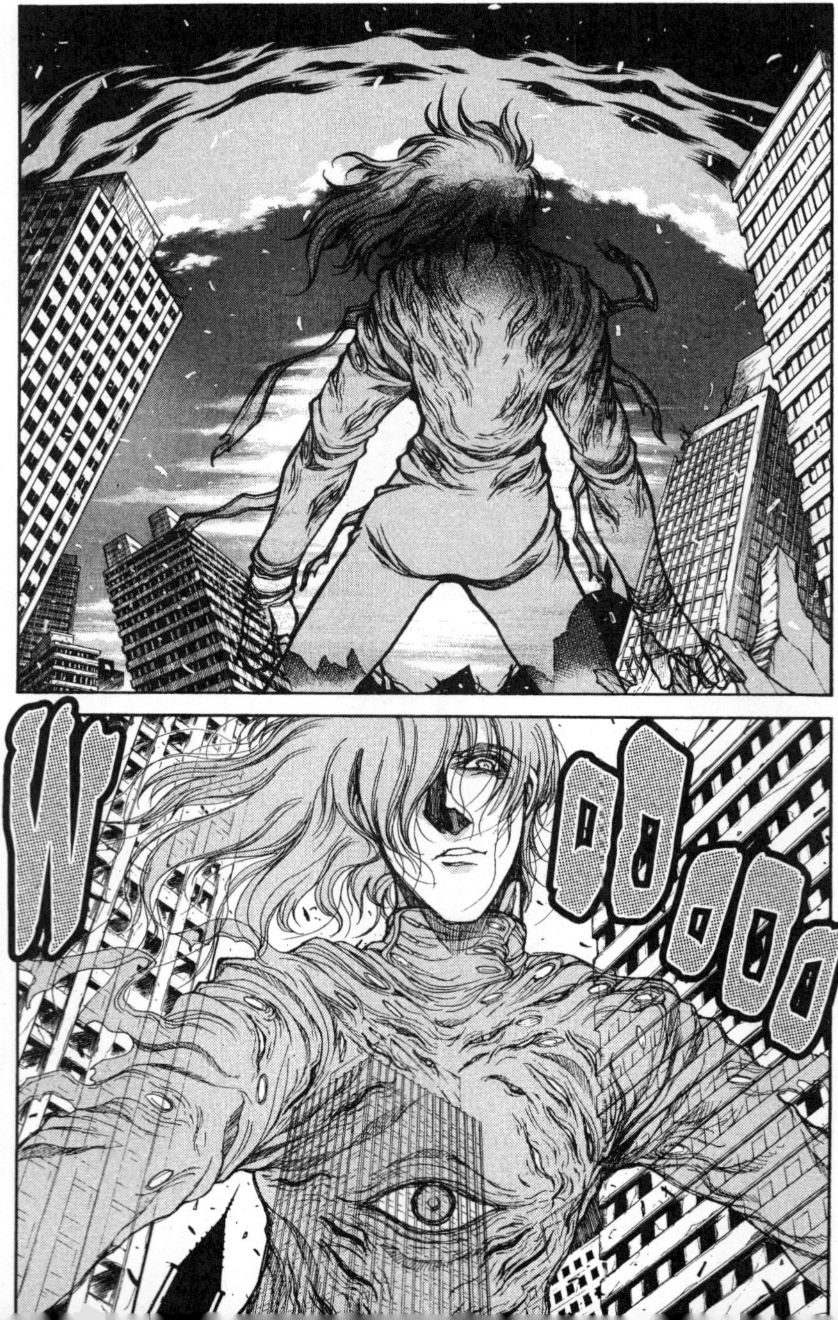
WOOOOOO

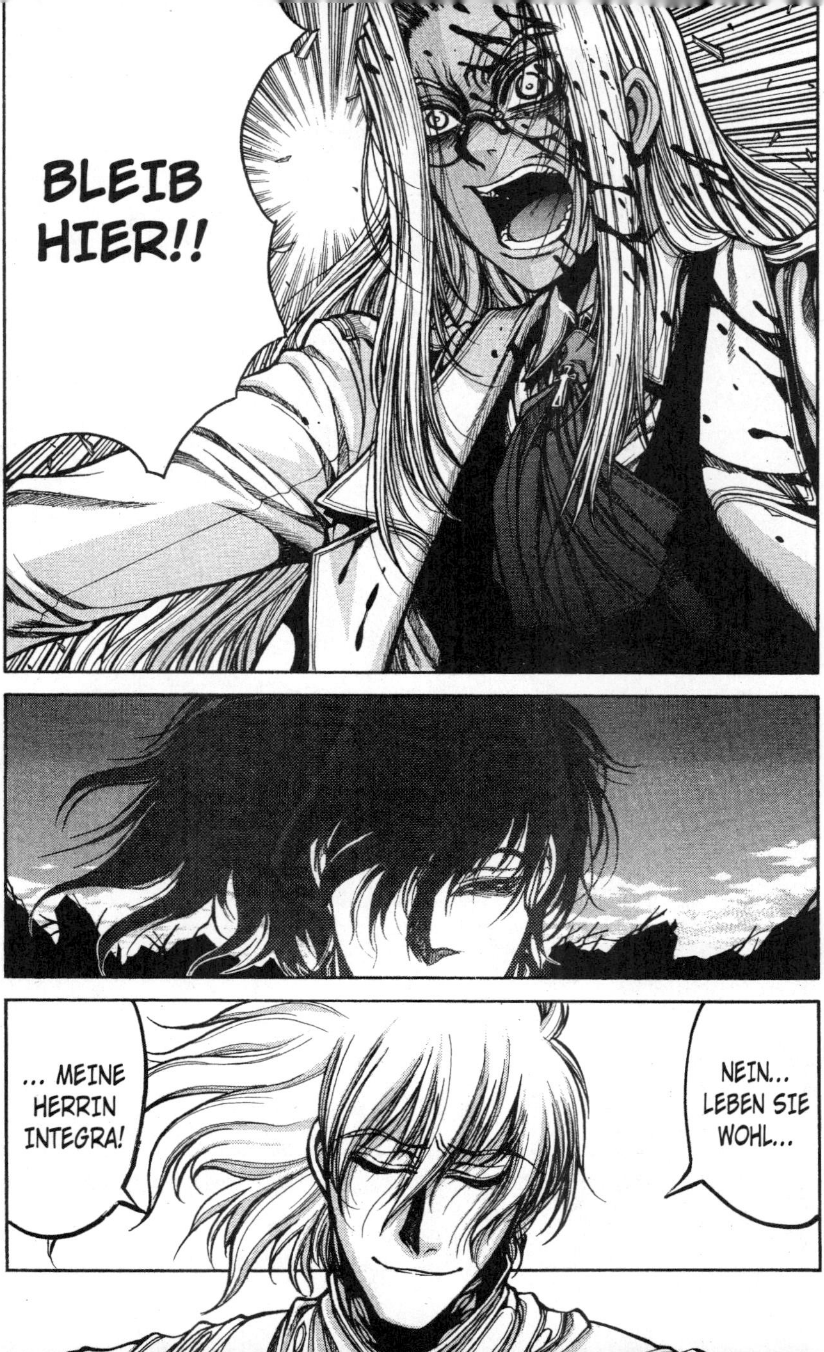
BLEIB HIER!!
NEIN... LEBEN SIE WOHL...
... MEINE HERRIN INTEGRA!

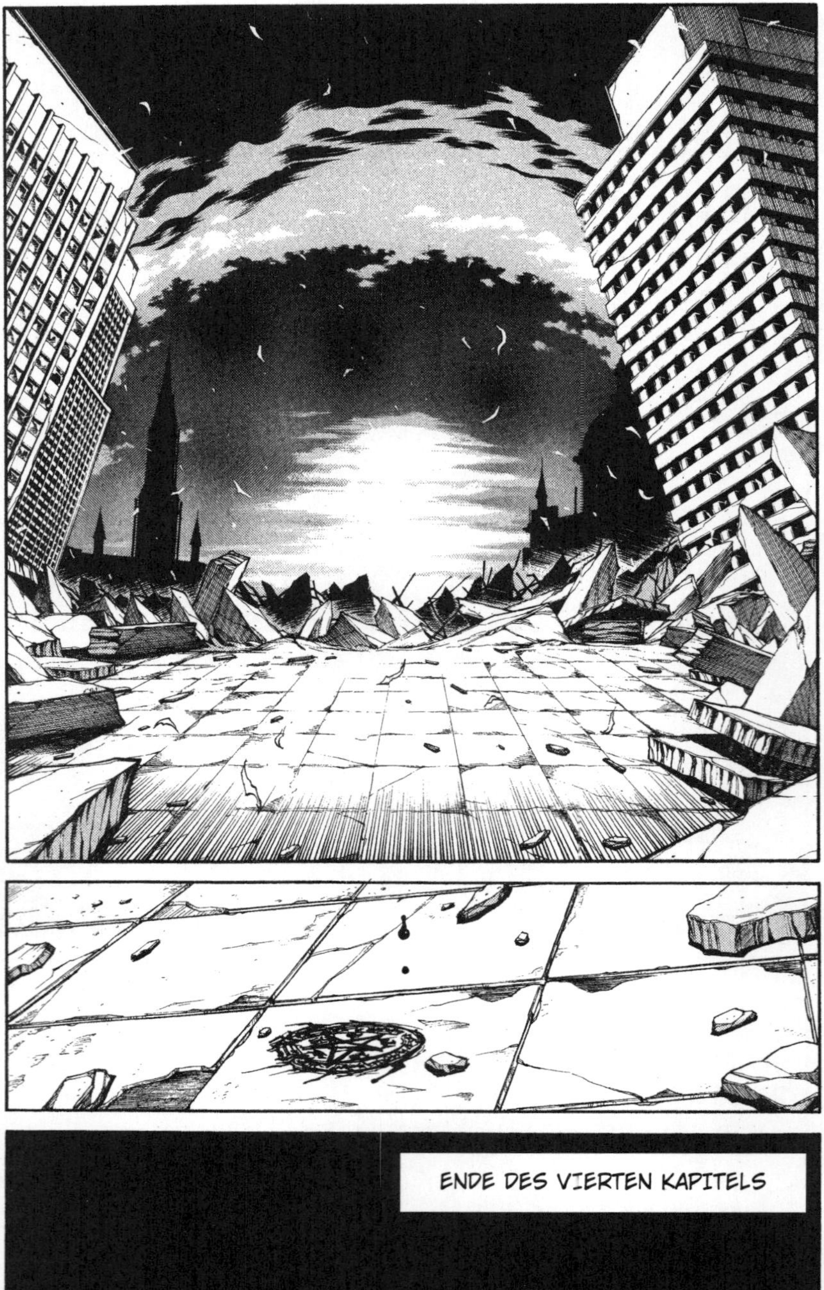
ENDE DES VIERTEN KAPITELS

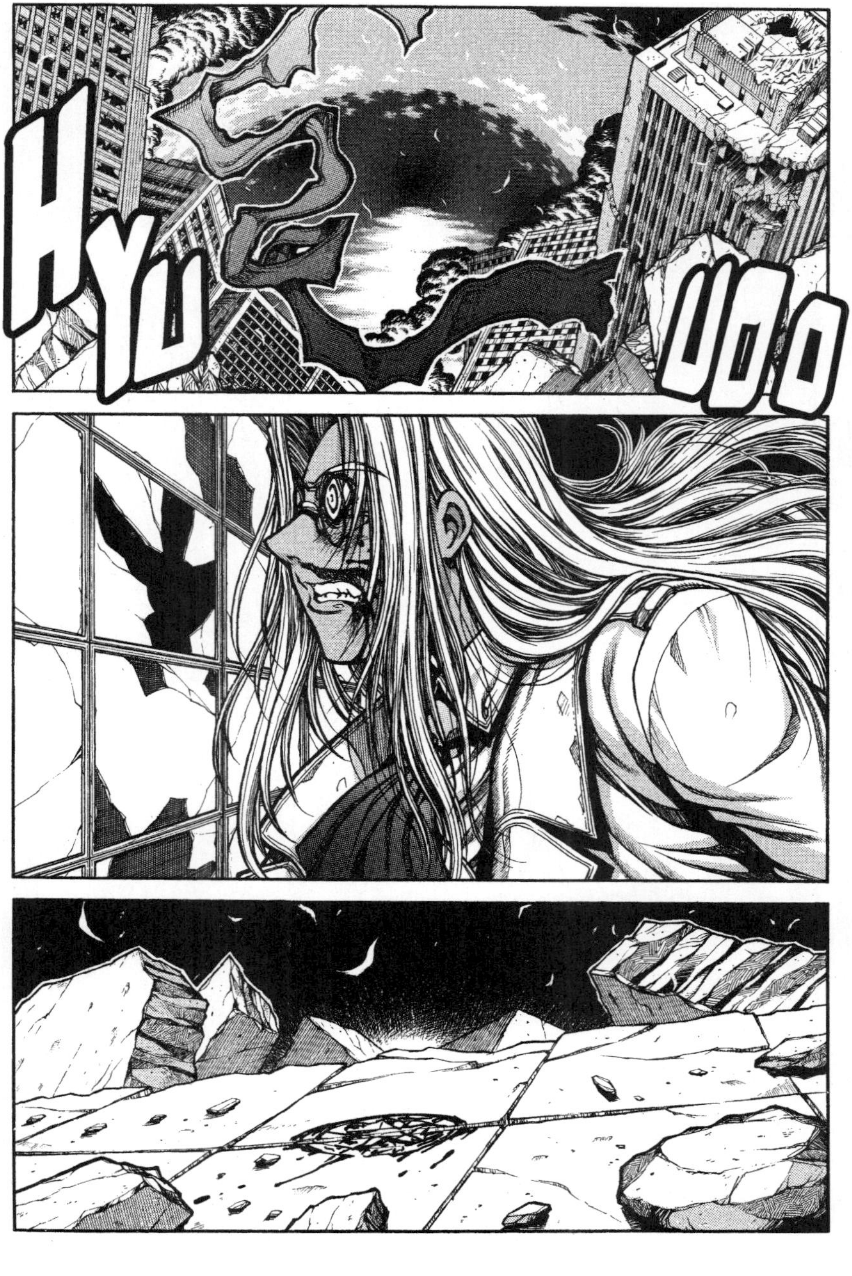
HYU
UOO

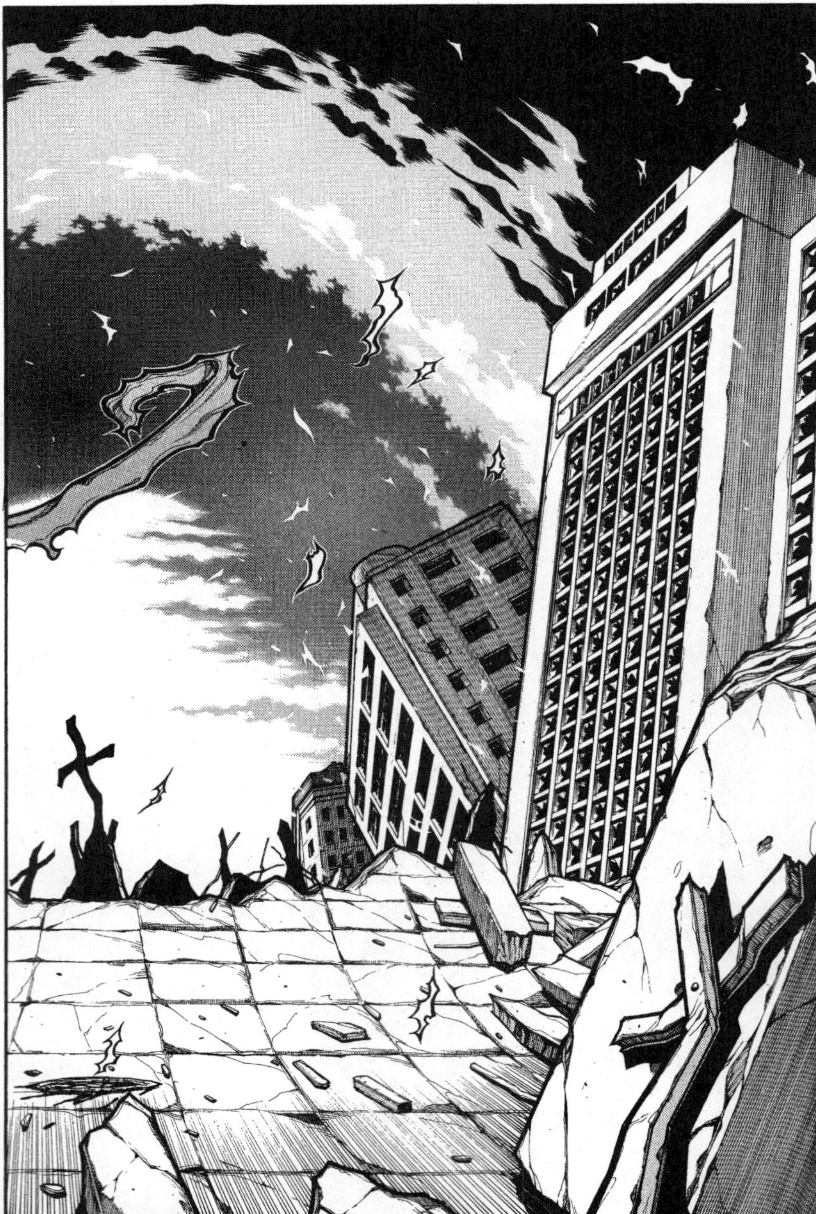

KAPITEL 5: BLACK ONYX 3

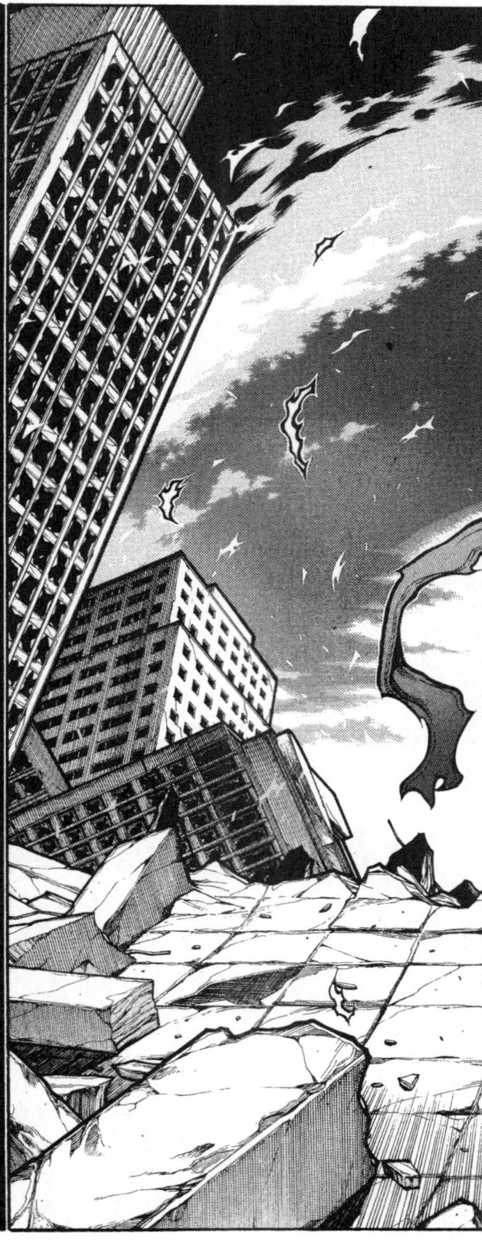

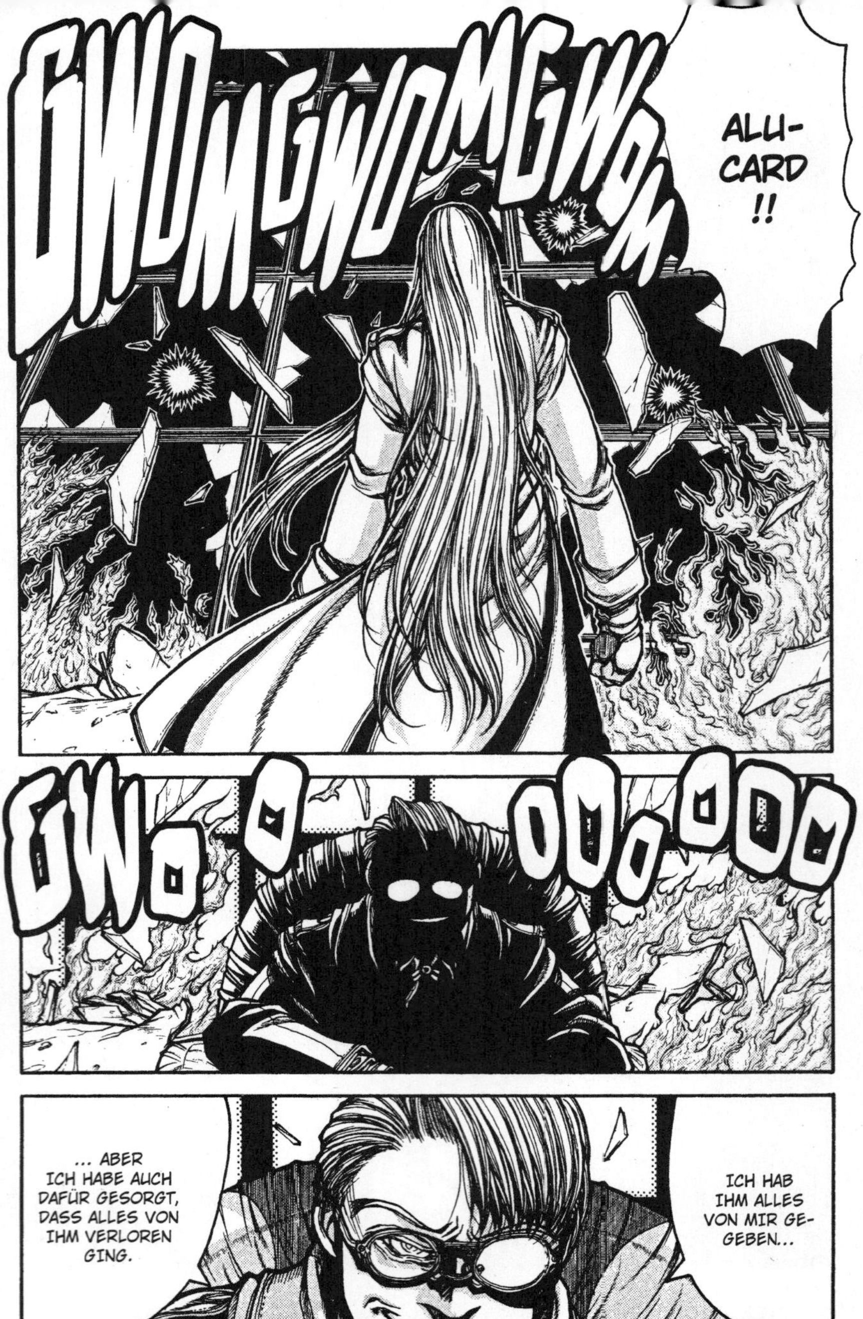
ALLU-CARD !!
ICH HAB IHM ALLES VON MIR GE-GEBEN...
... ABER ICH HABE AUCH DAFÜR GESORGT, DASS ALLES VON IHM VERLOREN GING.

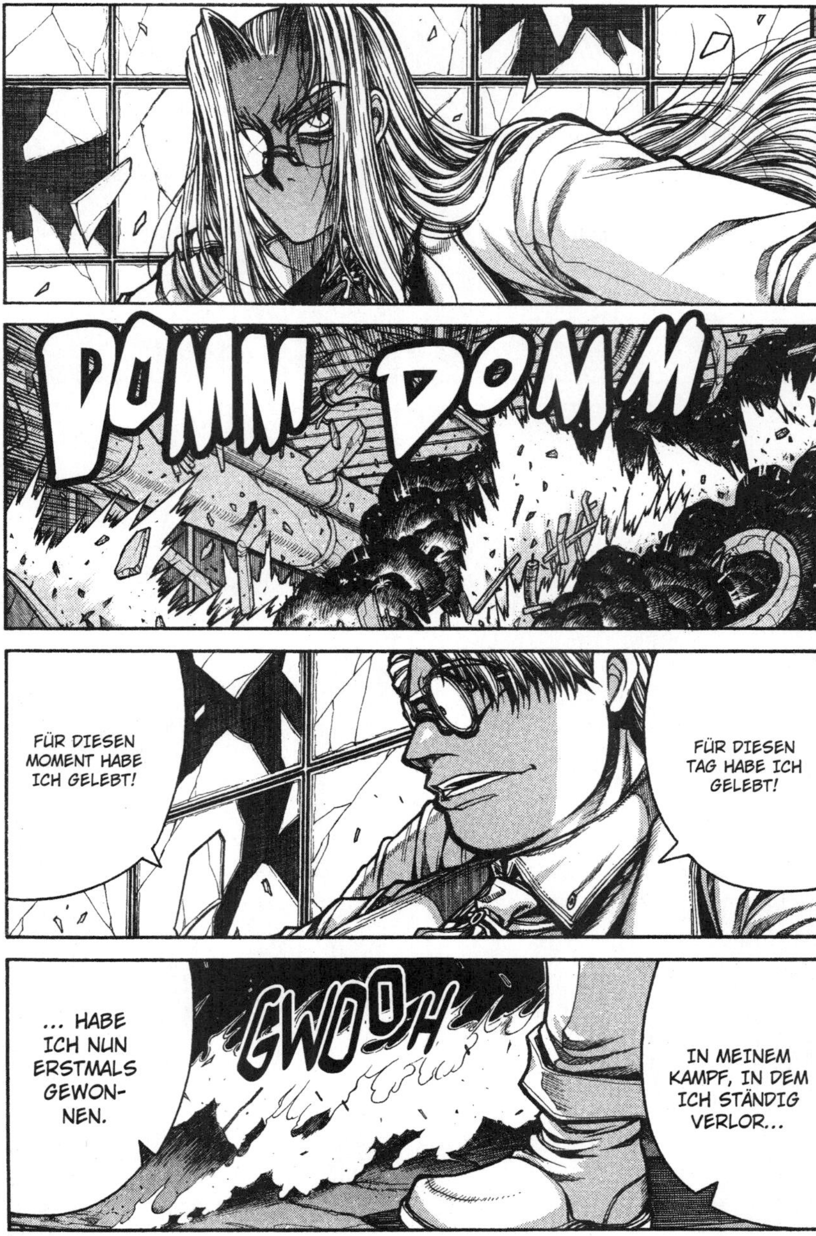
DOMM DOMM
FÜR DIESEN TAG HABE ICH GELEBT!
FÜR DIESEN MOMENT HABE ICH GELEBT!
GWOOH
IN MEINEM KAMPF, IN DEM ICH STÄNDIG VERLOR...
... HABE ICH NUN ERSTMALS GEWONNEN.

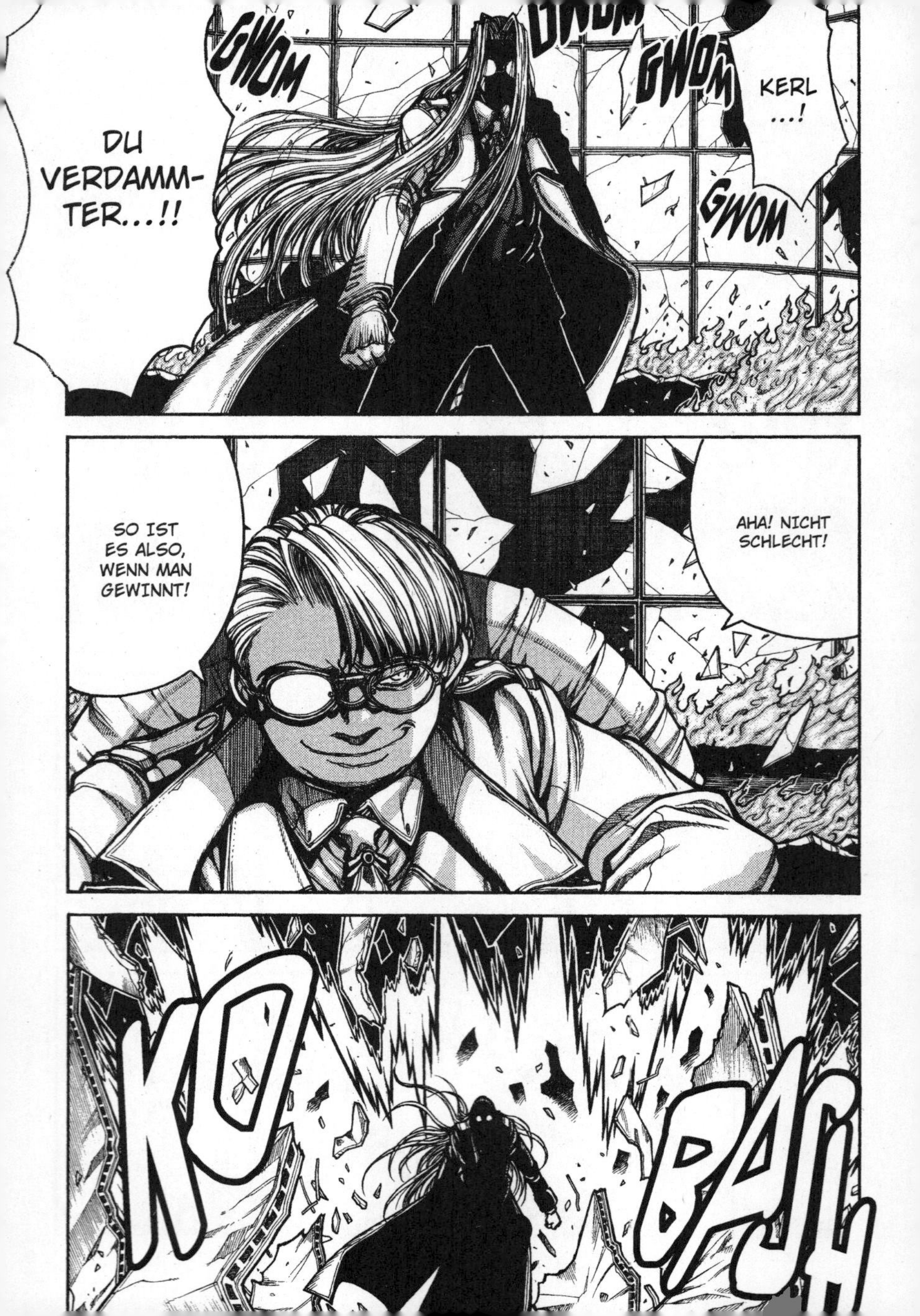
GWOM
GWOM
GWOM
KERL ...!
DU VERDAMM-TER...!!
AHA! NICHT SCHLECHT!
SO IST ES ALSO, WENN MAN GEWINNT!
KO

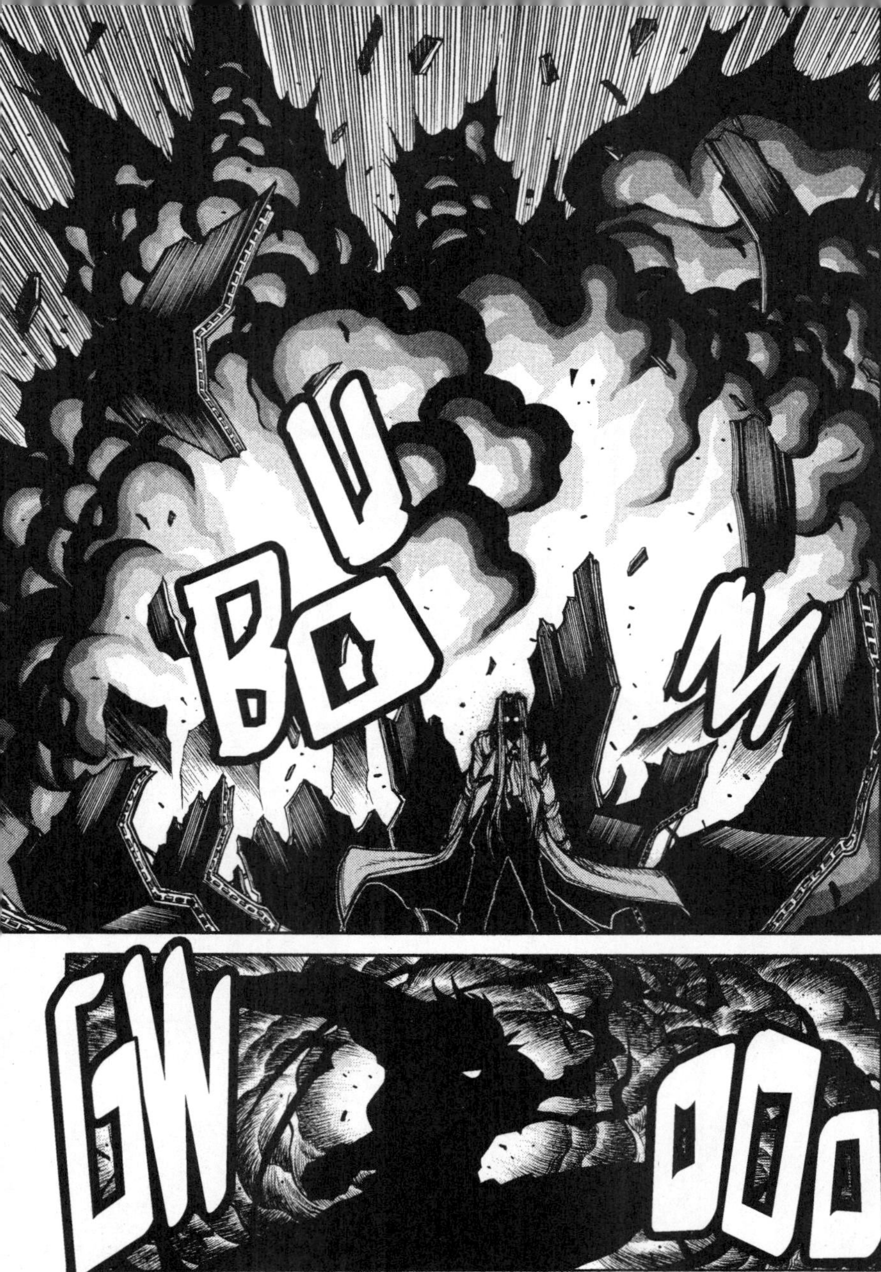

BOOM
GWOOOO

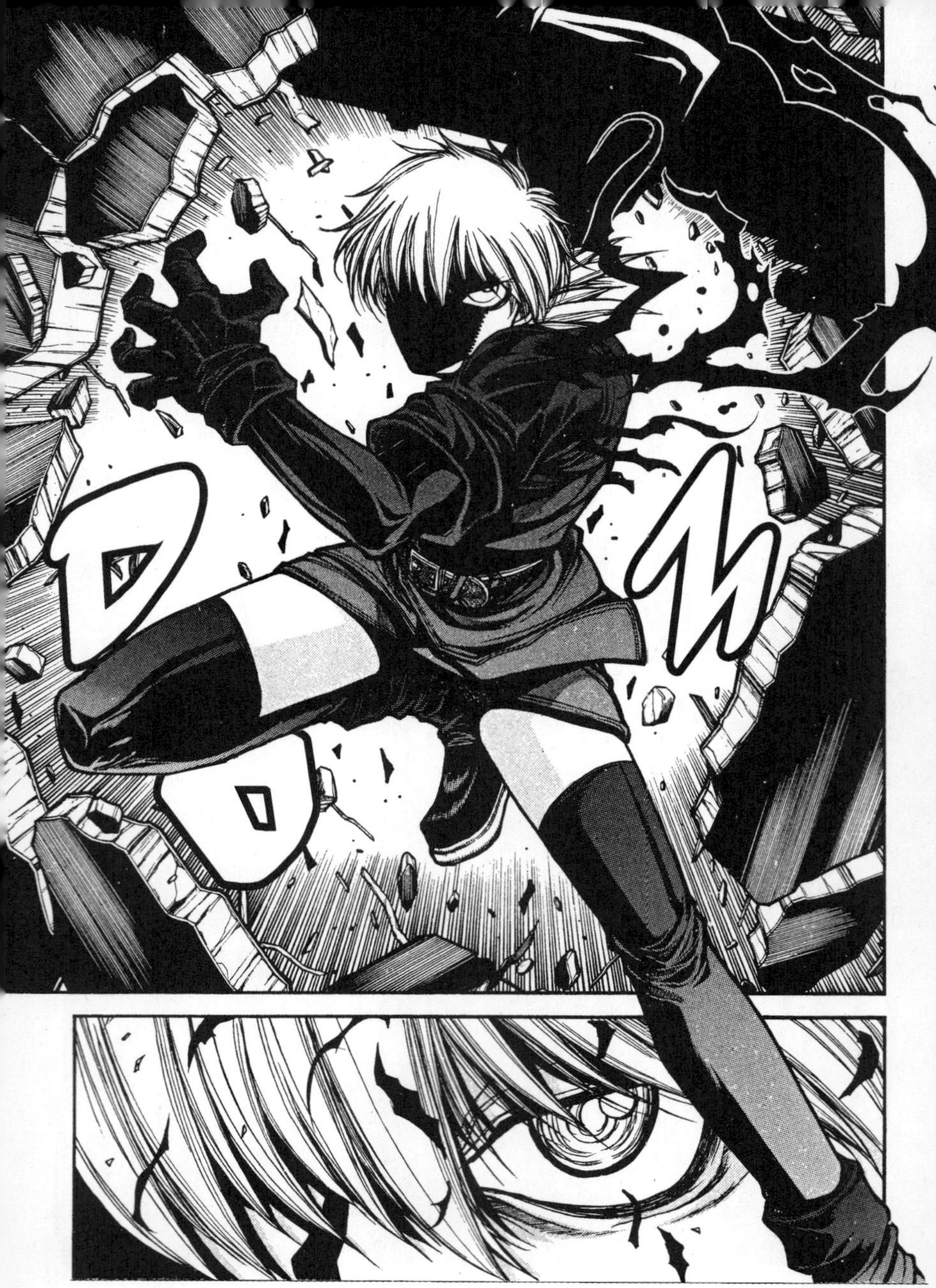
DOM

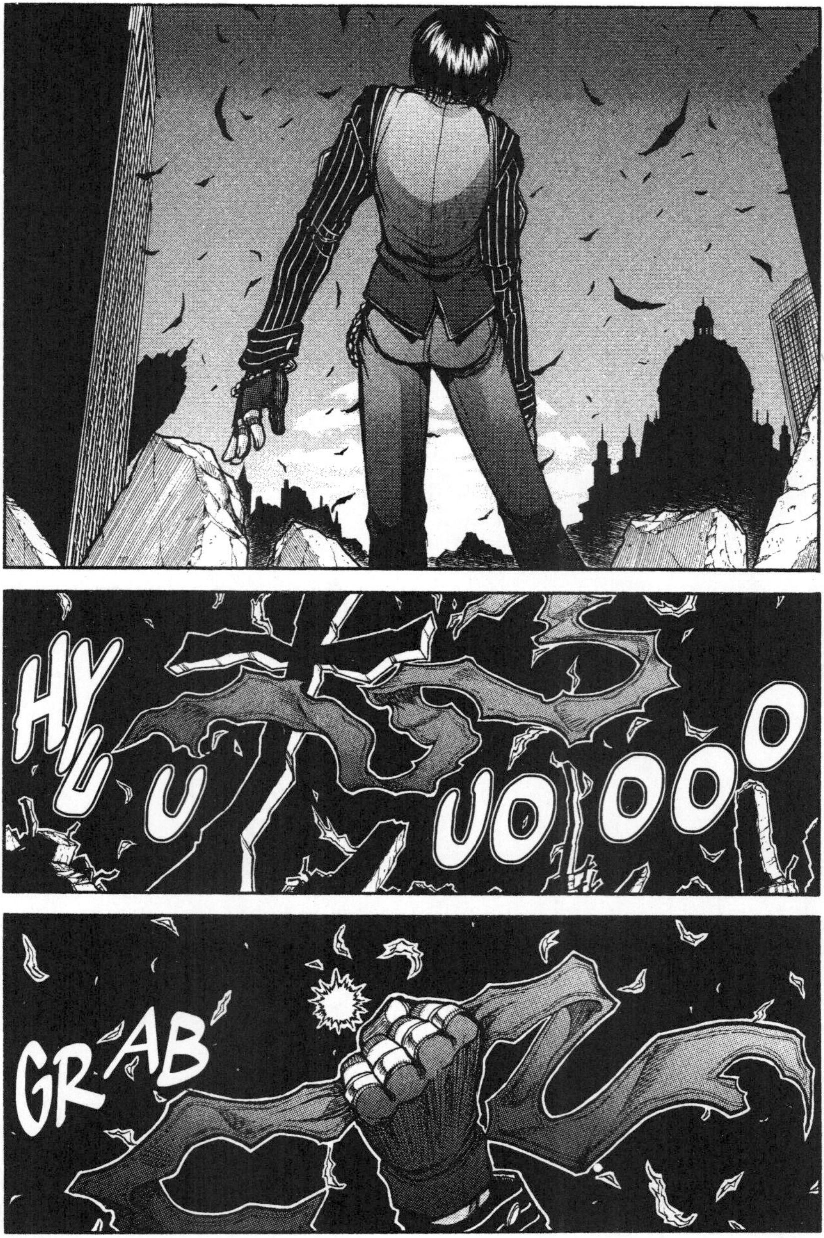
HYUUUOOOO
GRAB

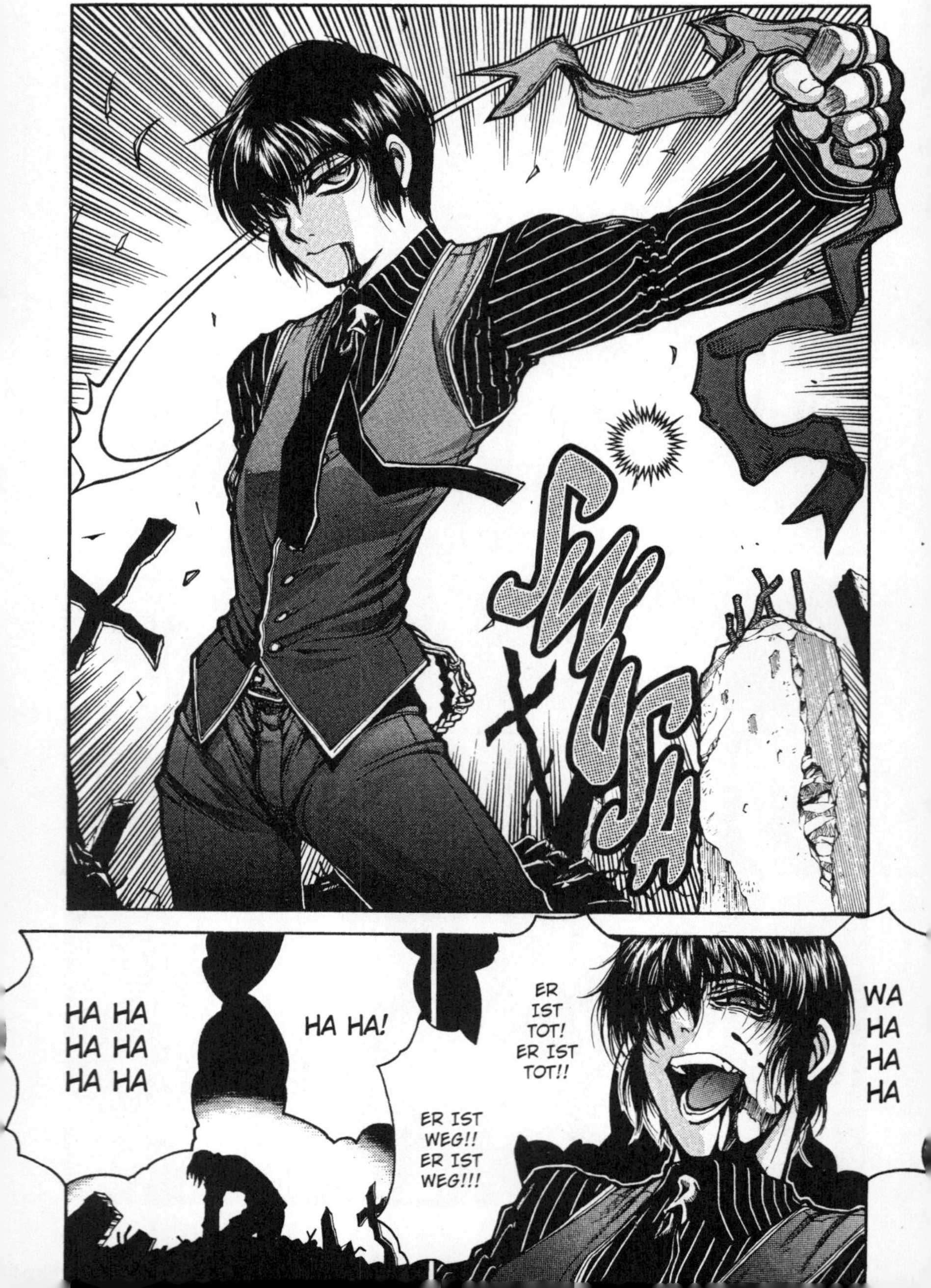
SWUSCH
WA HA HA HA HA
ER IST TOT! ER IST TOT!!
ER IST WEG!! ER IST WEG!!!
HA HA!
HA HA HA HA HA HA

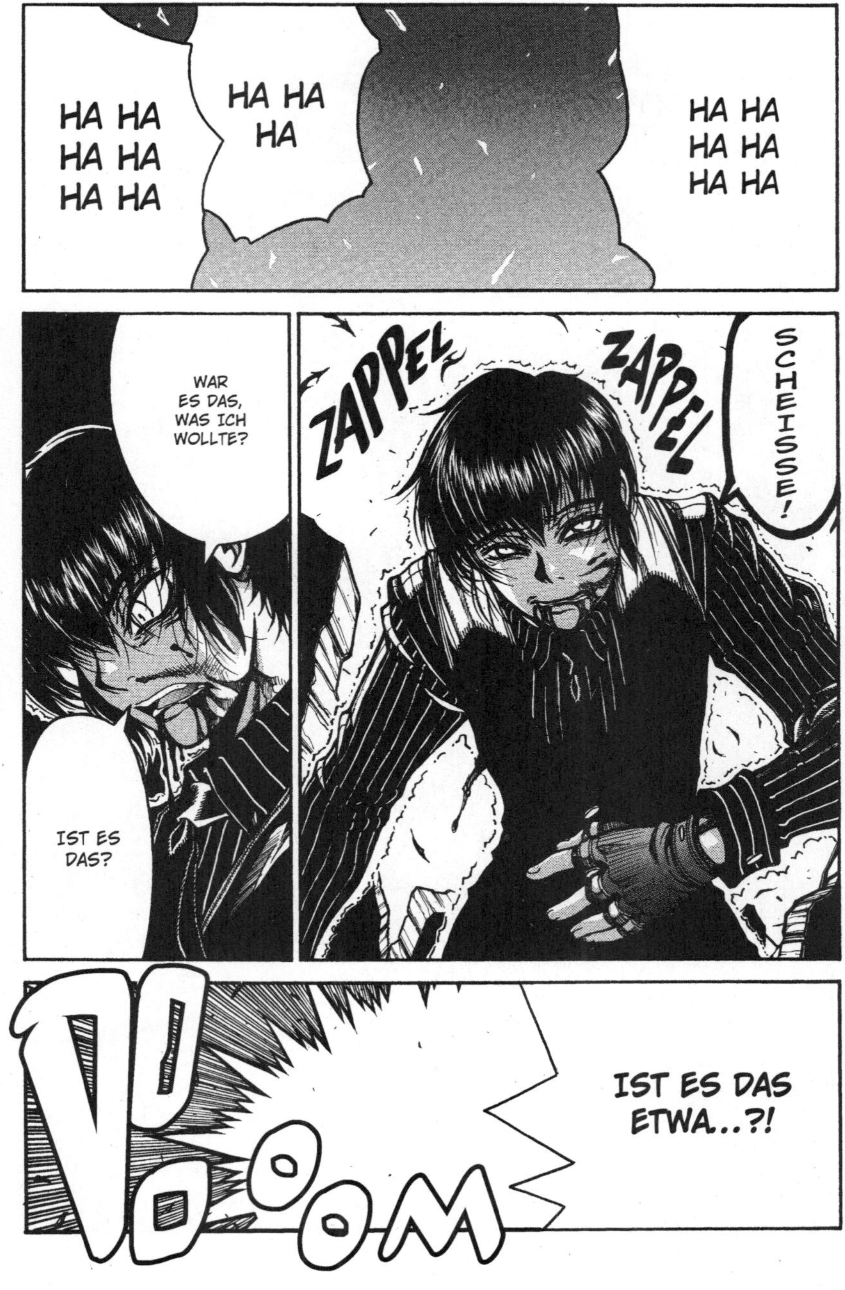
HA HA
HA HA
HA HA
HA HA
HA
HA HA
HA HA
HA HA
SCHEISSE!
ZAPPEL
ZAPPEL
WAR ES DAS, WAS ICH WOLLTE?
IST ES DAS?
IST ES DAS ETWA...?!
DDDOOM

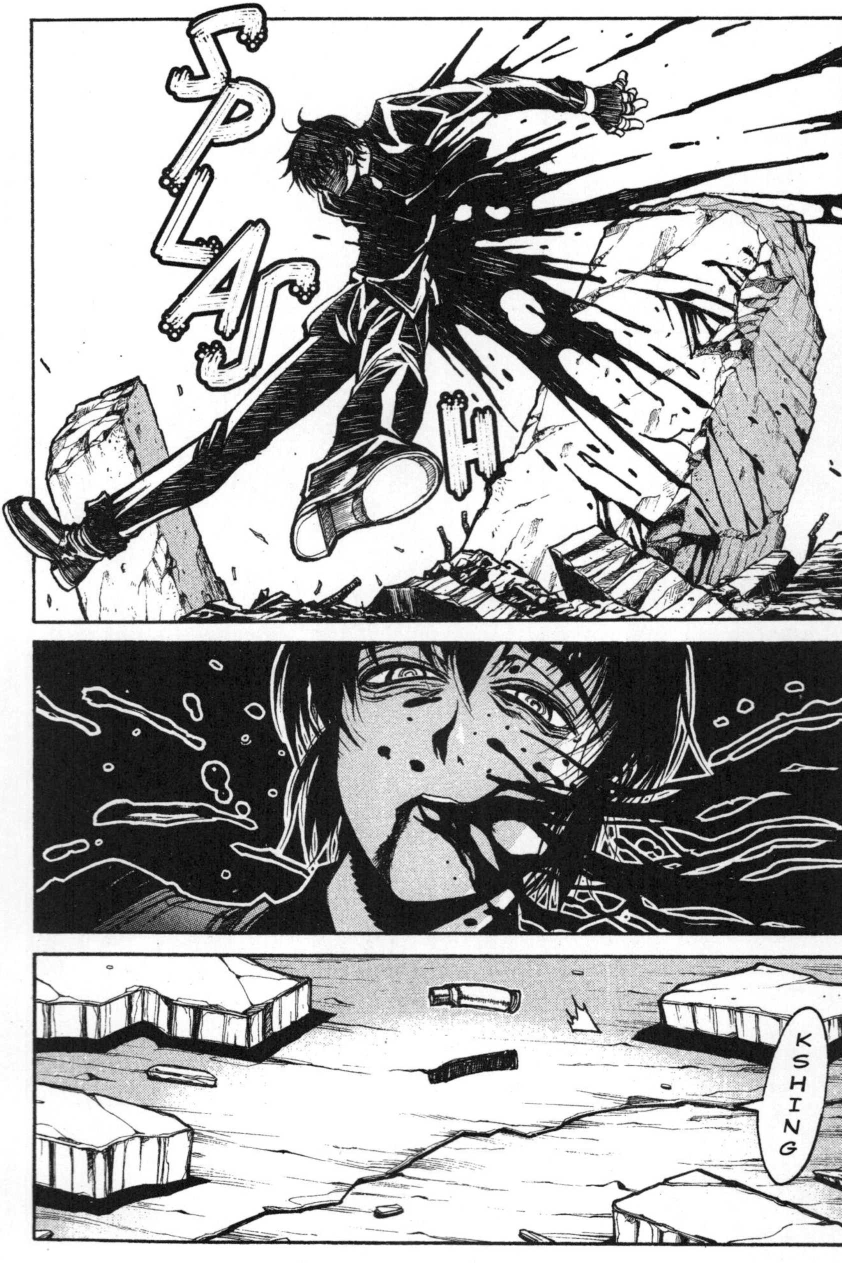
SPLASH
KSHING

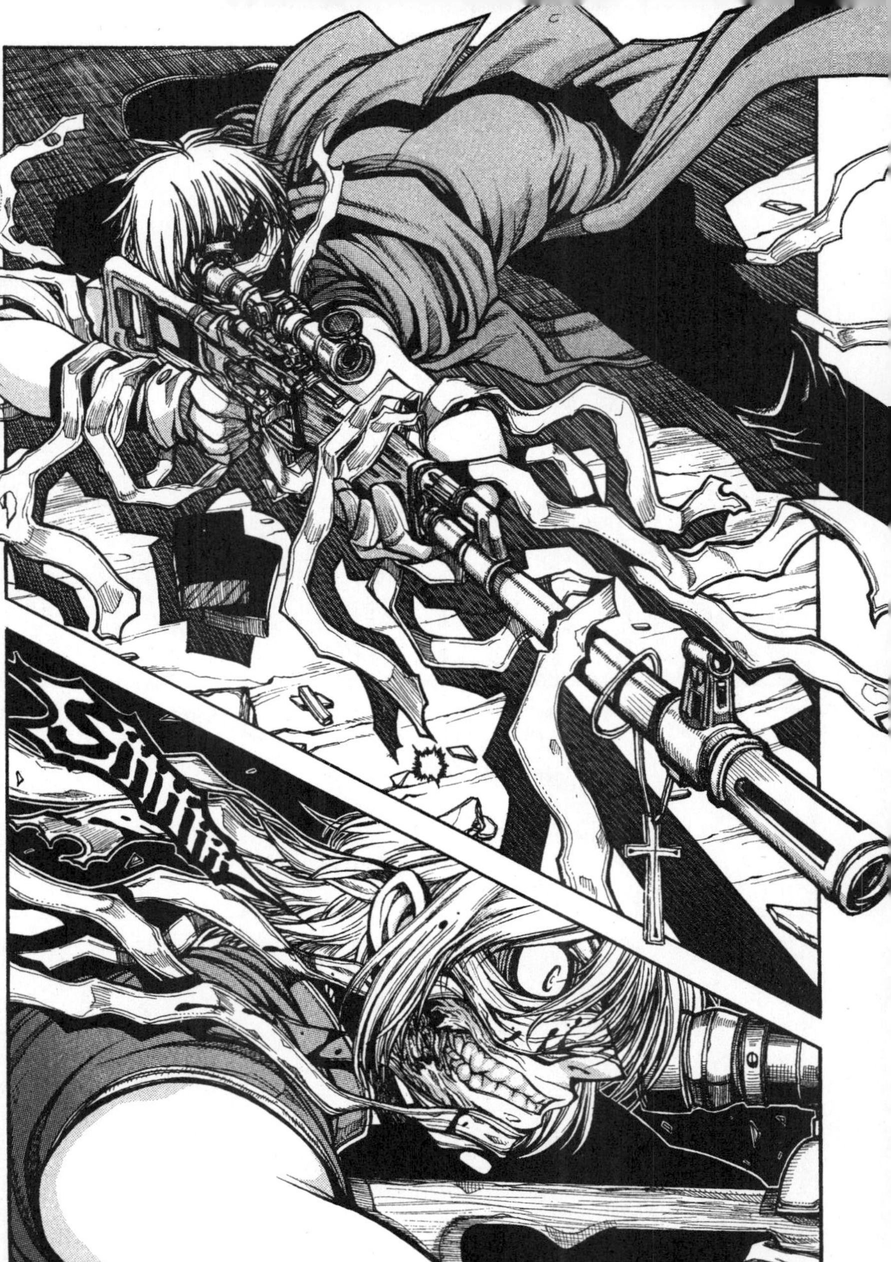

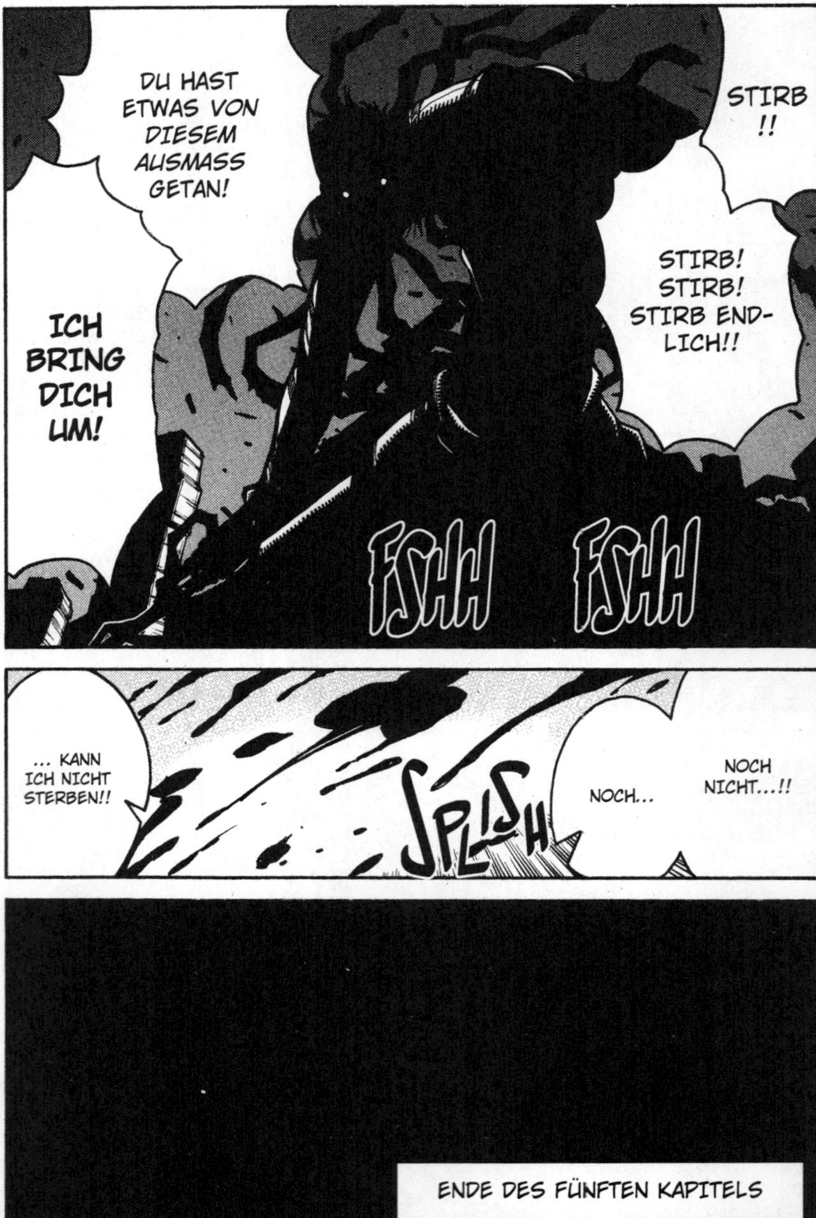
STIRB !!
STIRB! STIRB! STIRB ENDLICH!!
DU HAST ETWAS VON DIESEM AUSMASS GETAN!
ICH BRING DICH UM!
FSHH FSHH
NOCH NICHT...!!
NOCH...
... KANN ICH NICHT STERBEN!!
SPLISH
ENDE DES FÜNFTEN KAPITELS

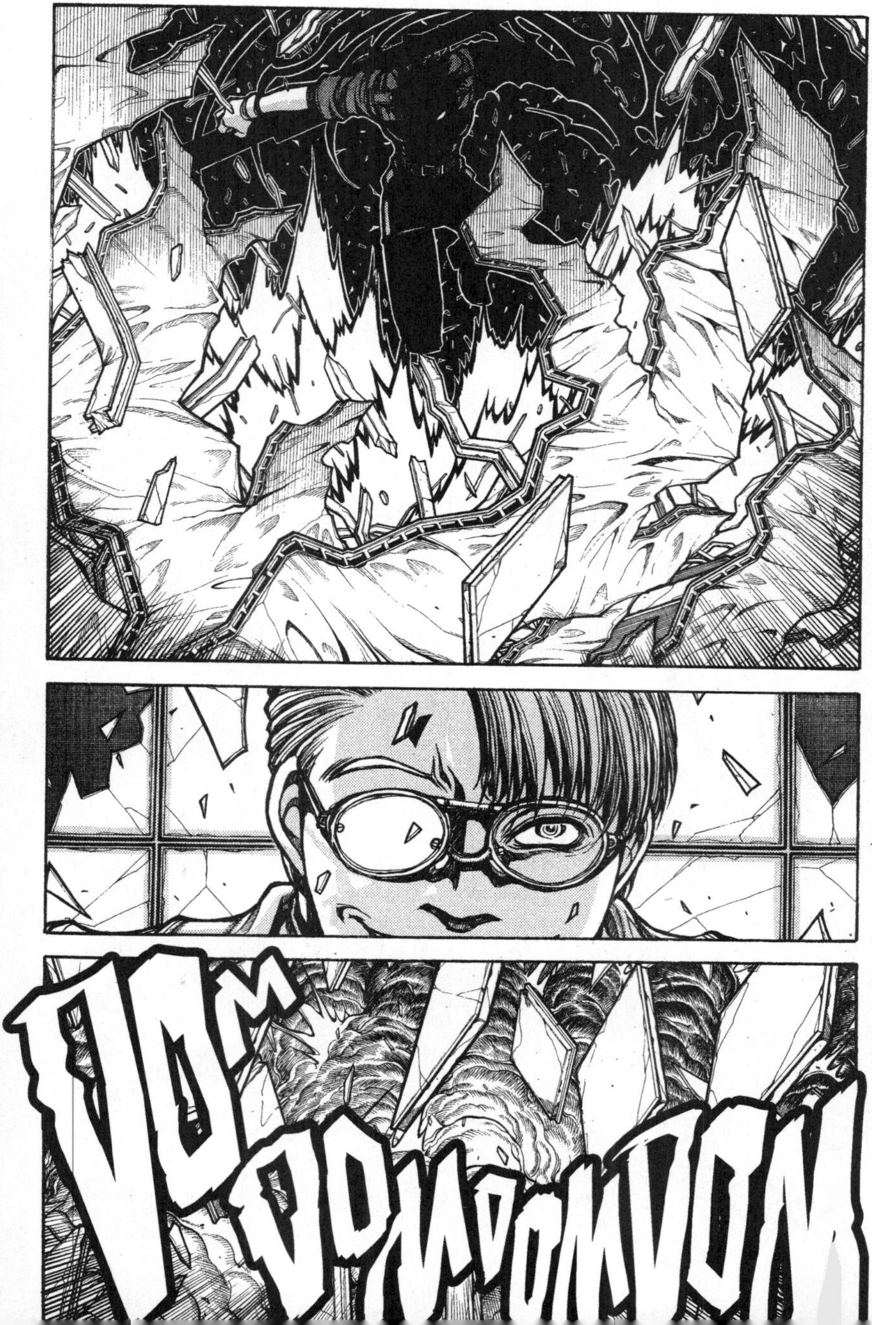
VOM
VOM DOM VOM

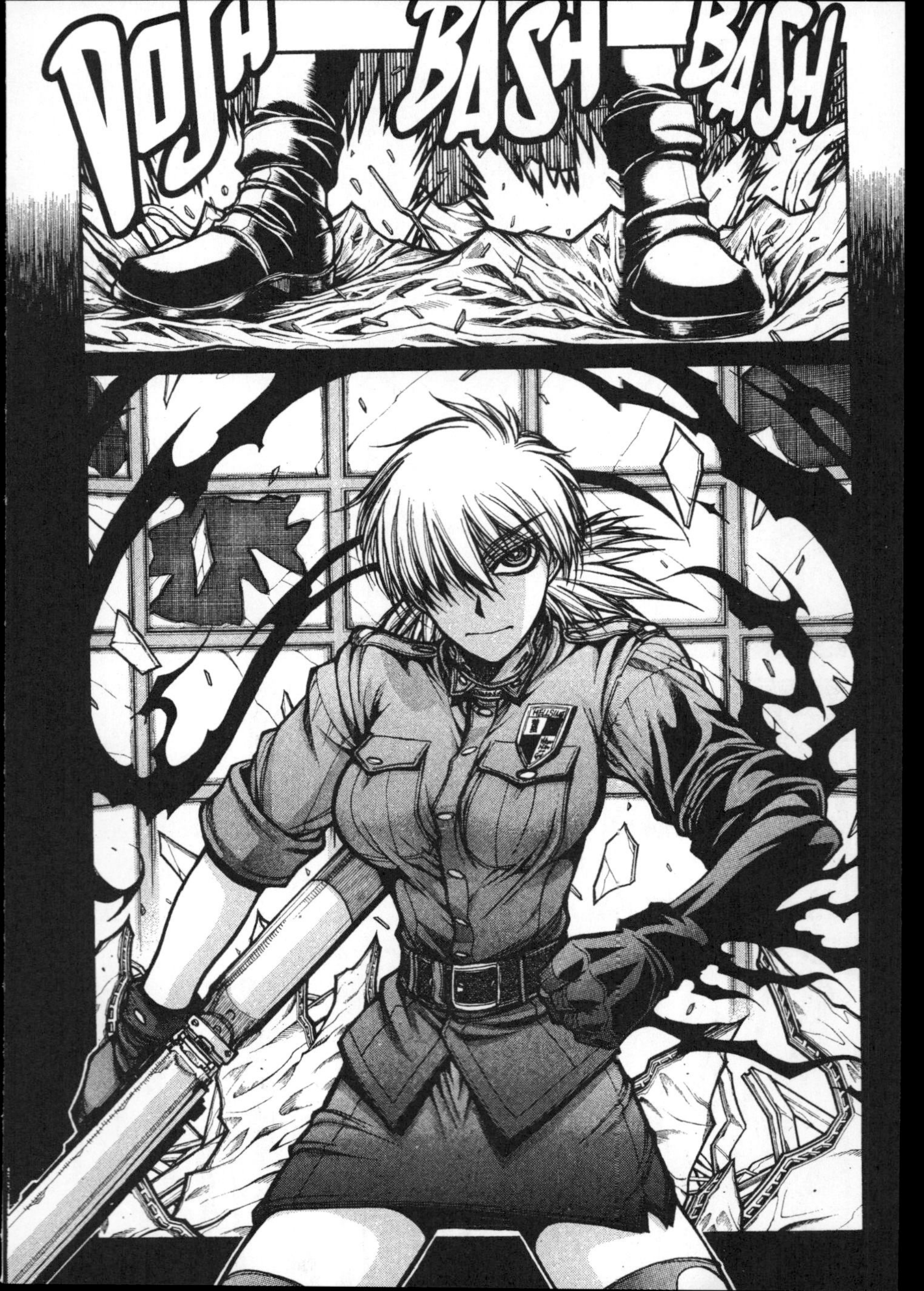
BASH
BASH
DOSH

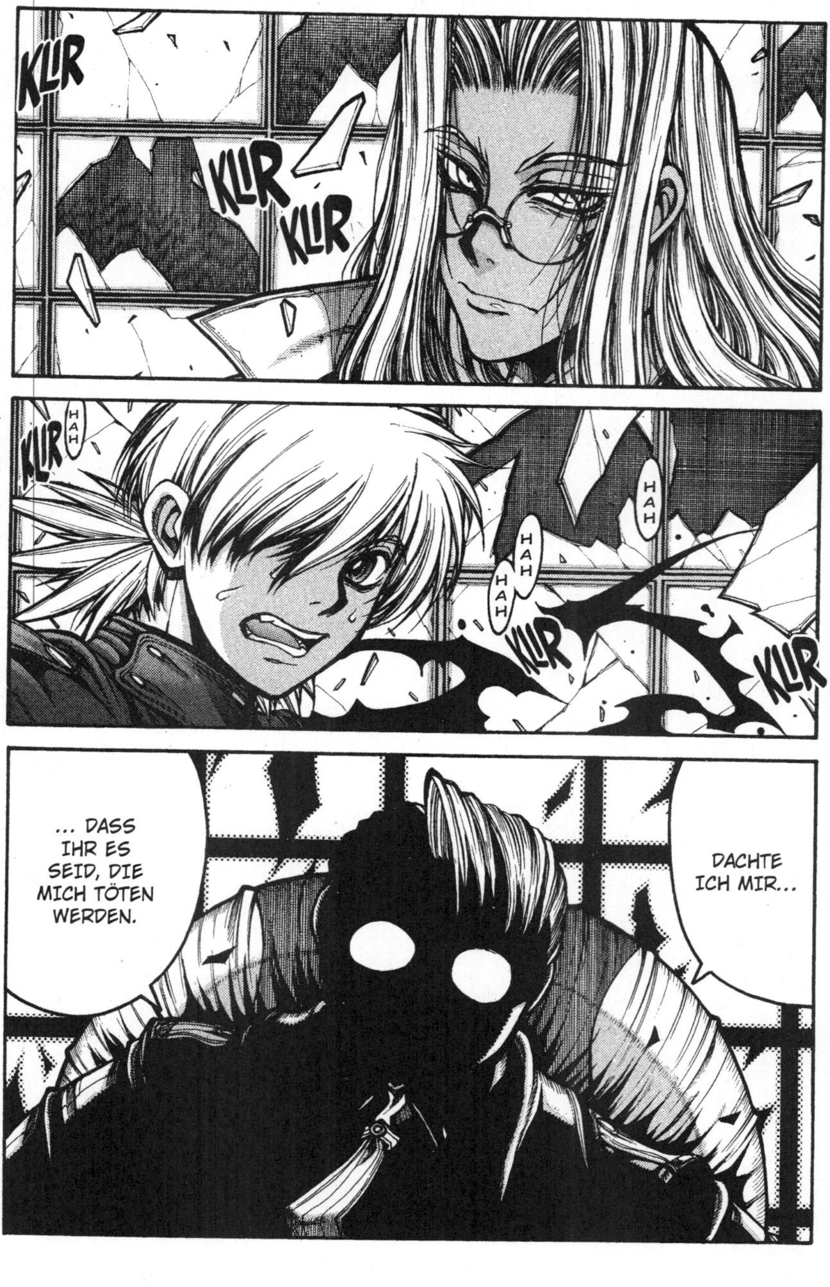
KLIR
KLIR
KLIR
KLIR
KLIR
HAH
HAH
HAH
KLIR
HAH
KLIR
DACHTE ICH MIR...
... DASS IHR ES SEID, DIE MICH TÖTEN WERDEN.

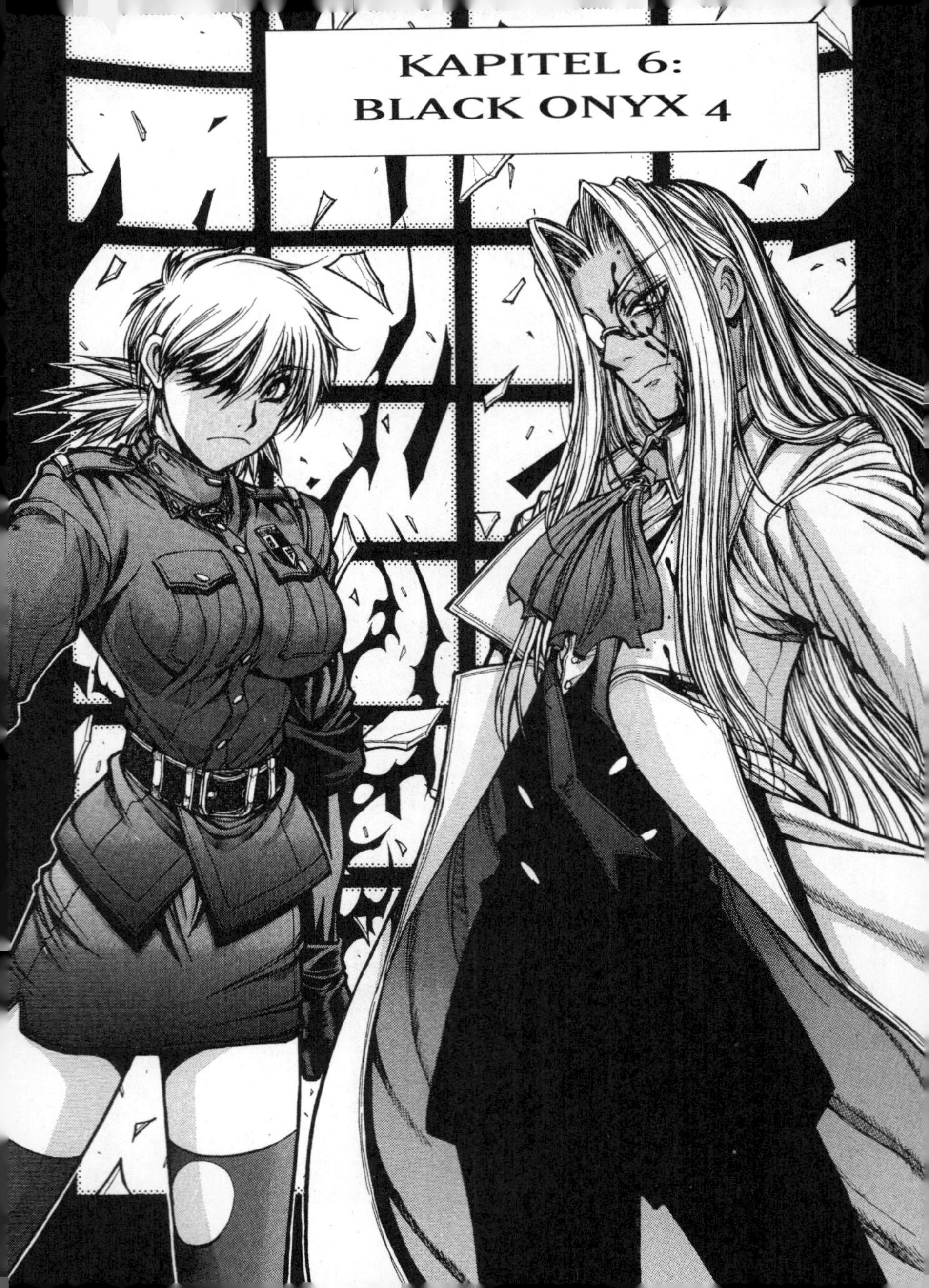
KAPITEL 6:
BLACK ONYX 4

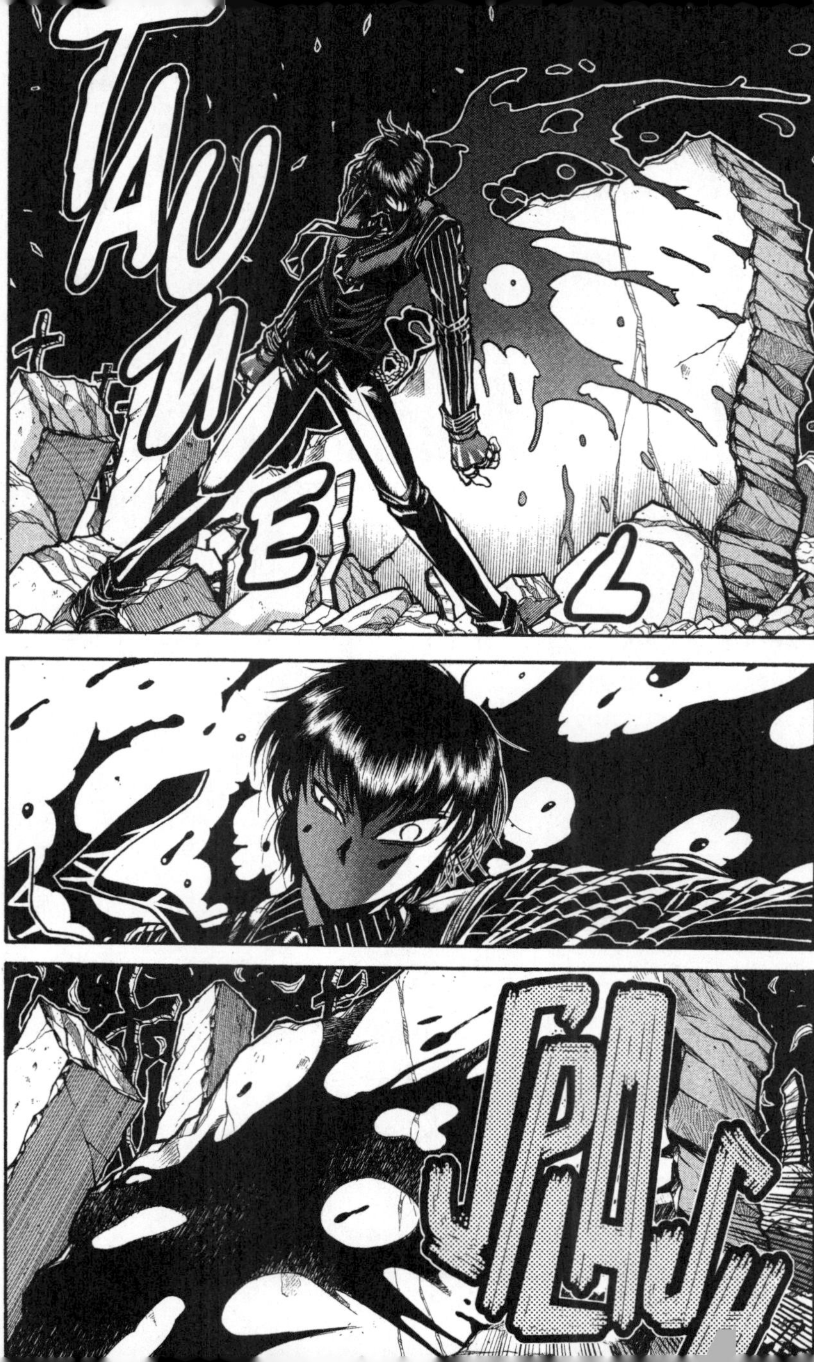
TAUMEL

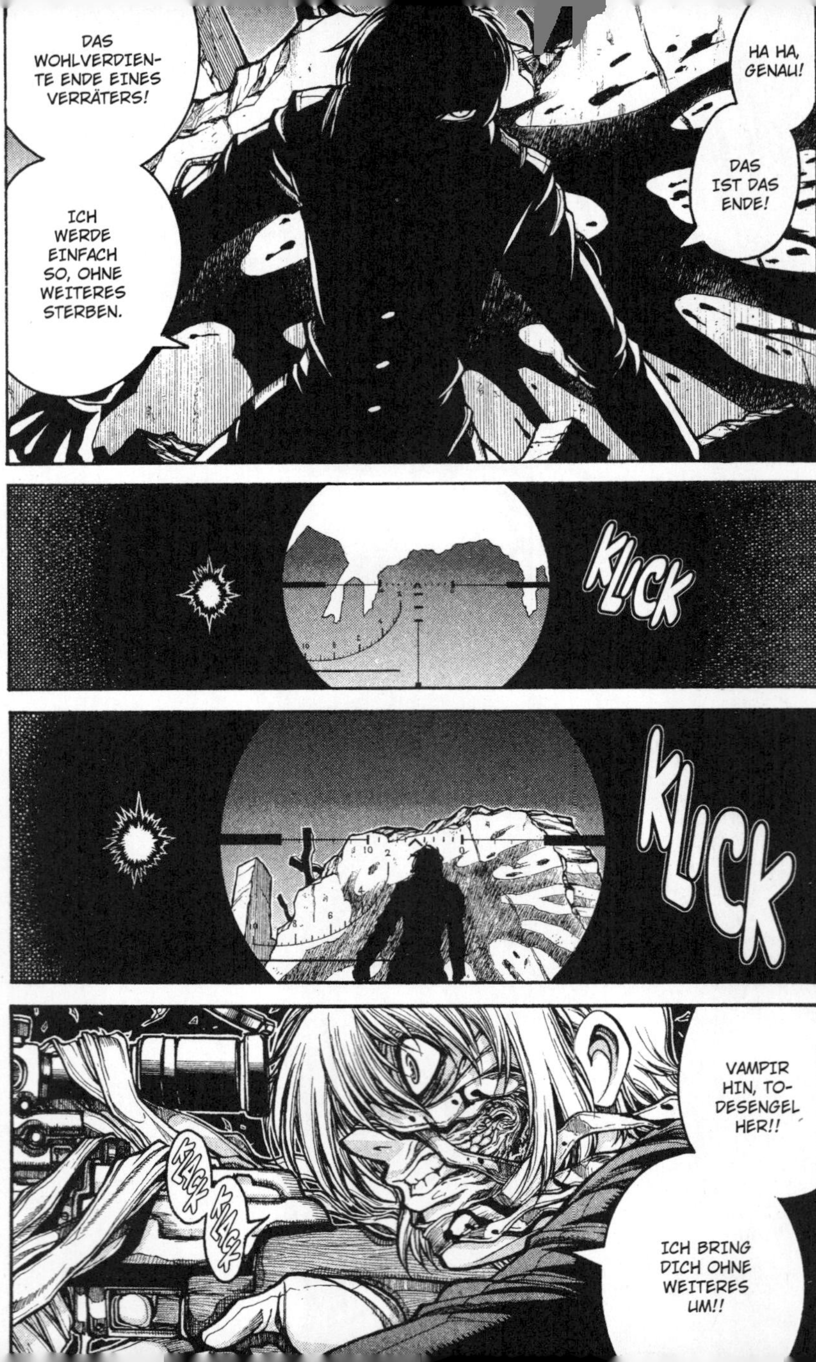
DAS WOHLVERDIENTE ENDE EINES VERRÄTERS!
HA HA, GENAU!
DAS IST DAS ENDE!
ICH WERDE EINFACH SO, OHNE WEITERES STERBEN.
KLICK
KLICK
VAMPIR HIN, TODESENGEL HER!!
ICH BRING DICH OHNE WEITERES UM!!
KLACK KLACK

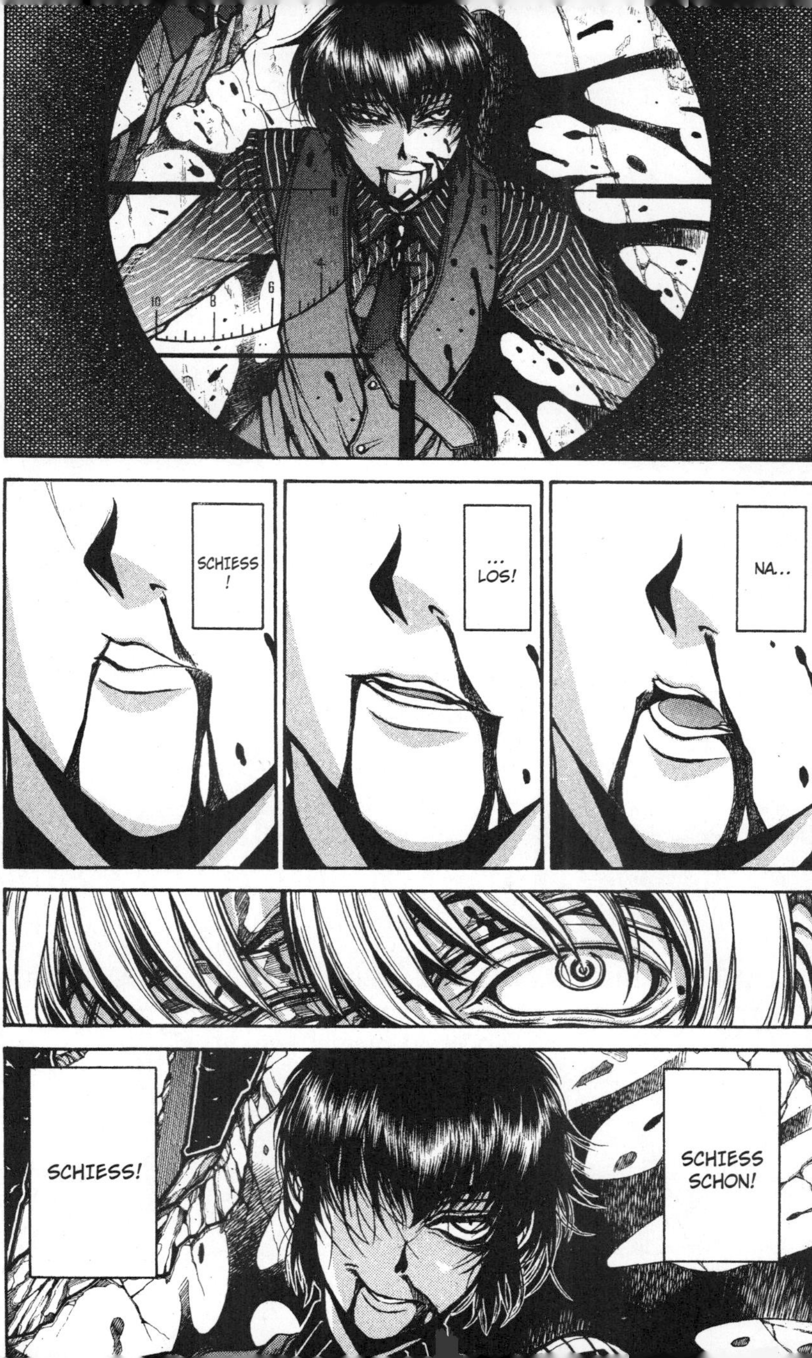
NA...
... LOS!
SCHIESS!
SCHIESS SCHON!
SCHIESS!

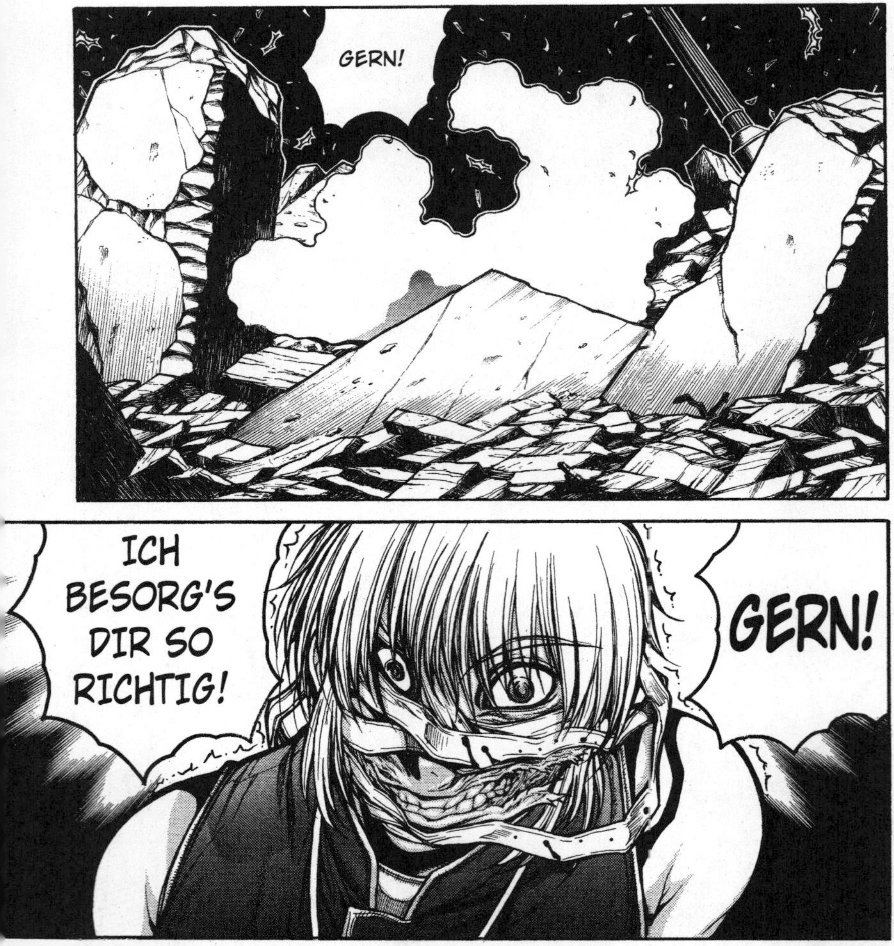
GERN!
ICH BESORG'S DIR SO RICHTIG!
GERN!
ZITTER
ZITTER

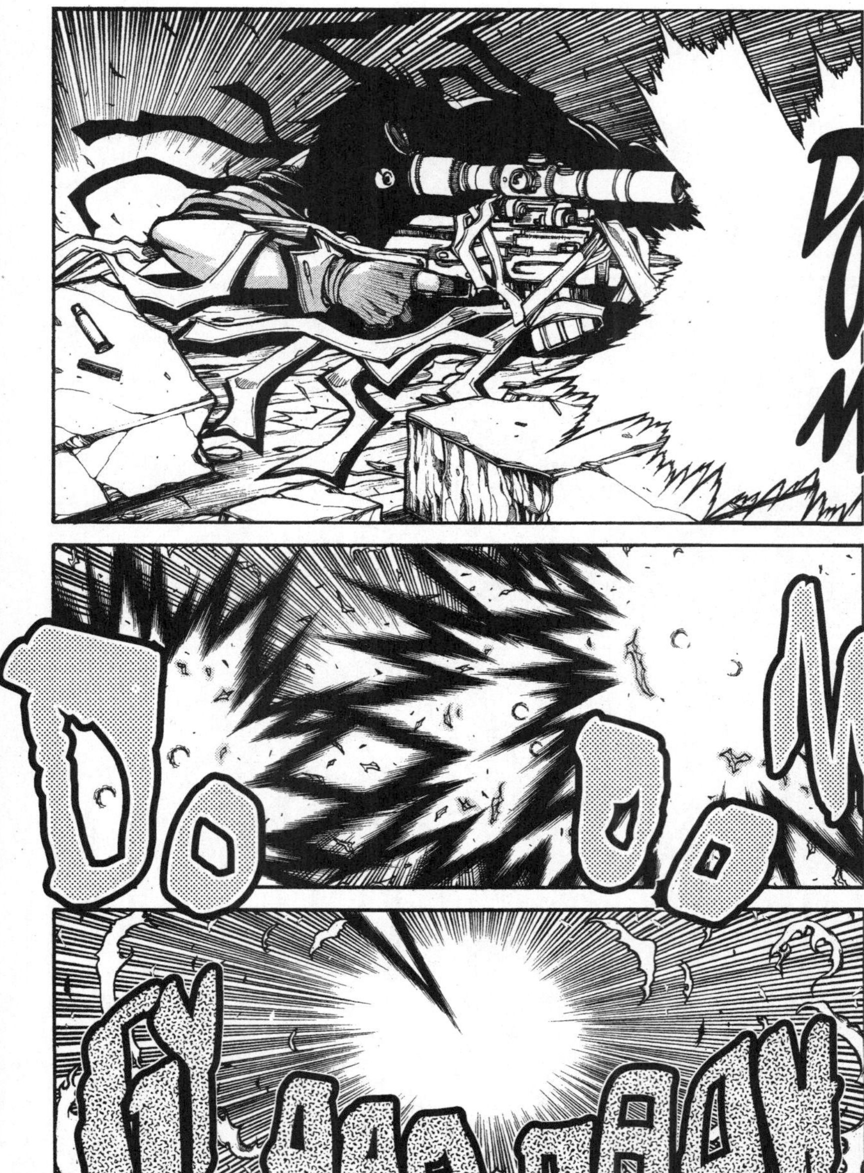
DOM
DOOM
GYAAAAAAH

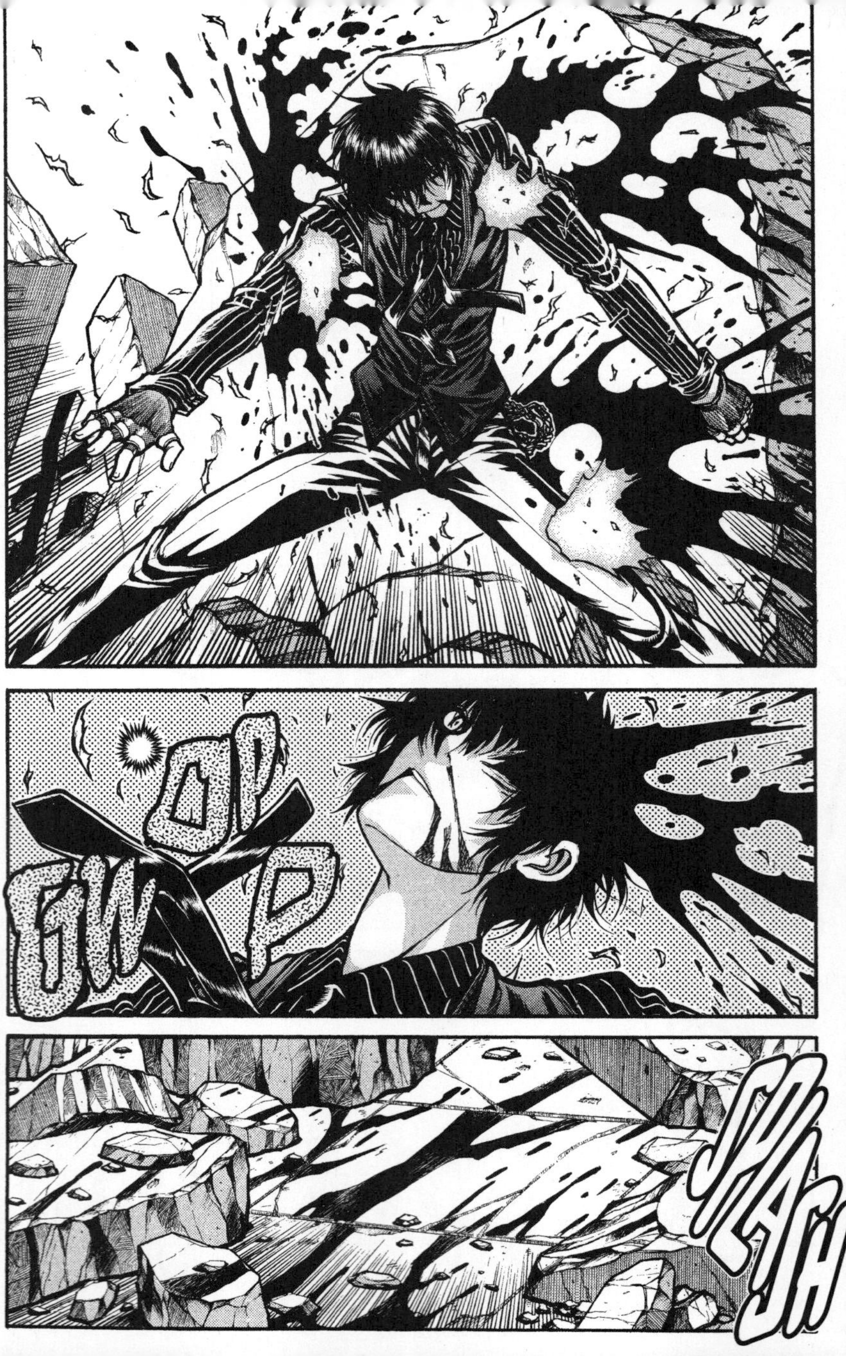
SPLASH

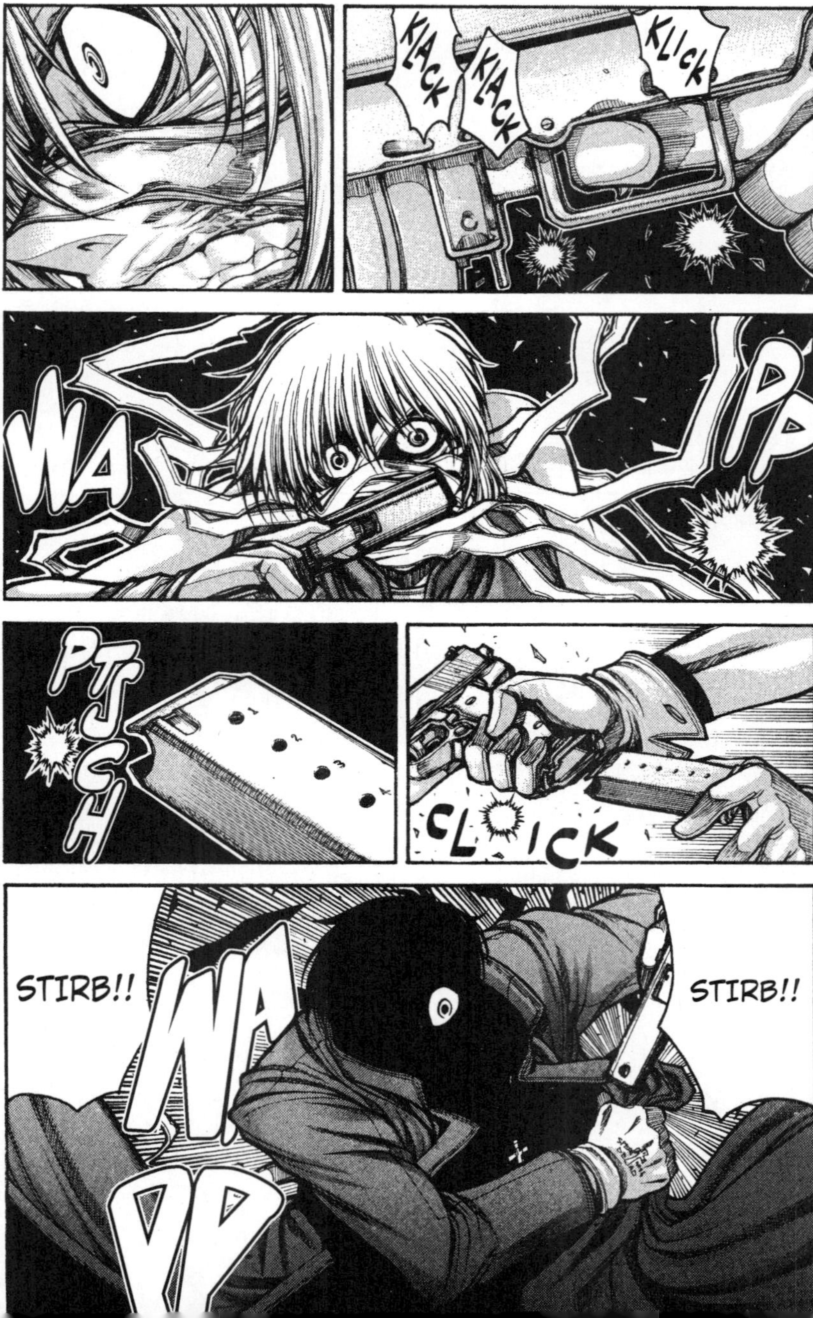
KLICK
KLACK
KLACK
WAPP
PTSCHH
CLICK
STIRB!!
STIRB!!
WAPP

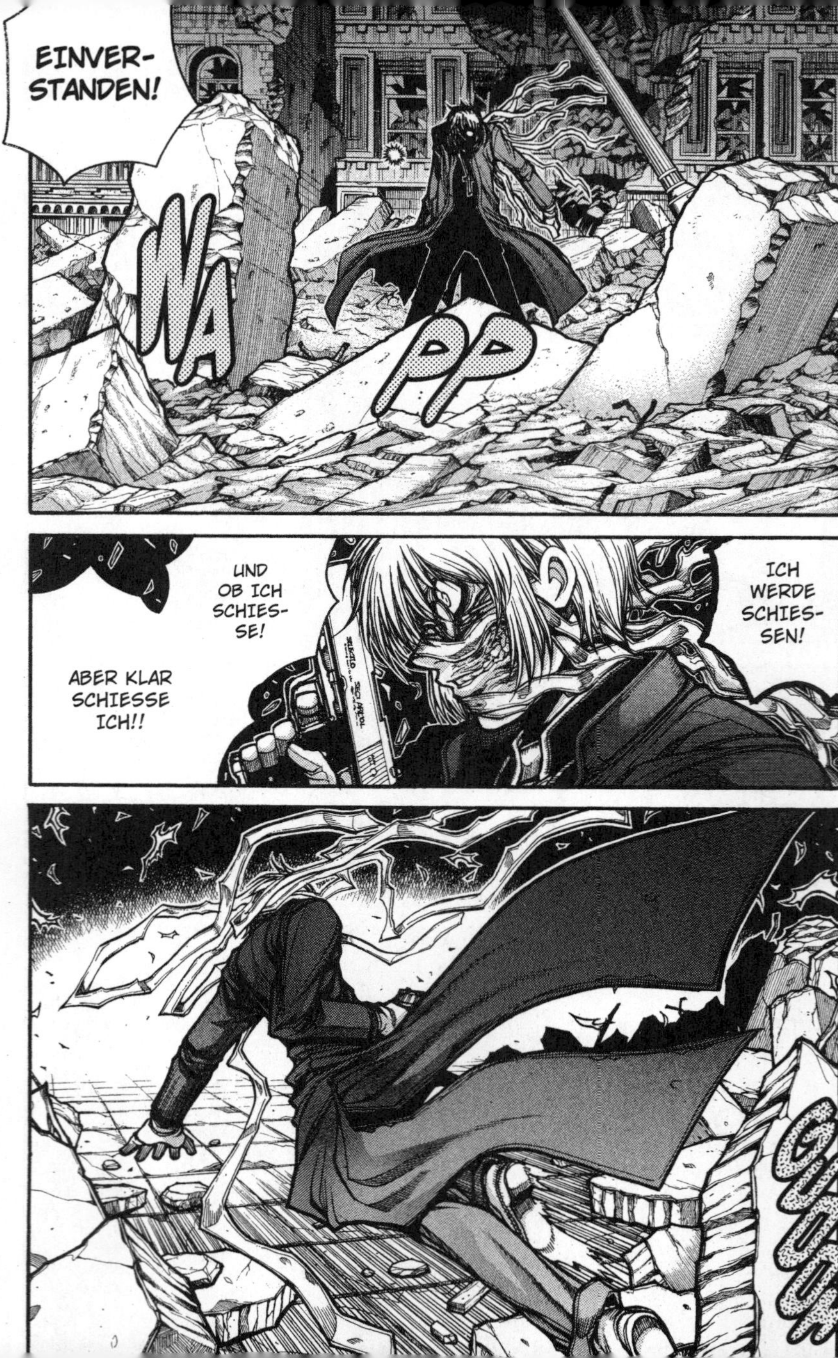
EINVER-STANDEN!
WAPP
ICH WERDE SCHIES-SEN!
UND OB ICH SCHIES-SE!
ABER KLAR SCHIESSE ICH!!

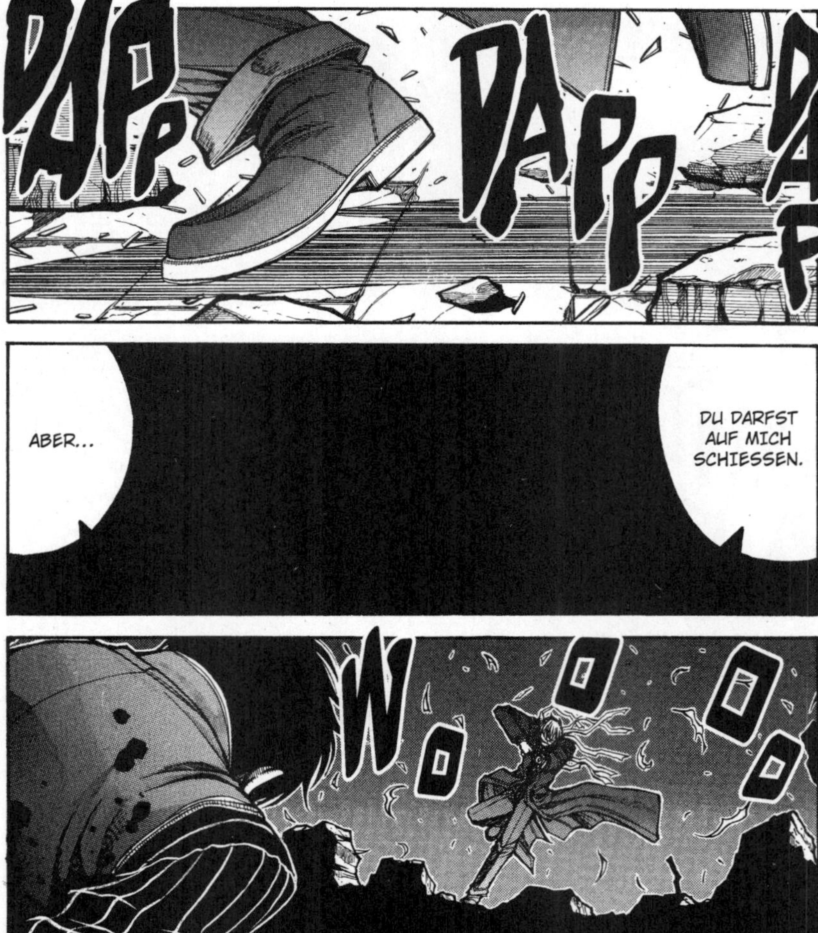
DAPP
DAPP
DAPP
DU DARFST AUF MICH SCHIESSEN.
ABER...
... WER MICH TÖTEN DARF...
... BIST NICHT DU.

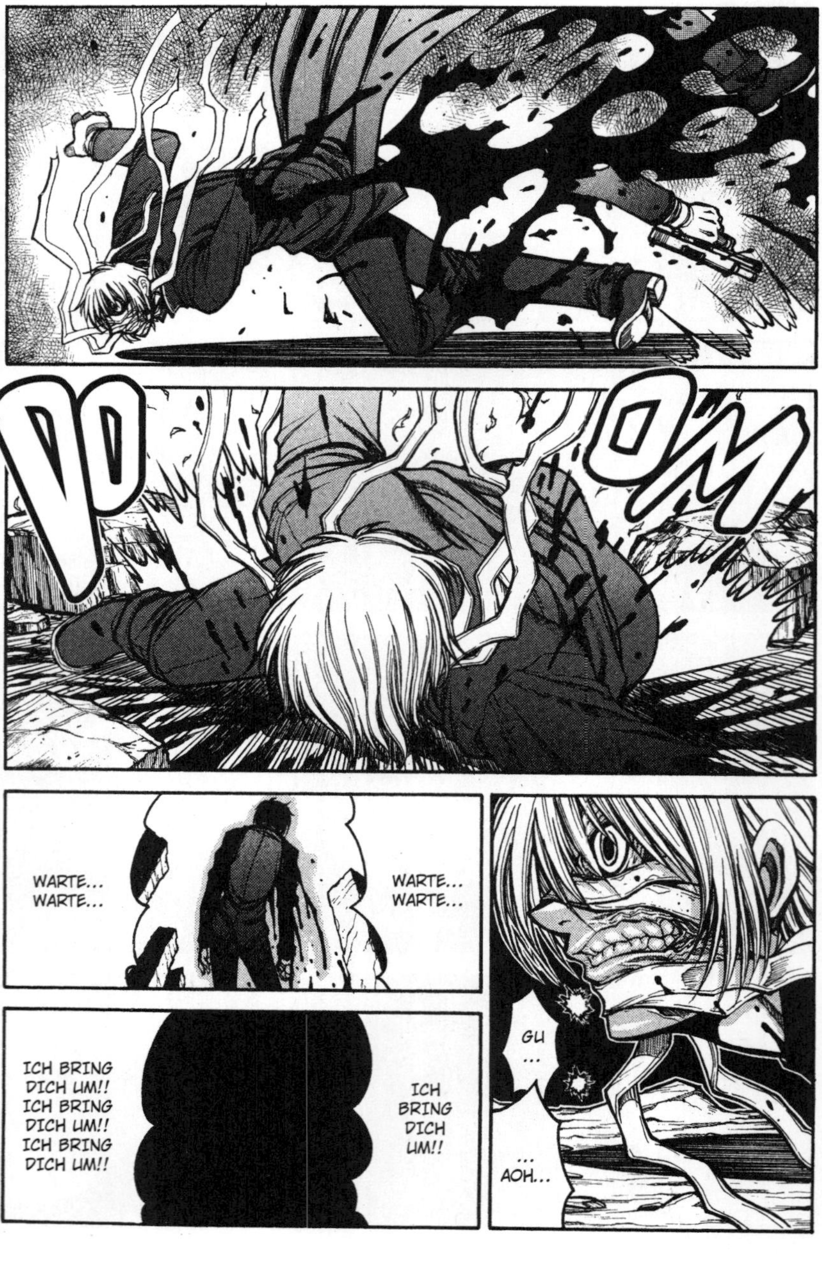
DO
OM
GU ...
... AOH...
WARTE... WARTE...
WARTE... WARTE...
ICH BRING DICH UM!!
ICH BRING DICH UM!! ICH BRING DICH UM!! ICH BRING DICH UM!!

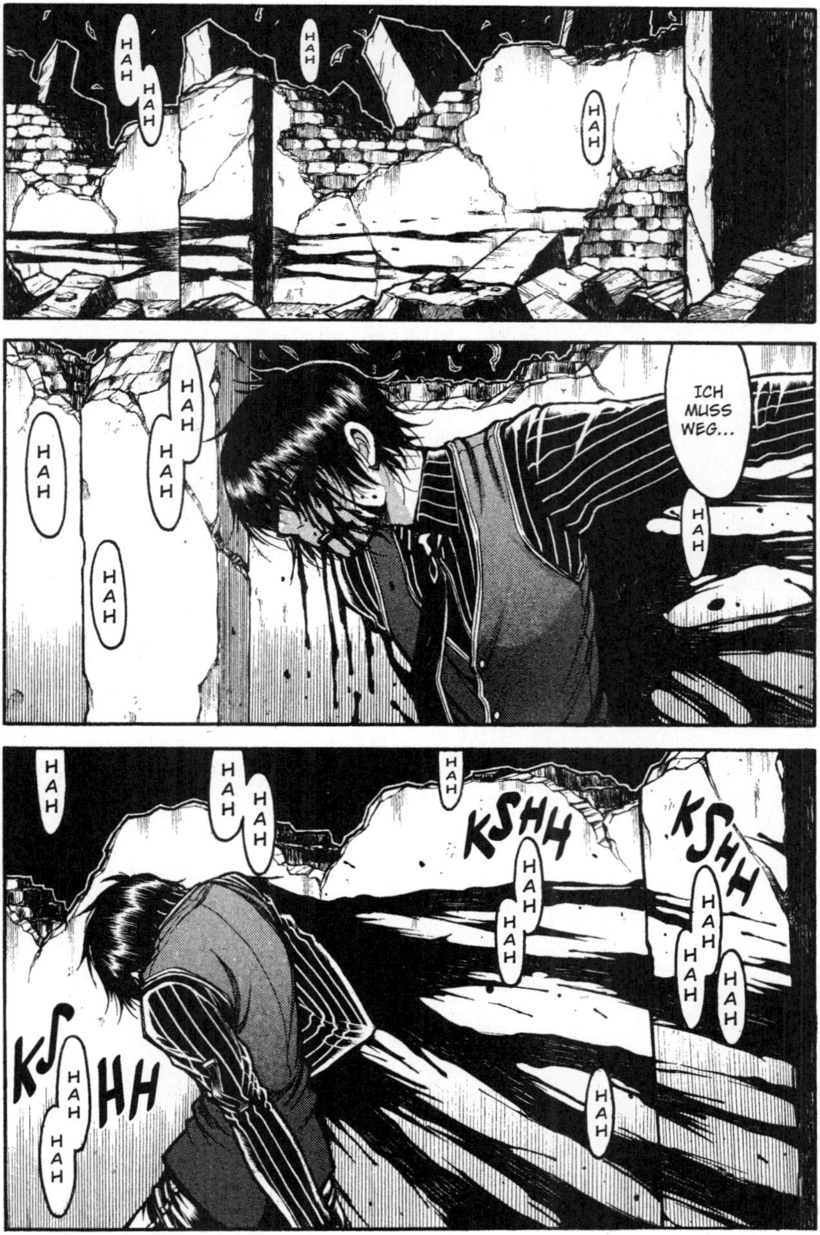

HAH
HAH
HAH
HAH
ICH MUSS WEG...
HAH
HAH
HAH
HAH
HAH
KSHH
HAH
HAH
HAH
HAH
KSHH
HAH
HAH
HAH
HAH
HAH
HAH
HAH
KSHH
HAH
HAH

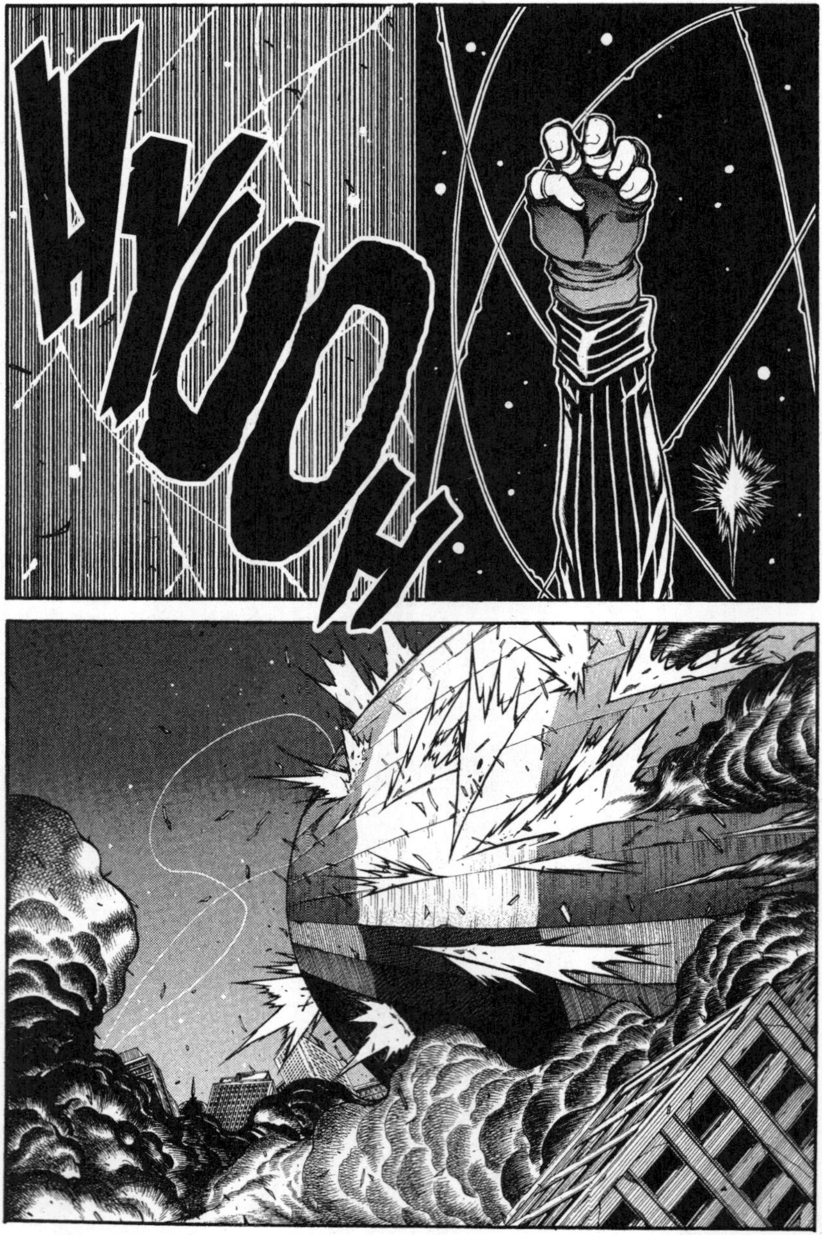

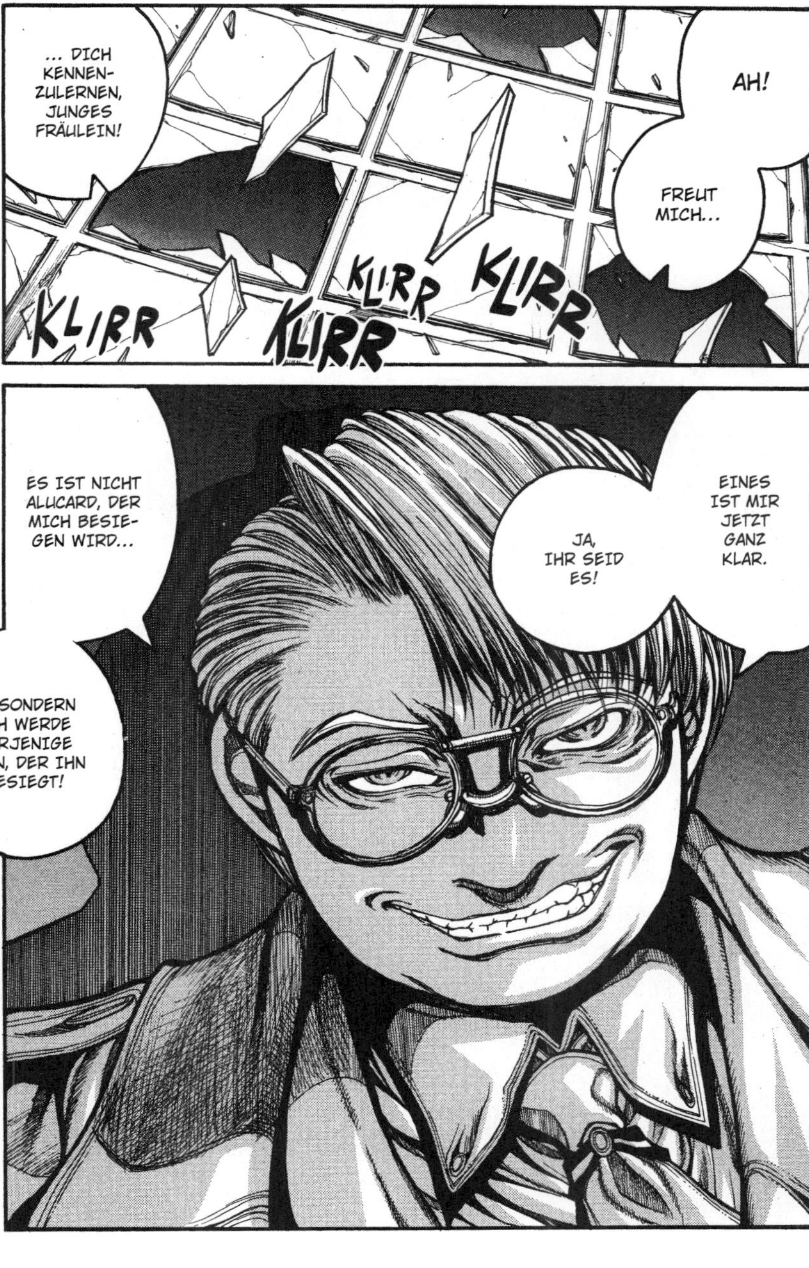
AH!
FREUT MICH…
… DICH KENNEN-ZULERNEN, JUNGES FRÄULEIN!
KLIRR
KLIRR
KLIRR
KLIRR
EINES IST MIR JETZT GANZ KLAR.
JA, IHR SEID ES!
ES IST NICHT ALUCARD, DER MICH BESIE-GEN WIRD…
… SONDERN ICH WERDE DERJENIGE SEIN, DER IHN BESIEGT!

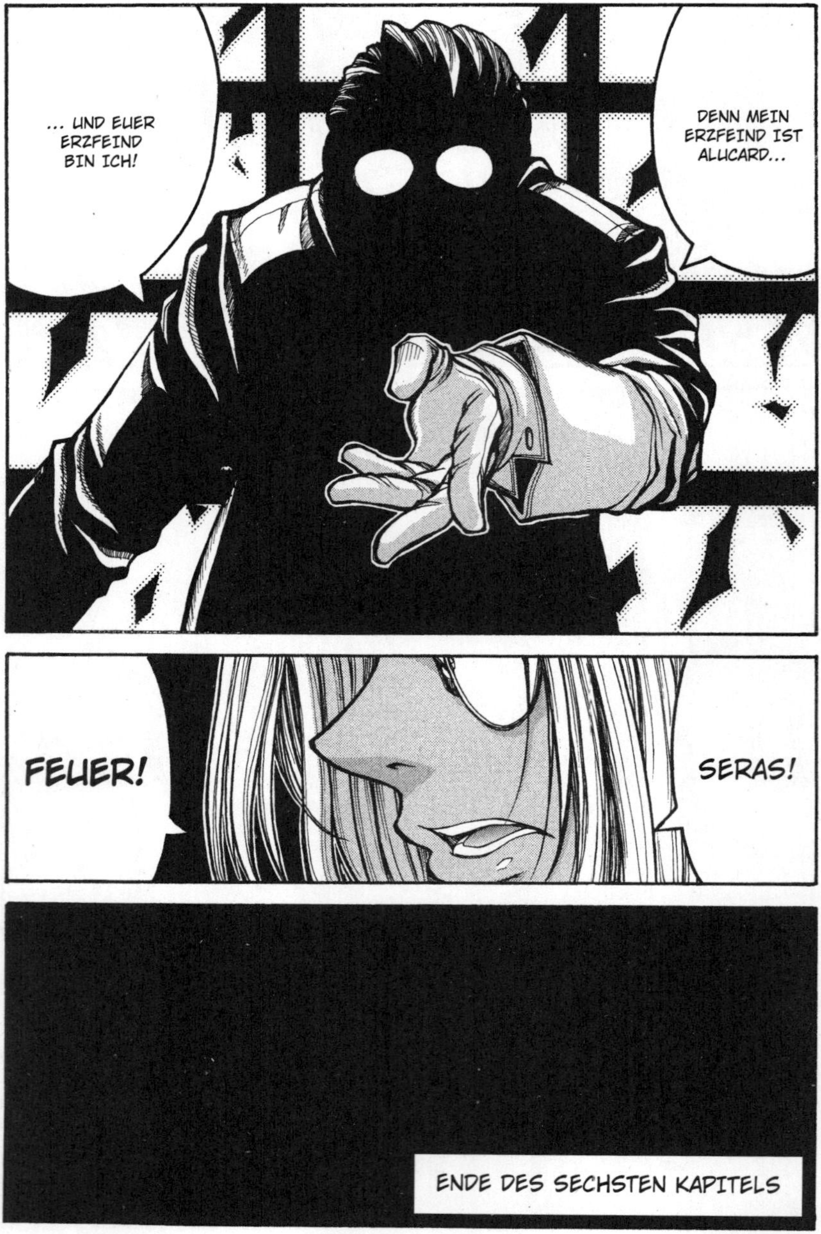
DENN MEIN ERZFEIND IST ALUCARD…
… UND EUER ERZFEIND BIN ICH!
SERAS!
FEUER!
ENDE DES SECHSTEN KAPITELS

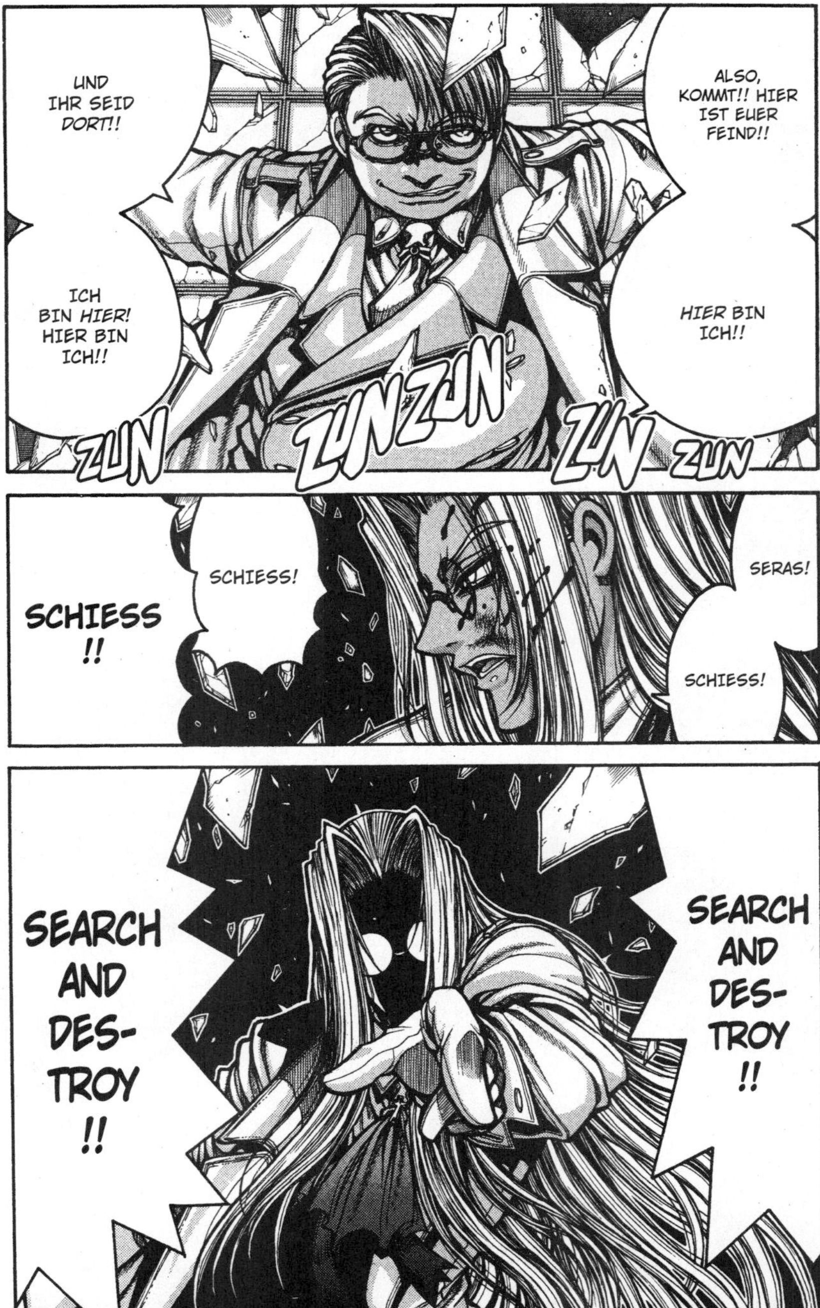
ALSO, KOMMT!! HIER IST EUER FEIND!!
UND IHR SEID DORT!!
HIER BIN ICH!!
ICH BIN HIER! HIER BIN ICH!!
ZUN ZUN ZUN ZUN ZUN ZUN
SERAS!
SCHIESS!
SCHIESS!
SCHIESS !!
SEARCH AND DES-TROY !!
SEARCH AND DES-TROY !!

KAPITEL 7: SORCERIAN 1

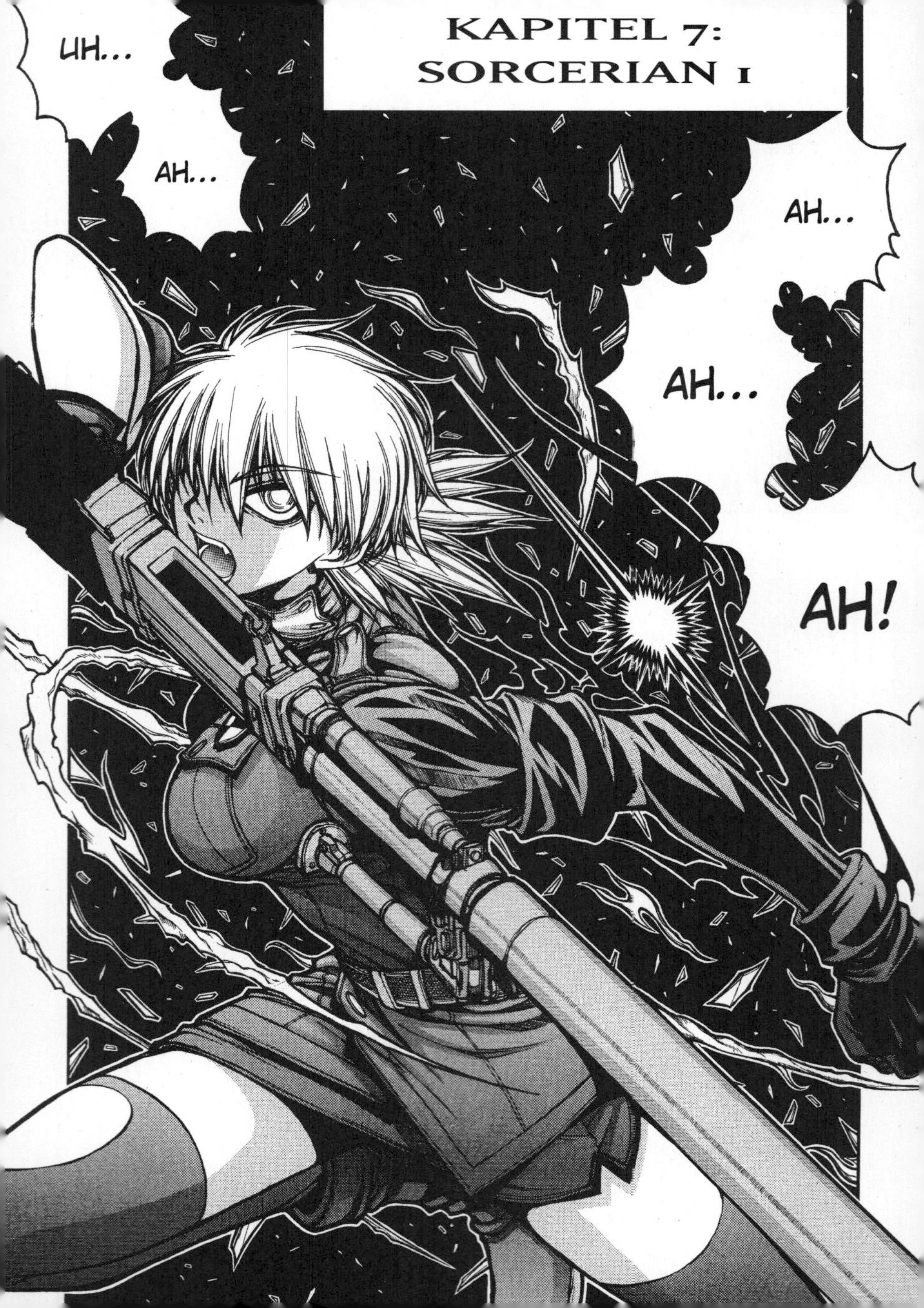

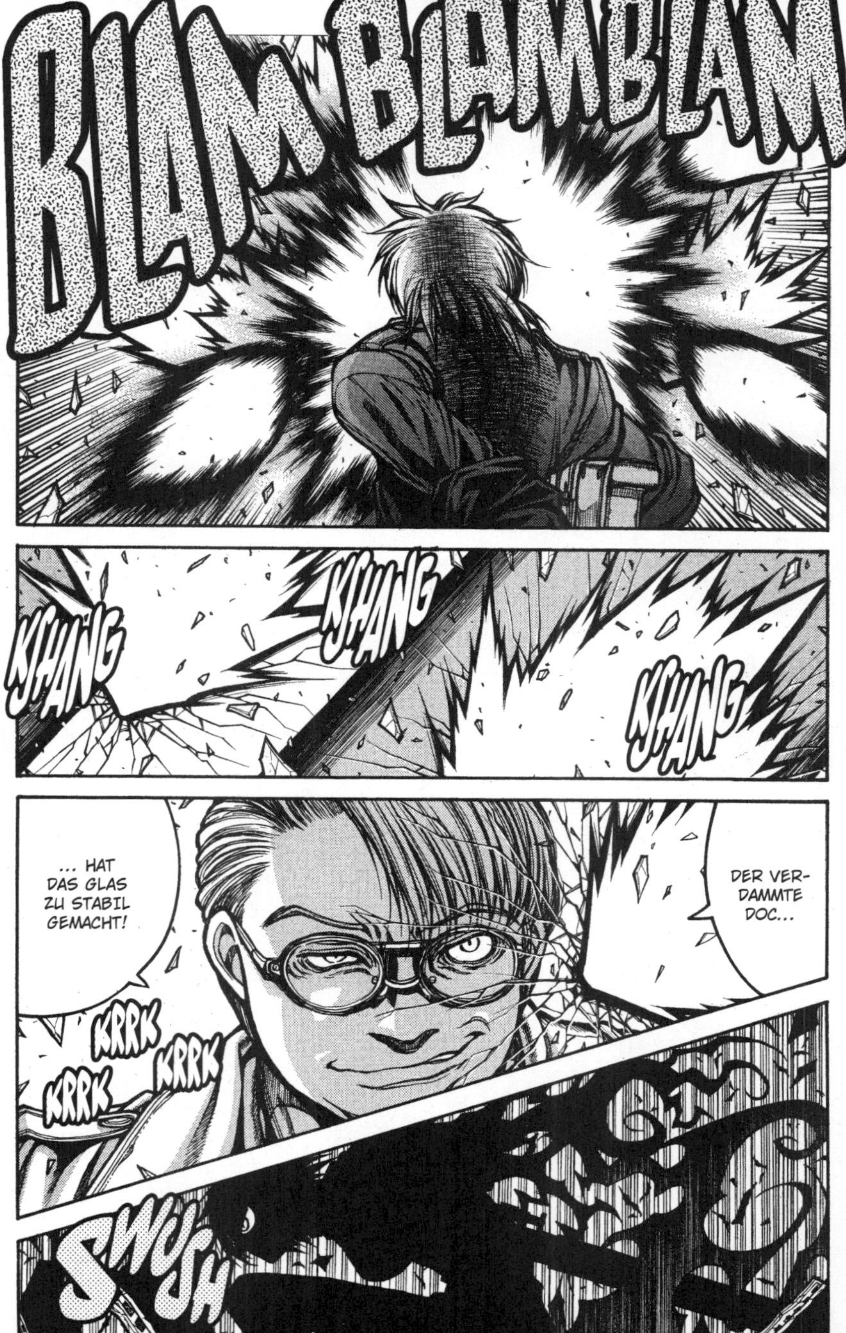
BLAM BLAM BLAM
KSHANG
KSHANG
KSHANG
DER VERDAMMTE DOC...
... HAT DAS GLAS ZU STABIL GEMACHT!
KRRK
KRRK
KRRK
SWOSH

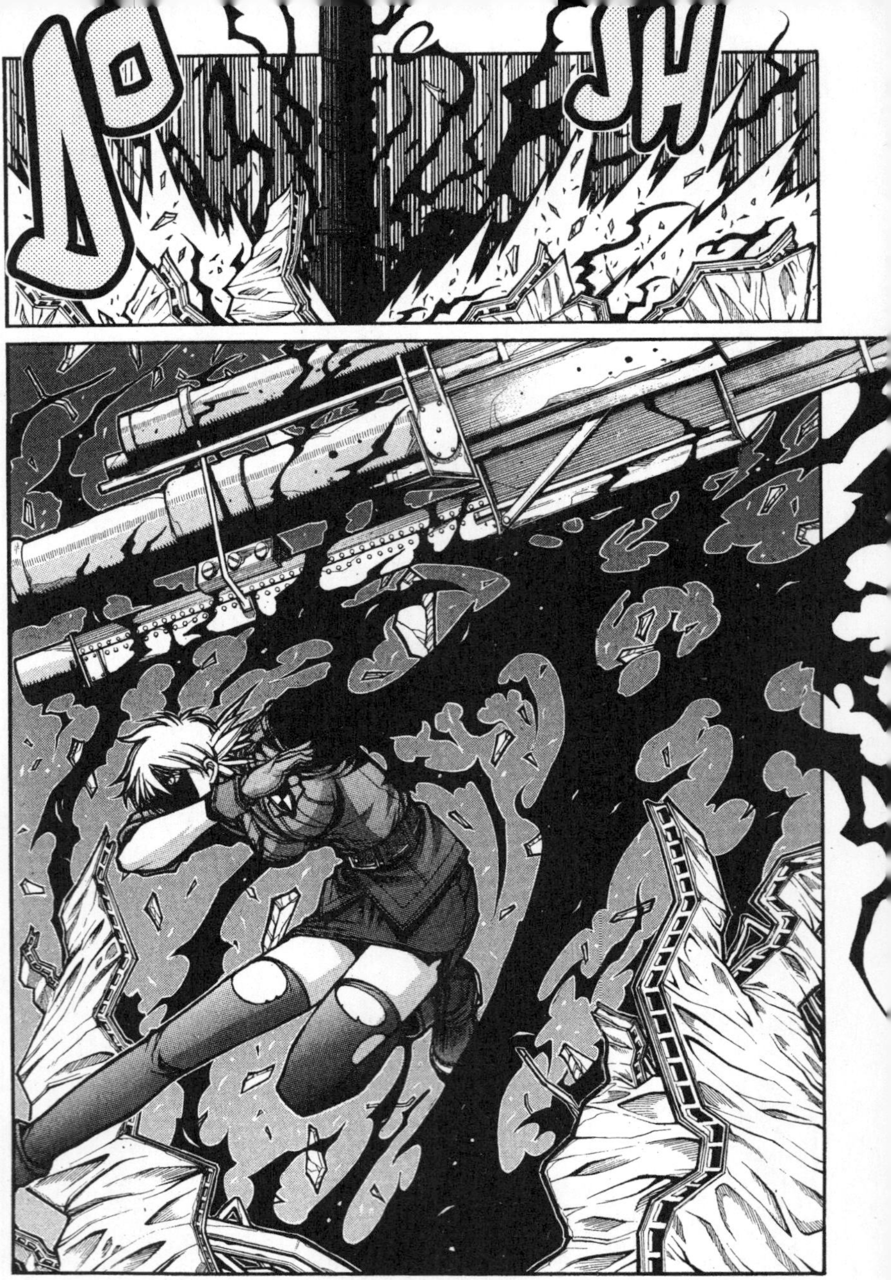
DO
SH

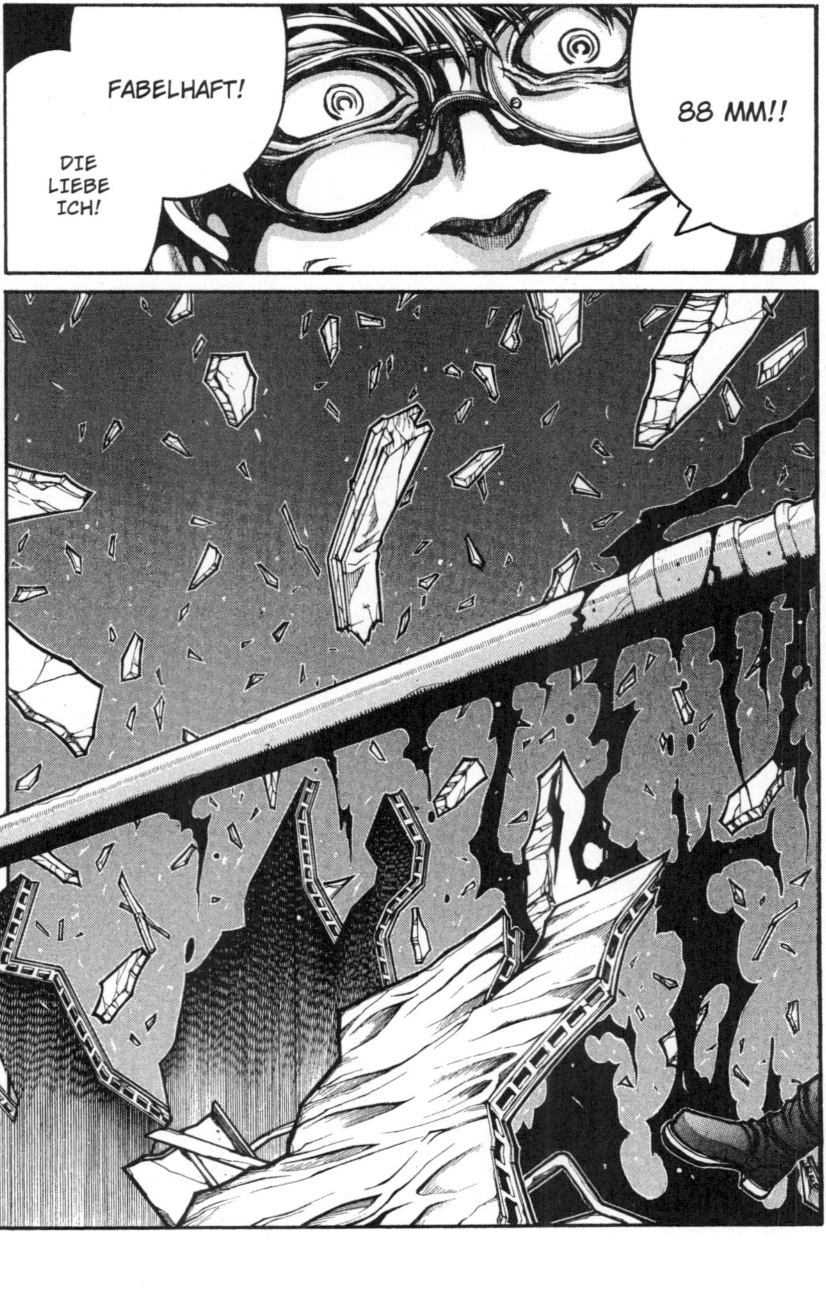
88 MM!!
FABELHAFT!
DIE LIEBE ICH!

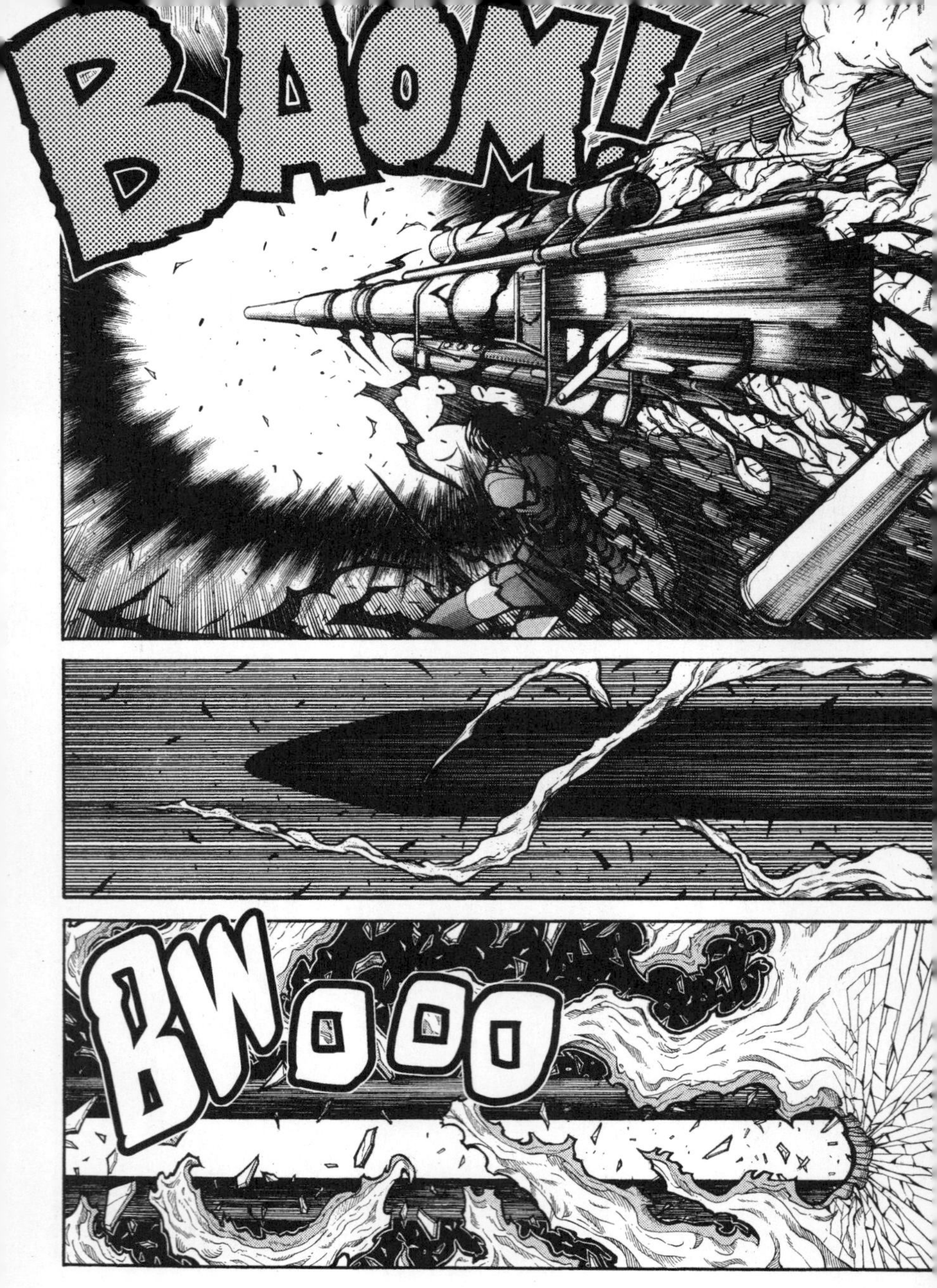
BAOM!
BWOOO

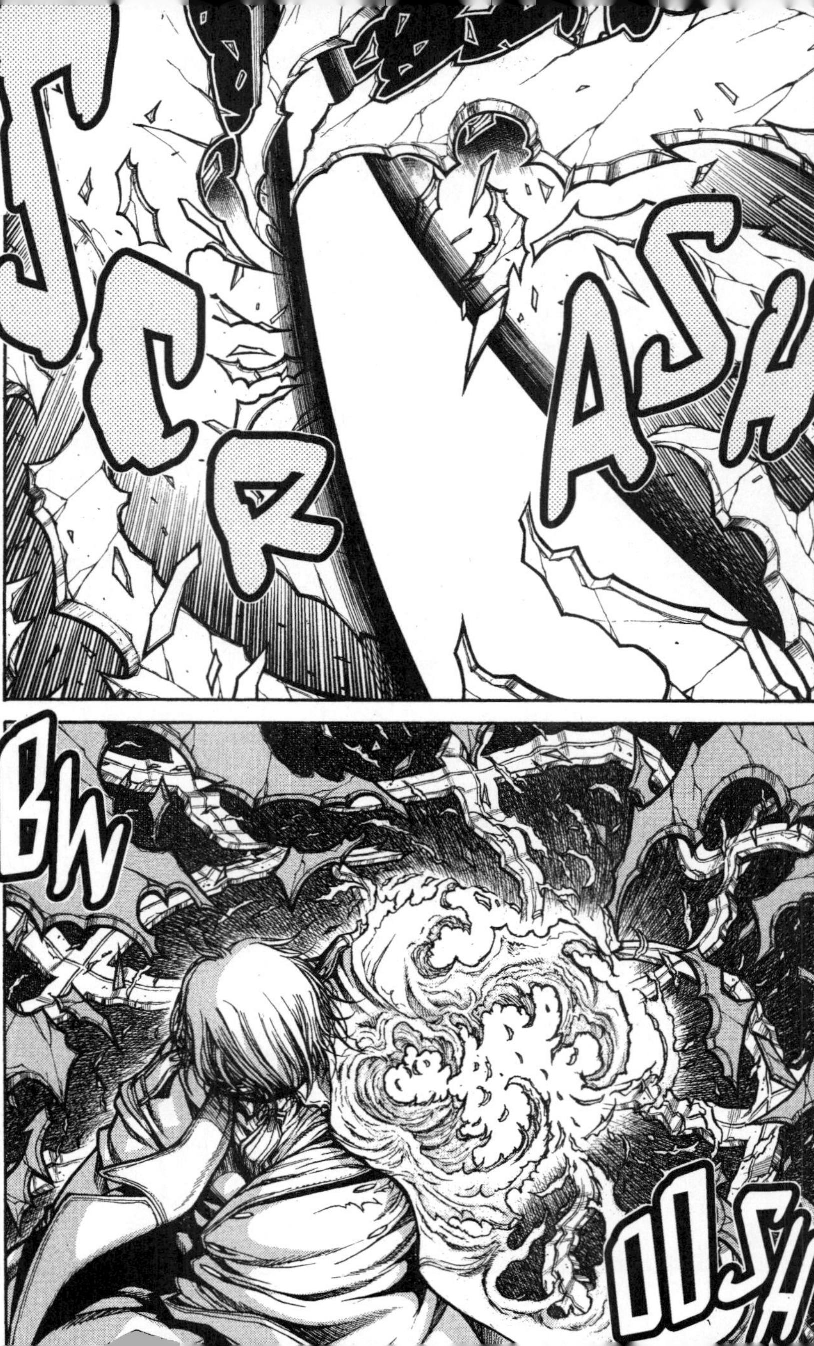
SCRASH
BWOOSH

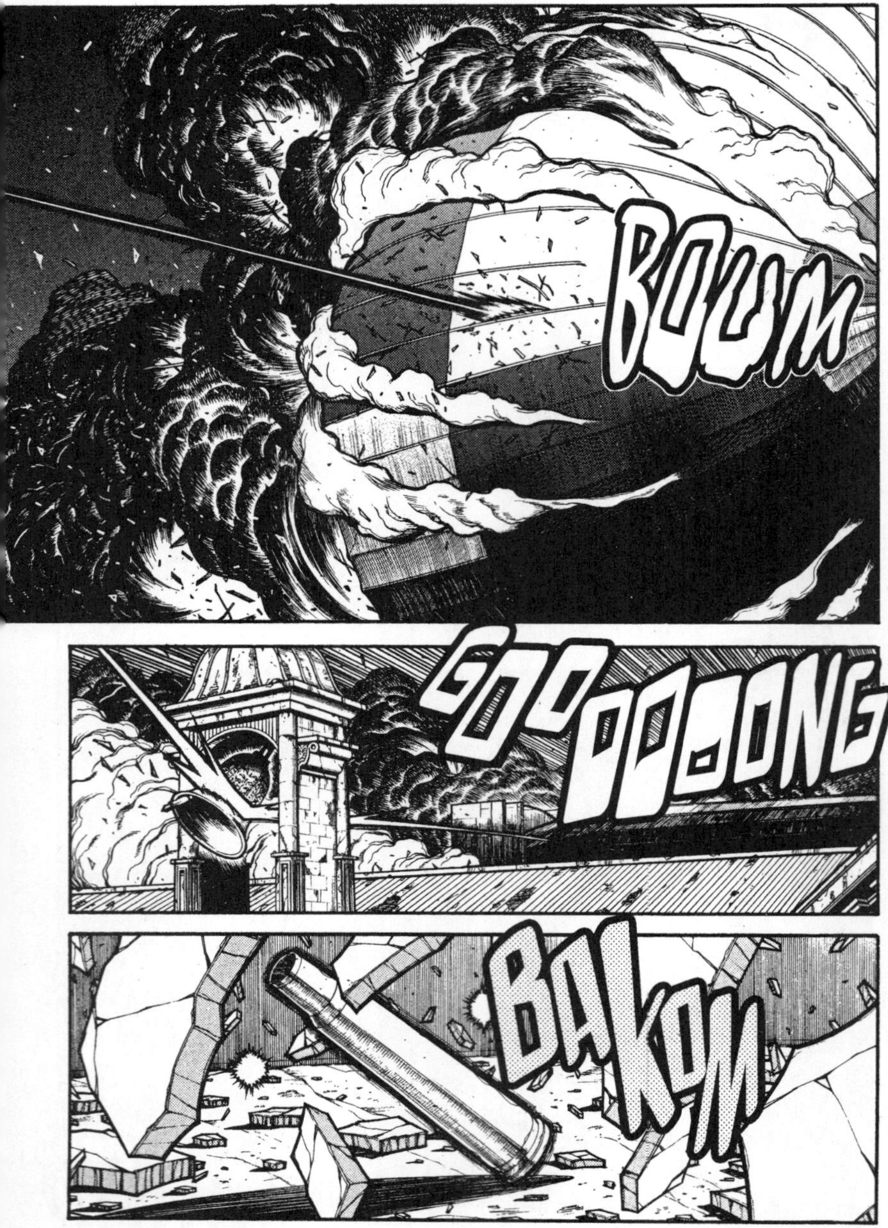
BOUM
GOOOOOOONG
BAKOM

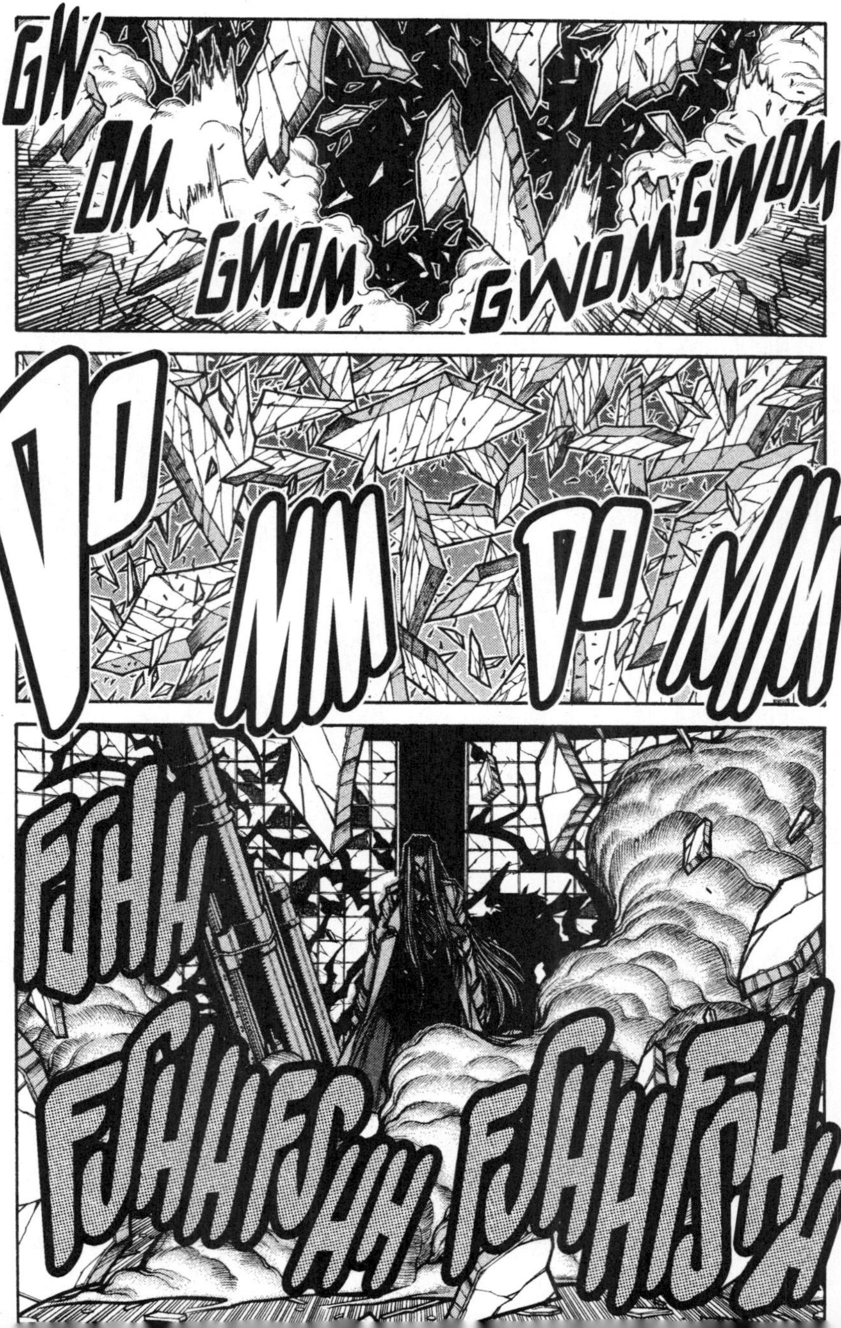
GWOM
GWOM
GWOM
GWOM
DOMM
DOMM

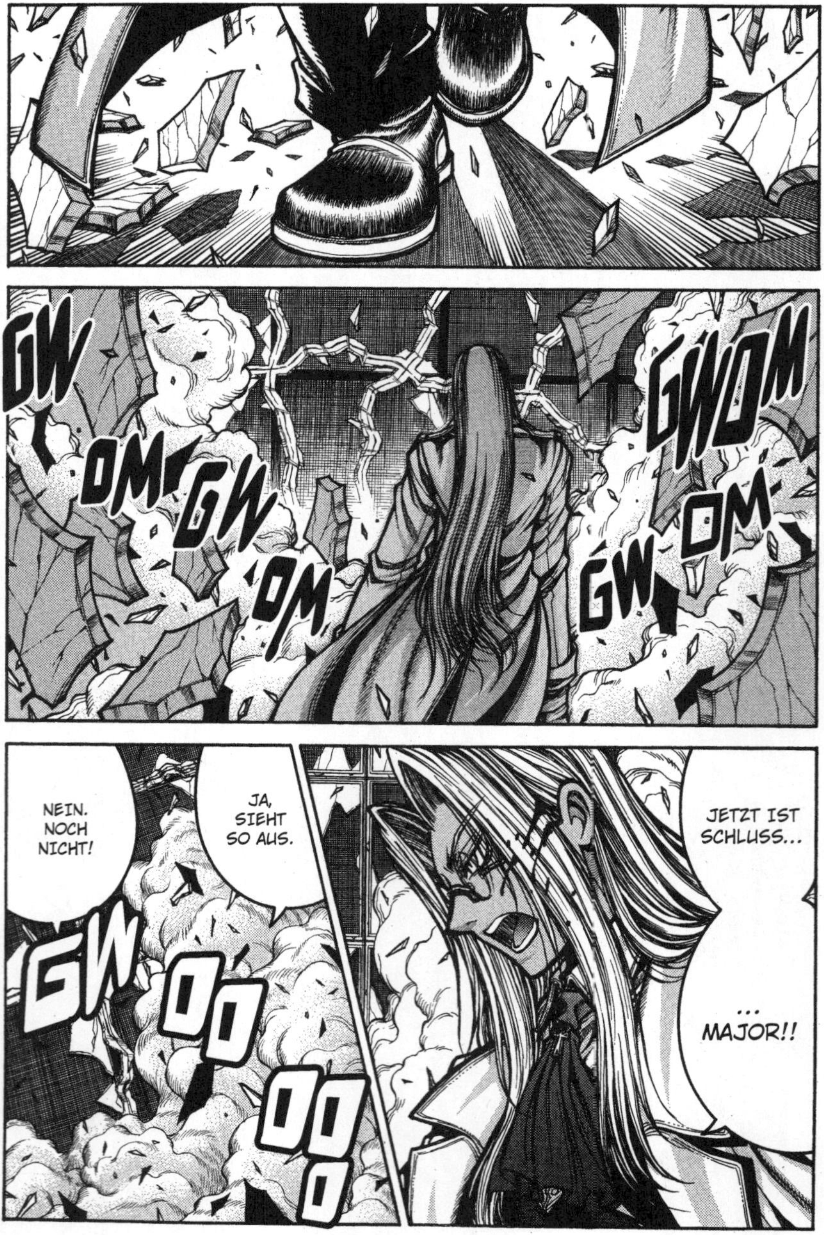
GWOM
GW OM
GW OM
GW OM
GW OM
JETZT IST SCHLUSS…
… MAJOR!!
JA, SIEHT SO AUS.
NEIN. NOCH NICHT!
GWOOOOOO

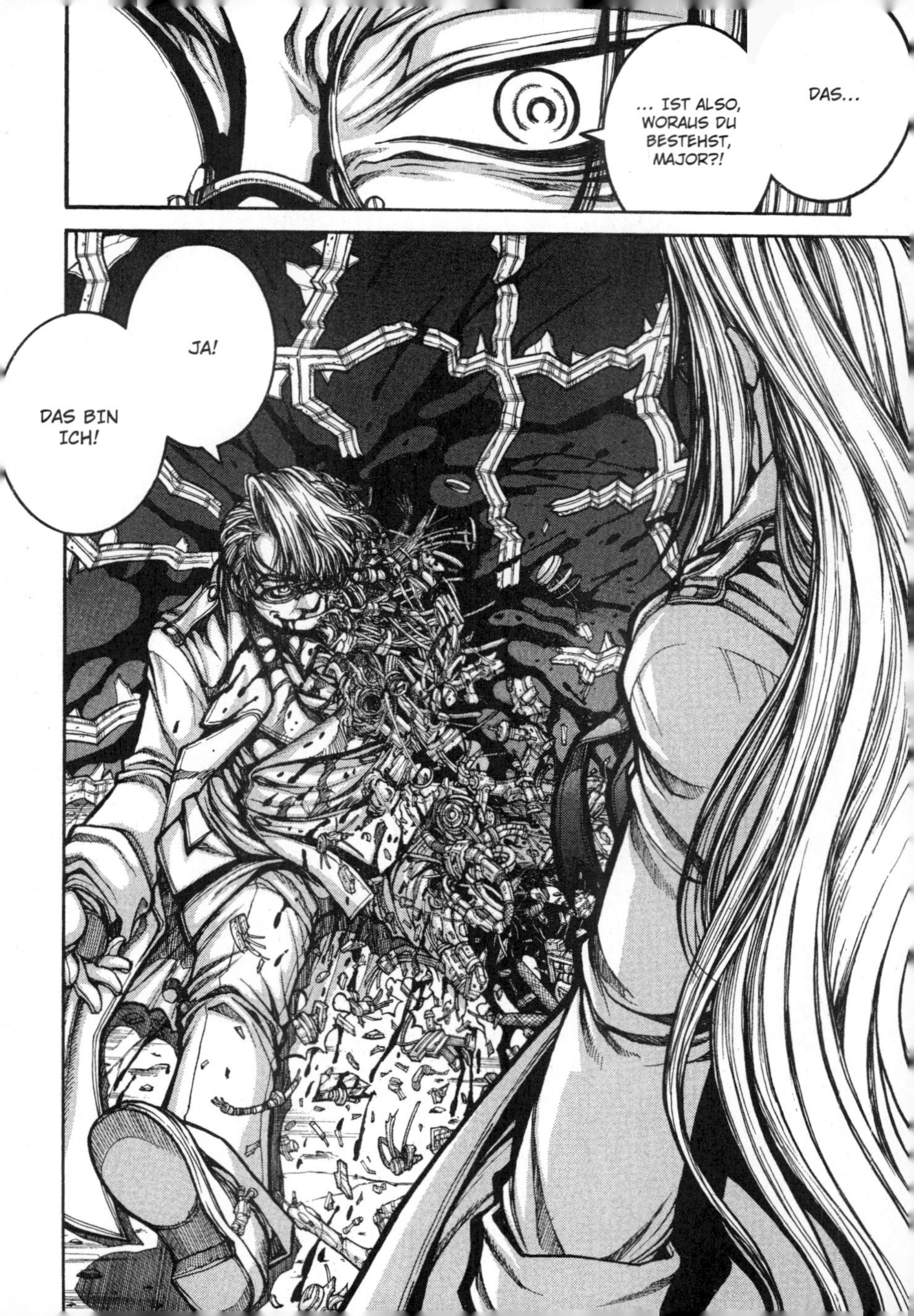
DAS…
… IST ALSO, WORAUS DU BESTEHST, MAJOR?!
JA!
DAS BIN ICH!

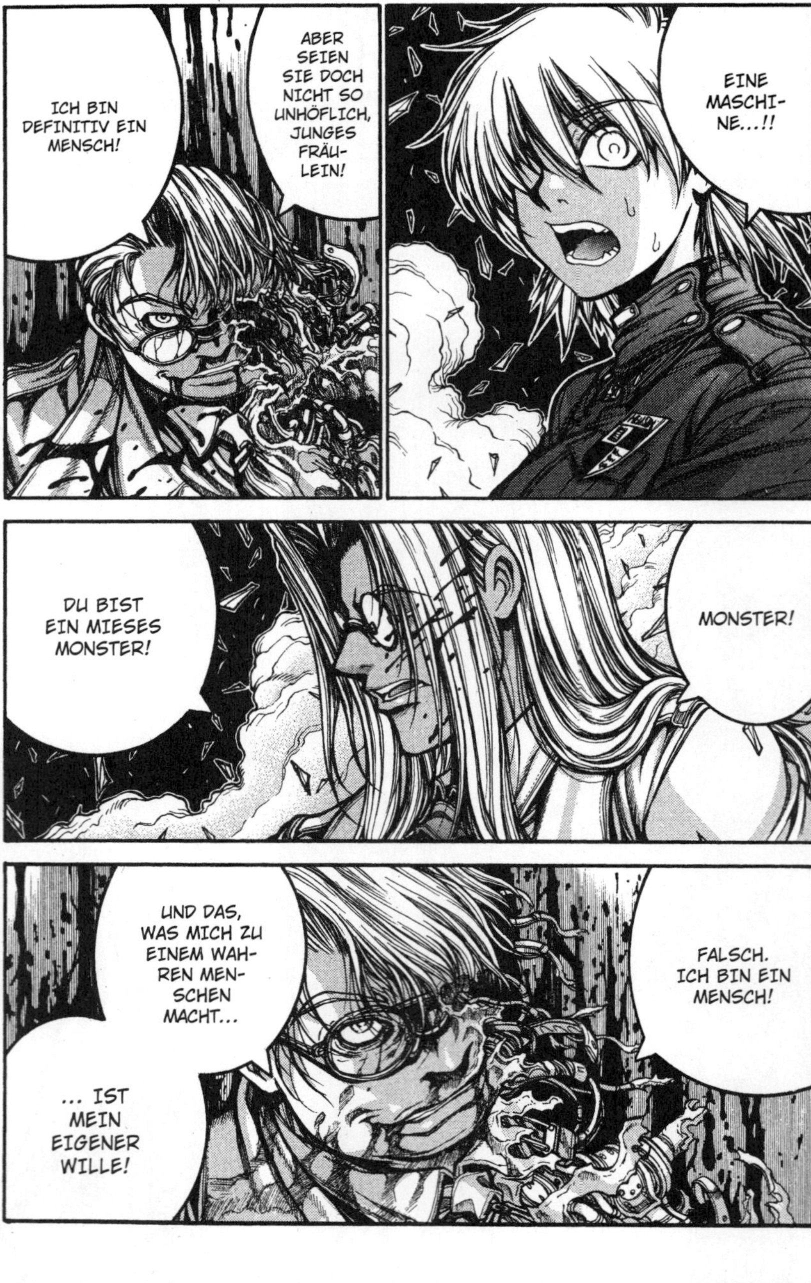
EINE MASCHINE...!!
ABER SEIEN SIE DOCH NICHT SO UNHÖFLICH, JUNGES FRÄULEIN!
ICH BIN DEFINITIV EIN MENSCH!
MONSTER!
DU BIST EIN MIESES MONSTER!
FALSCH. ICH BIN EIN MENSCH!
UND DAS, WAS MICH ZU EINEM WAHREN MENSCHEN MACHT...
... IST MEIN EIGENER WILLE!

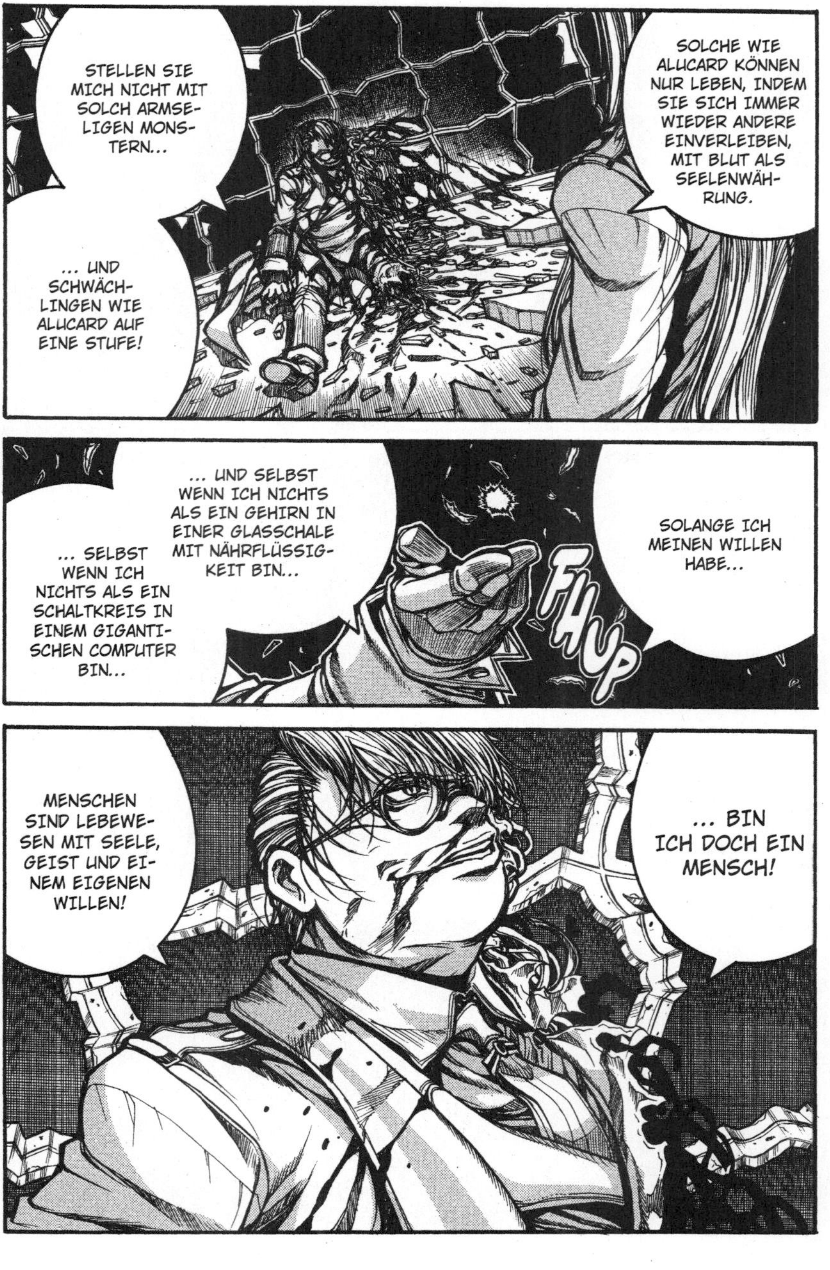
SOLCHE WIE ALUCARD KÖNNEN NUR LEBEN, INDEM SIE SICH IMMER WIEDER ANDERE EINVERLEIBEN, MIT BLUT ALS SEELENWÄH-RUNG.
STELLEN SIE MICH NICHT MIT SOLCH ARMSE-LIGEN MONS-TERN...
... UND SCHWÄCH-LINGEN WIE ALUCARD AUF EINE STUFE!
SOLANGE ICH MEINEN WILLEN HABE...
FHUP
... UND SELBST WENN ICH NICHTS ALS EIN GEHIRN IN EINER GLASSCHALE MIT NÄHRFLÜSSIG-KEIT BIN...
... SELBST WENN ICH NICHTS ALS EIN SCHALTKREIS IN EINEM GIGANTI-SCHEN COMPUTER BIN...
... BIN ICH DOCH EIN MENSCH!
MENSCHEN SIND LEBEWE-SEN MIT SEELE, GEIST UND EI-NEM EIGENEN WILLEN!

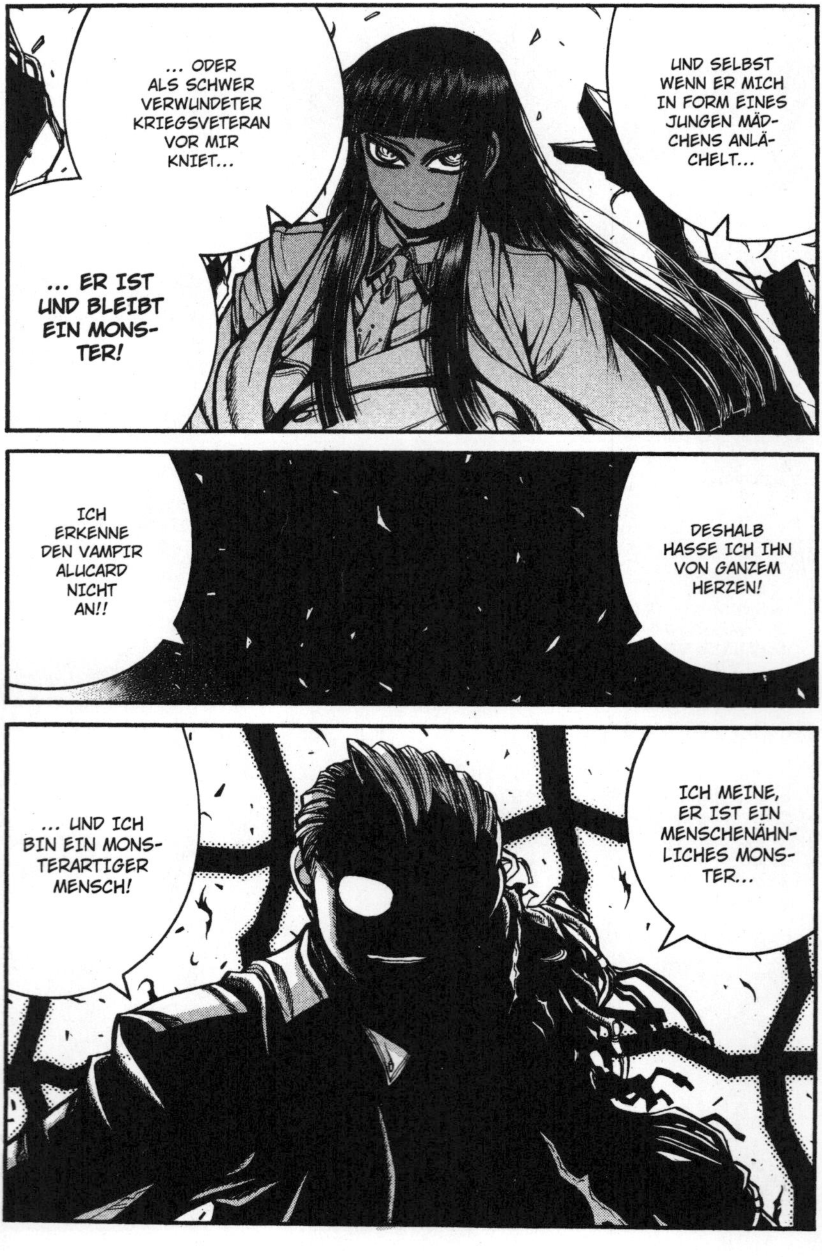
UND SELBST WENN ER MICH IN FORM EINES JUNGEN MÄD-CHENS ANLÄ-CHELT...
... ODER ALS SCHWER VERWUNDETER KRIEGSVETERAN VOR MIR KNIET...
... ER IST UND BLEIBT EIN MONS-TER!
DESHALB HASSE ICH IHN VON GANZEM HERZEN!
ICH ERKENNE DEN VAMPIR ALUCARD NICHT AN!!
ICH MEINE, ER IST EIN MENSCHENÄHN-LICHES MONS-TER...
... UND ICH BIN EIN MONS-TERARTIGER MENSCH!

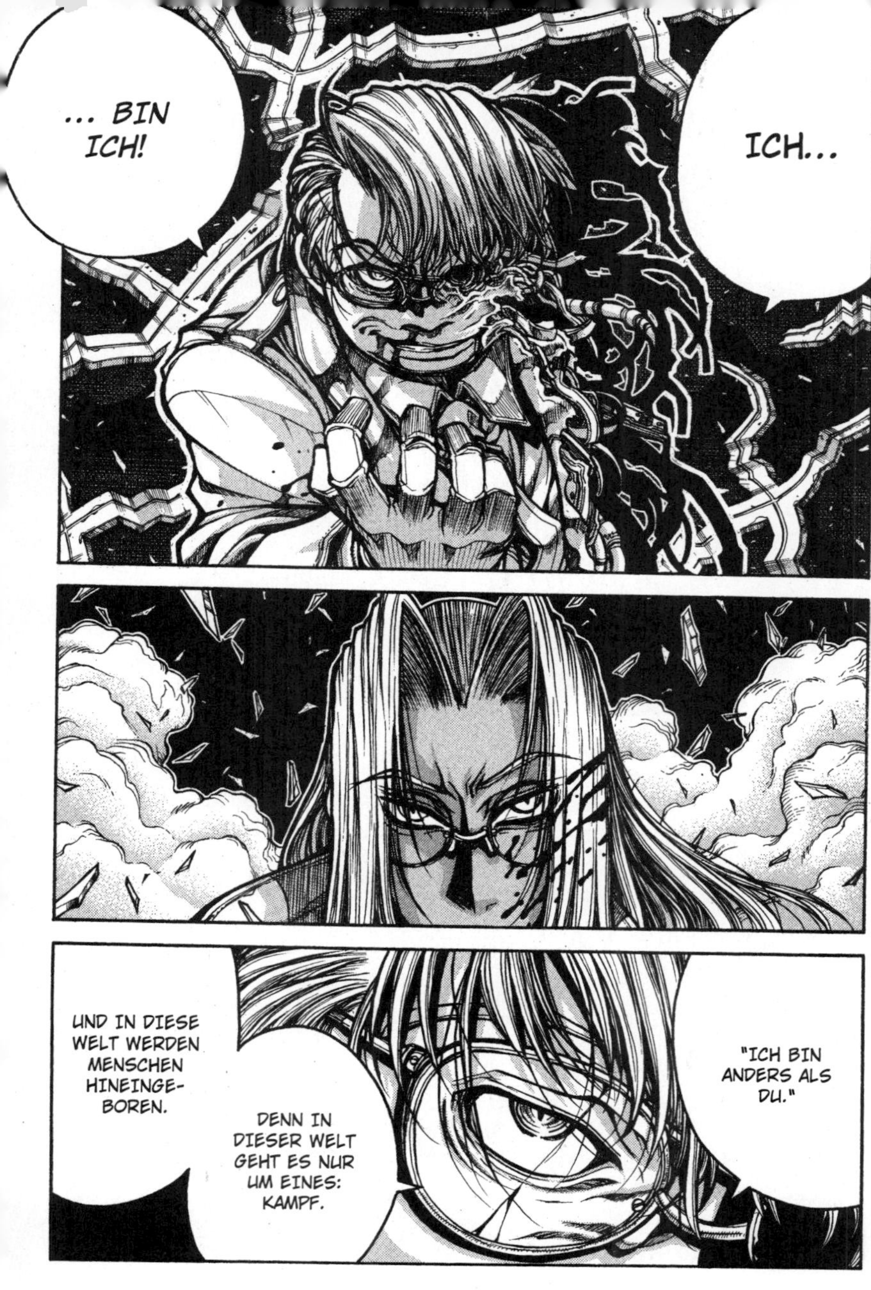
ICH...
... BIN ICH!
"ICH BIN ANDERS ALS DU."
DENN IN DIESER WELT GEHT ES NUR UM EINES: KAMPF.
UND IN DIESE WELT WERDEN MENSCHEN HINEINGE-BOREN.

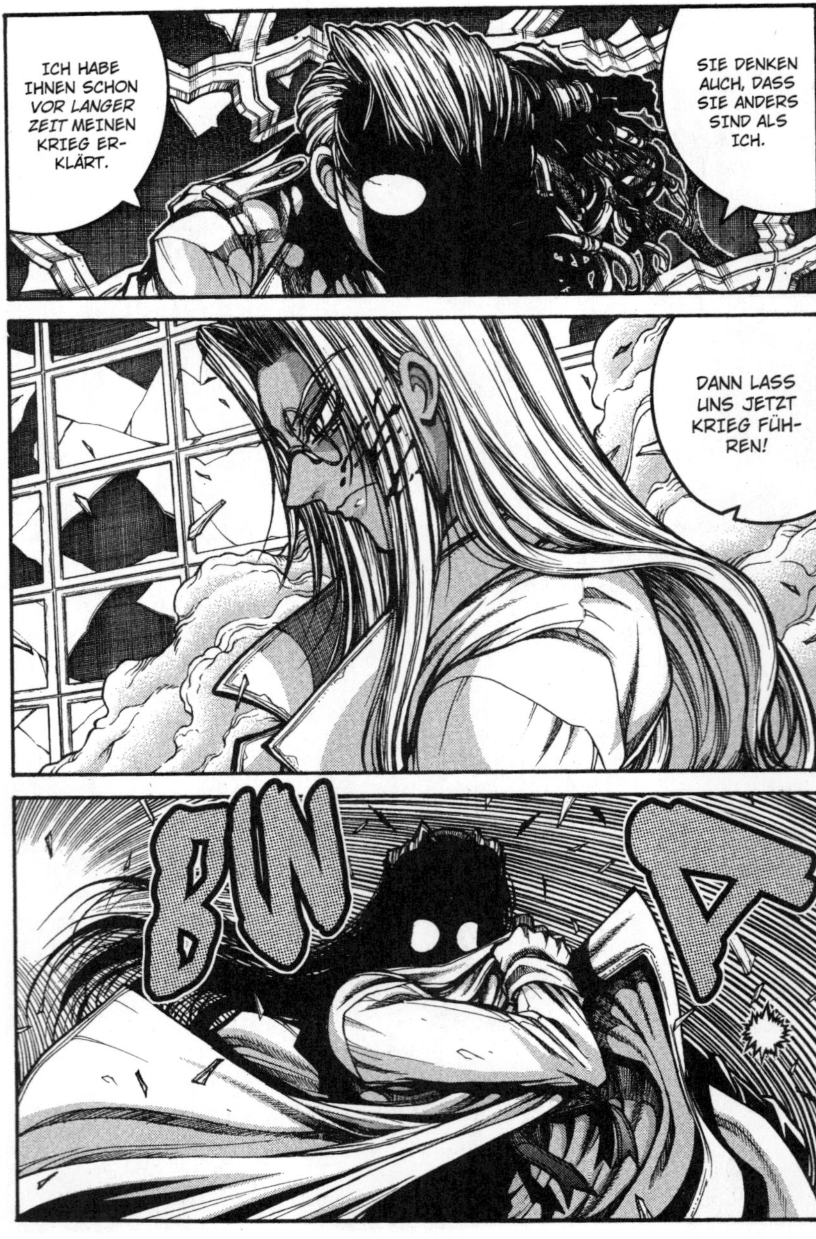
ICH HABE IHNEN SCHON VOR LANGER ZEIT MEINEN KRIEG ER-KLÄRT.
SIE DENKEN AUCH, DASS SIE ANDERS SIND ALS ICH.
DANN LASS UNS JETZT KRIEG FÜH-REN!
BUN
A

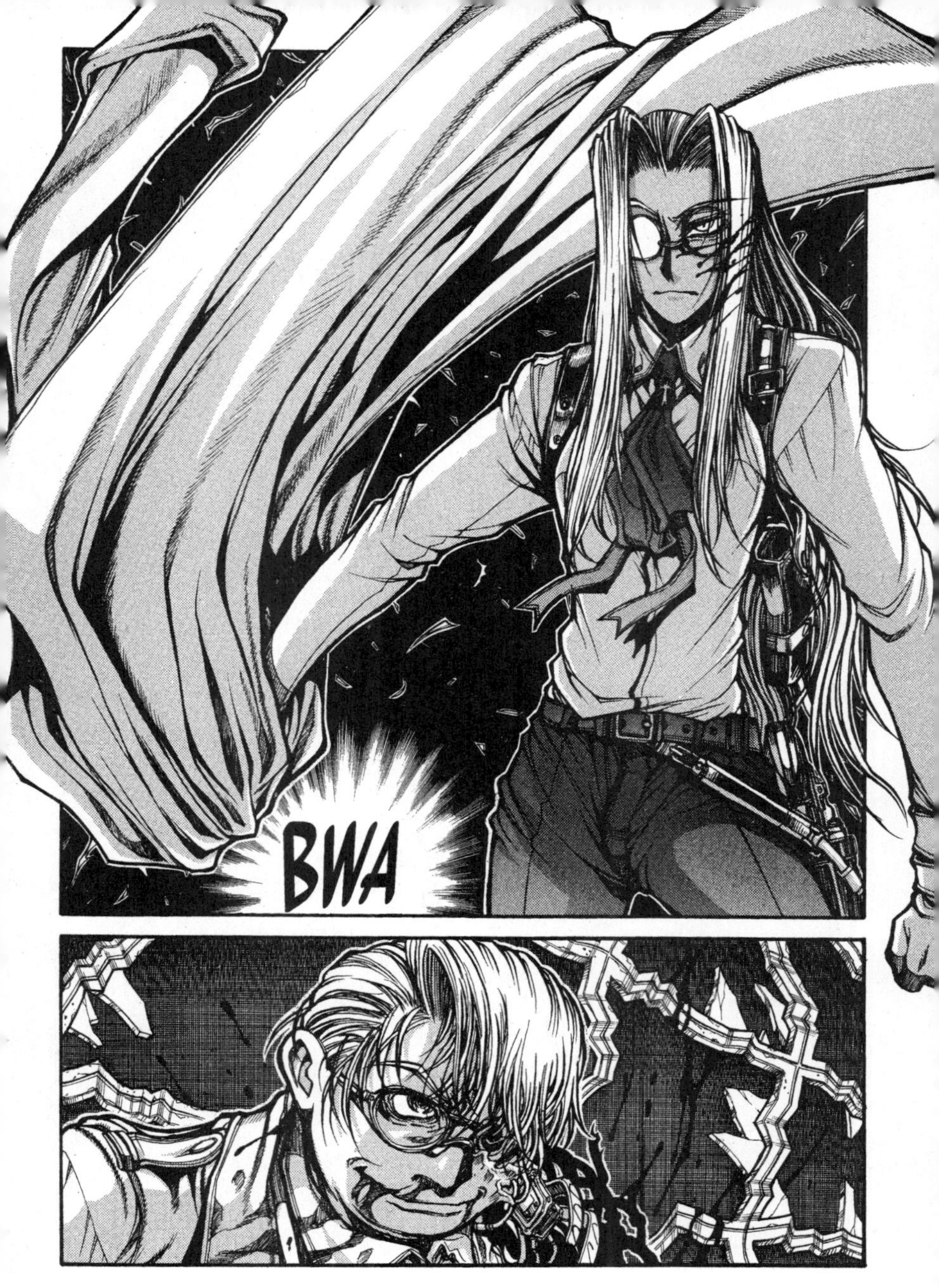
BWA

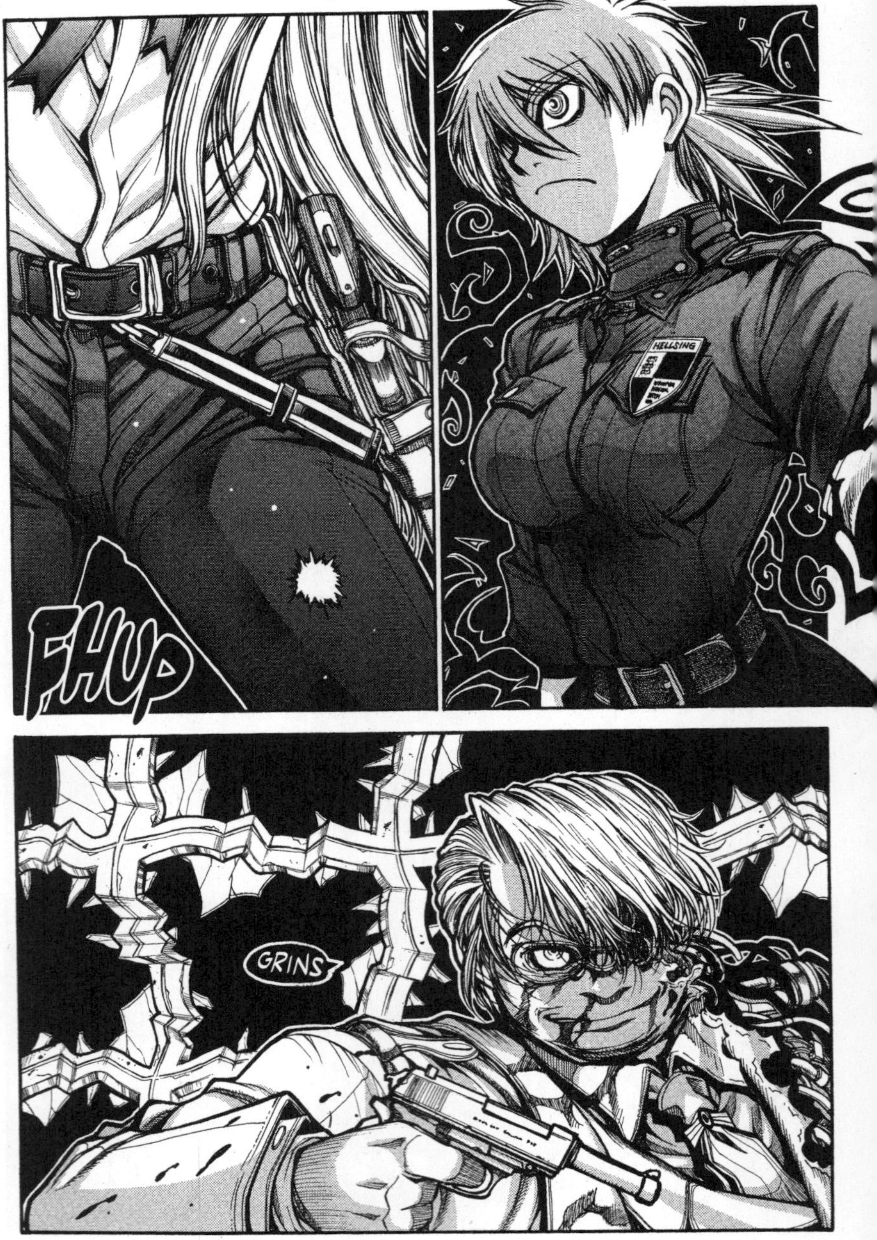
FHUP
HELLSING
GRINS

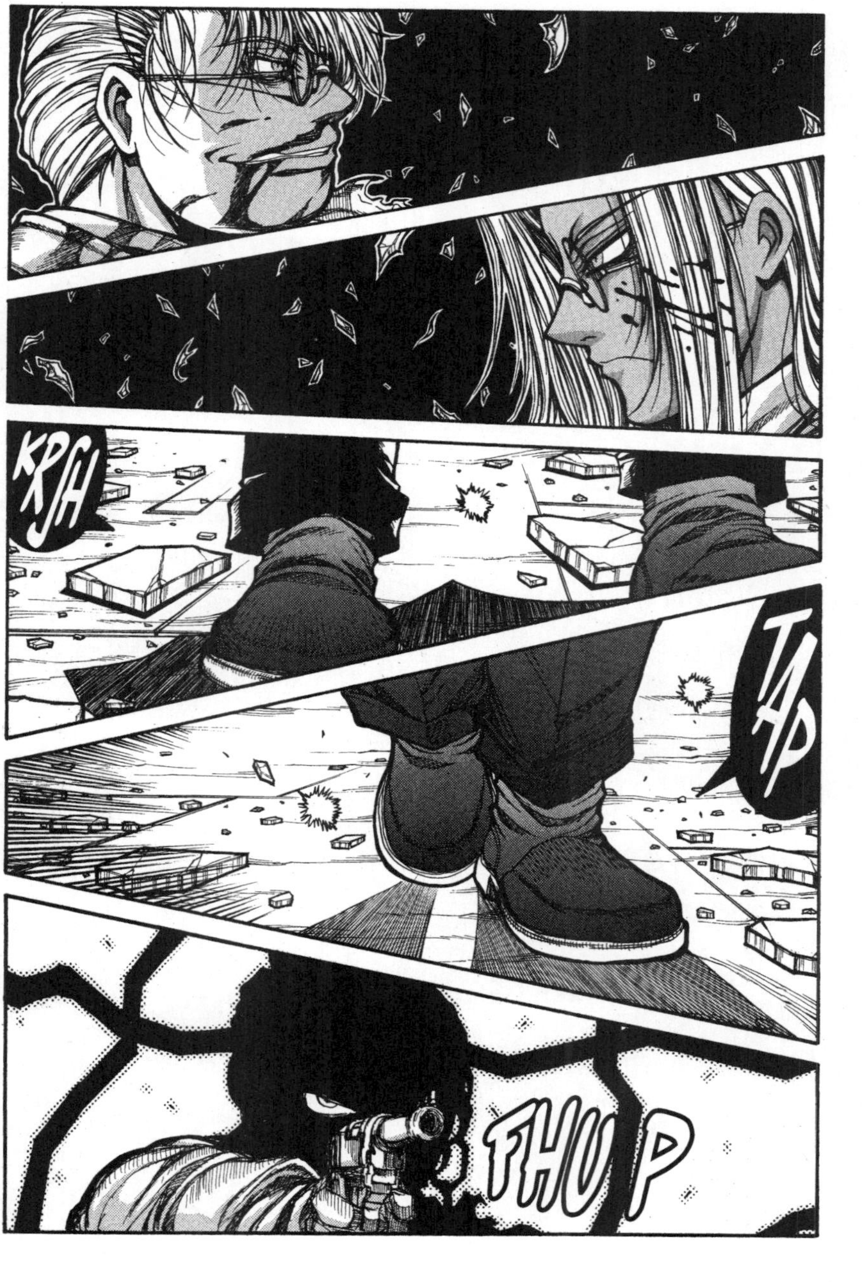
TAP
FHUP

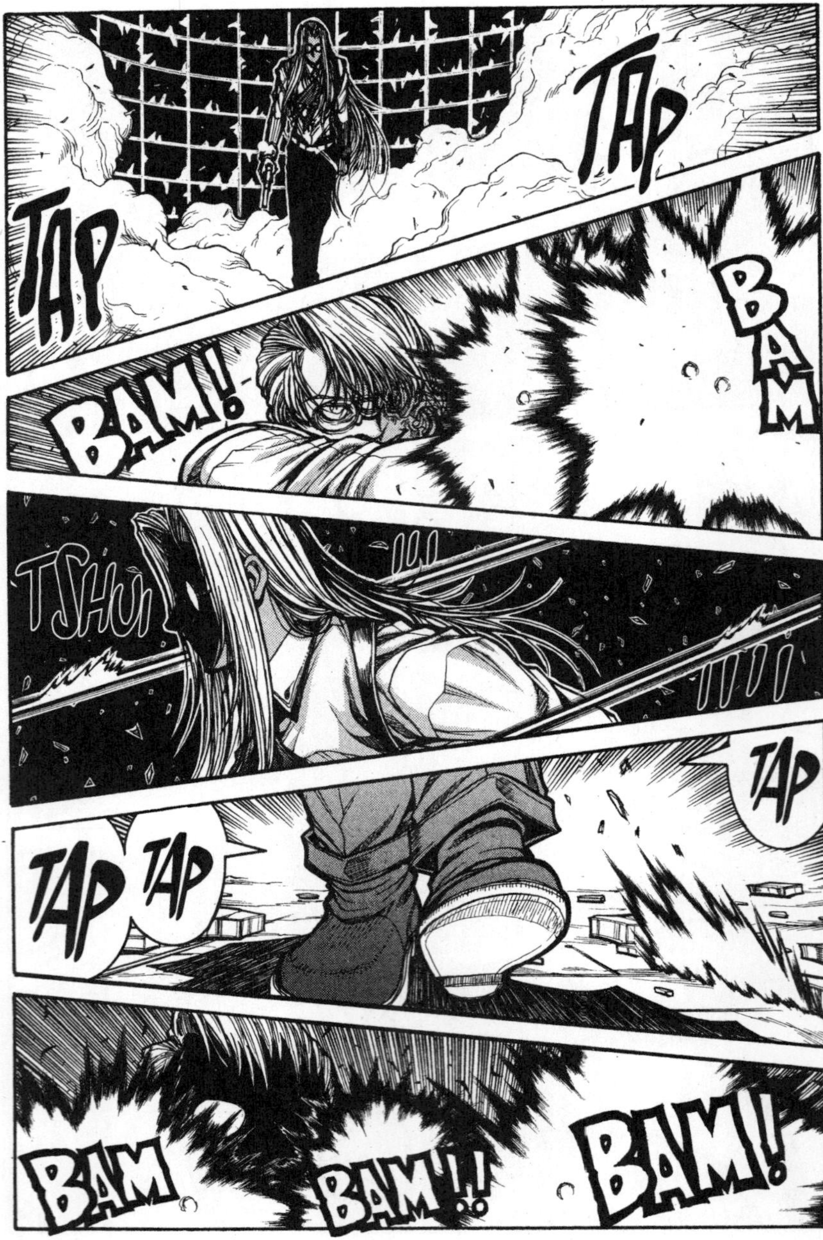
TAP
TAP
BAM
BAM!
TSHUI
TAP
TAP
TAP
BAM!
BAM!!
BAM

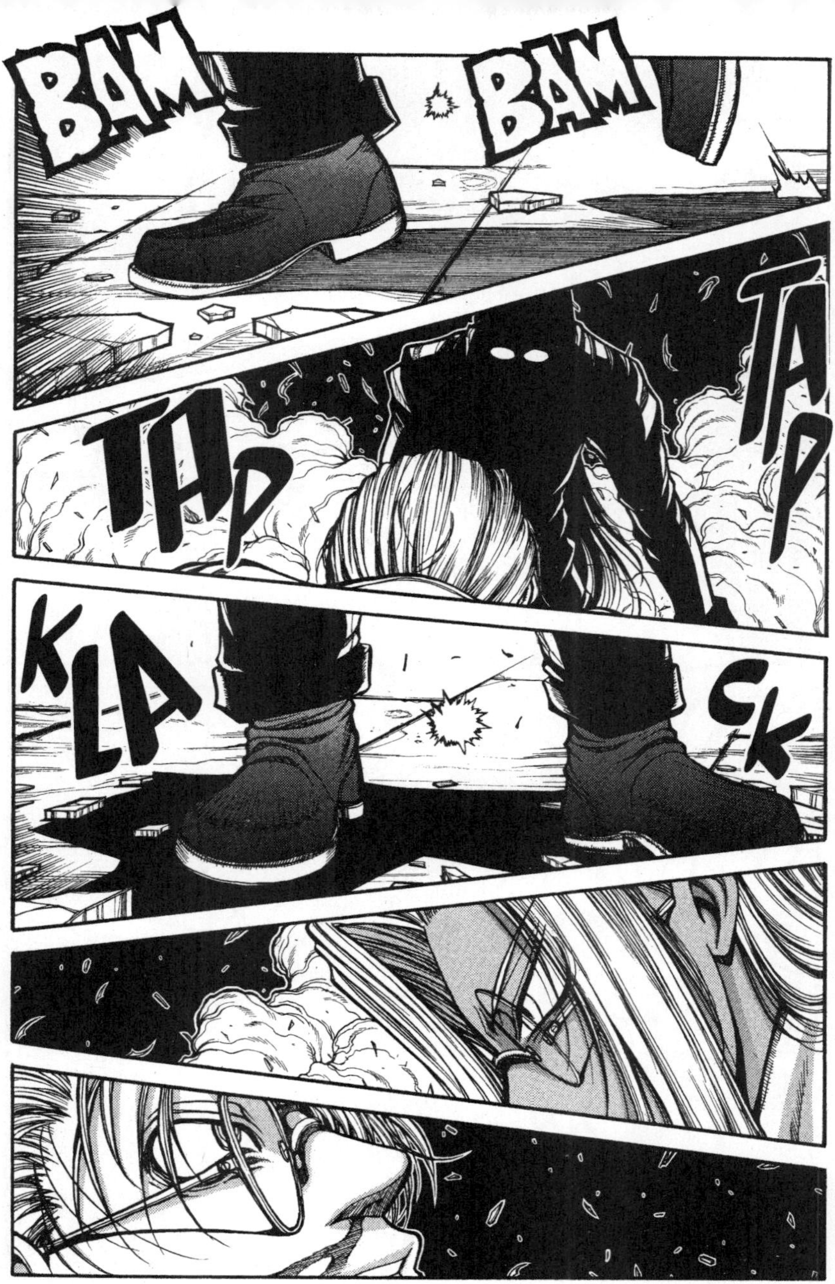
BAM
BAM
TAP
TAP
KLACK

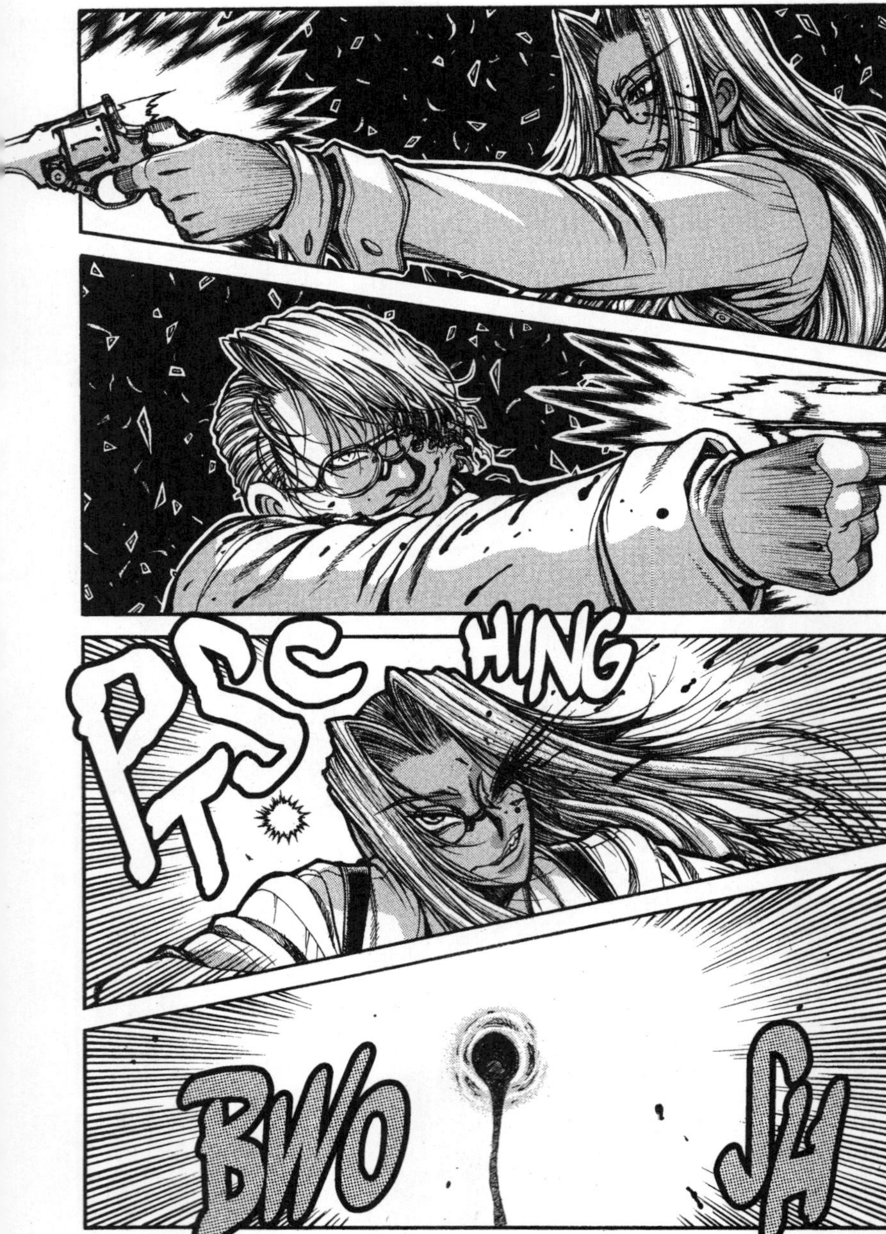
PSCHING
BWOSH

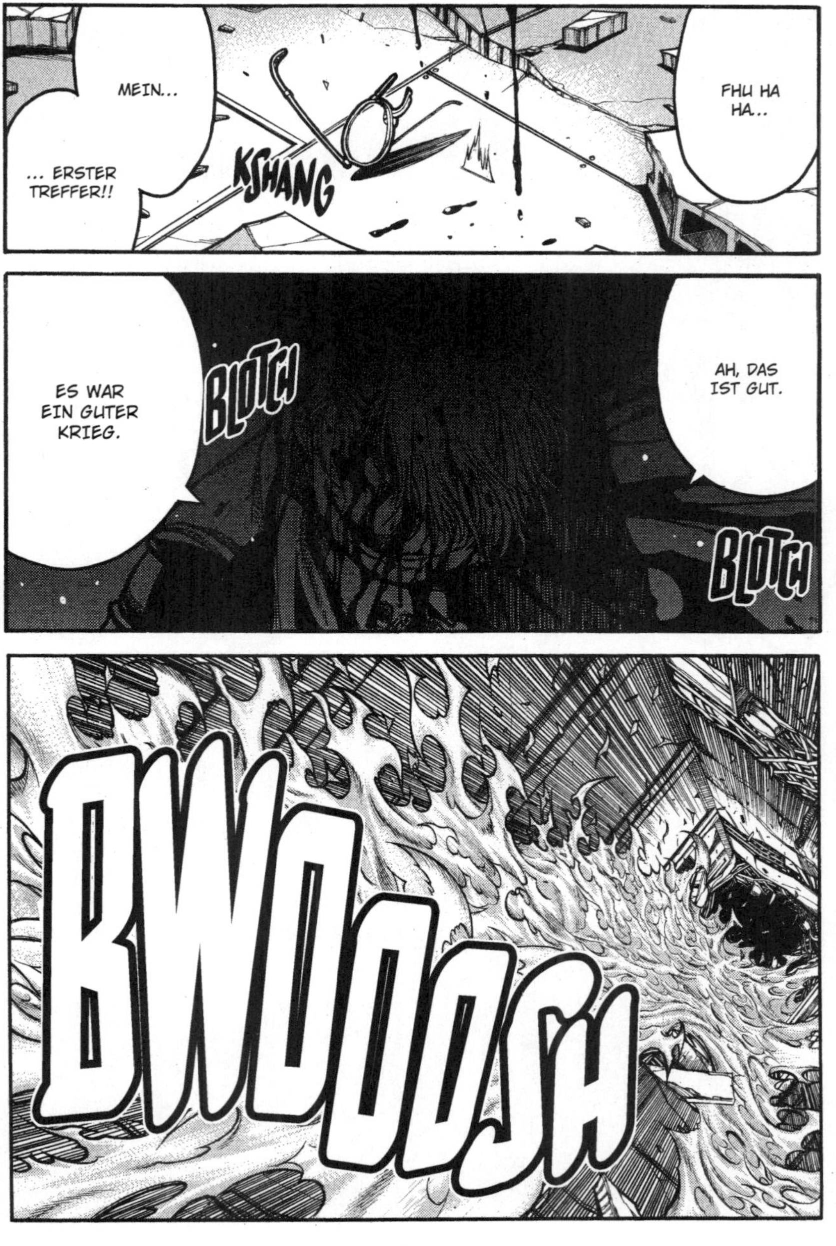

FHU HA HA..
MEIN...
... ERSTER TREFFER!!
KSHANG
AH, DAS IST GUT.
ES WAR EIN GUTER KRIEG.
BLOTCH
BLOTCH
BWOOOSCH

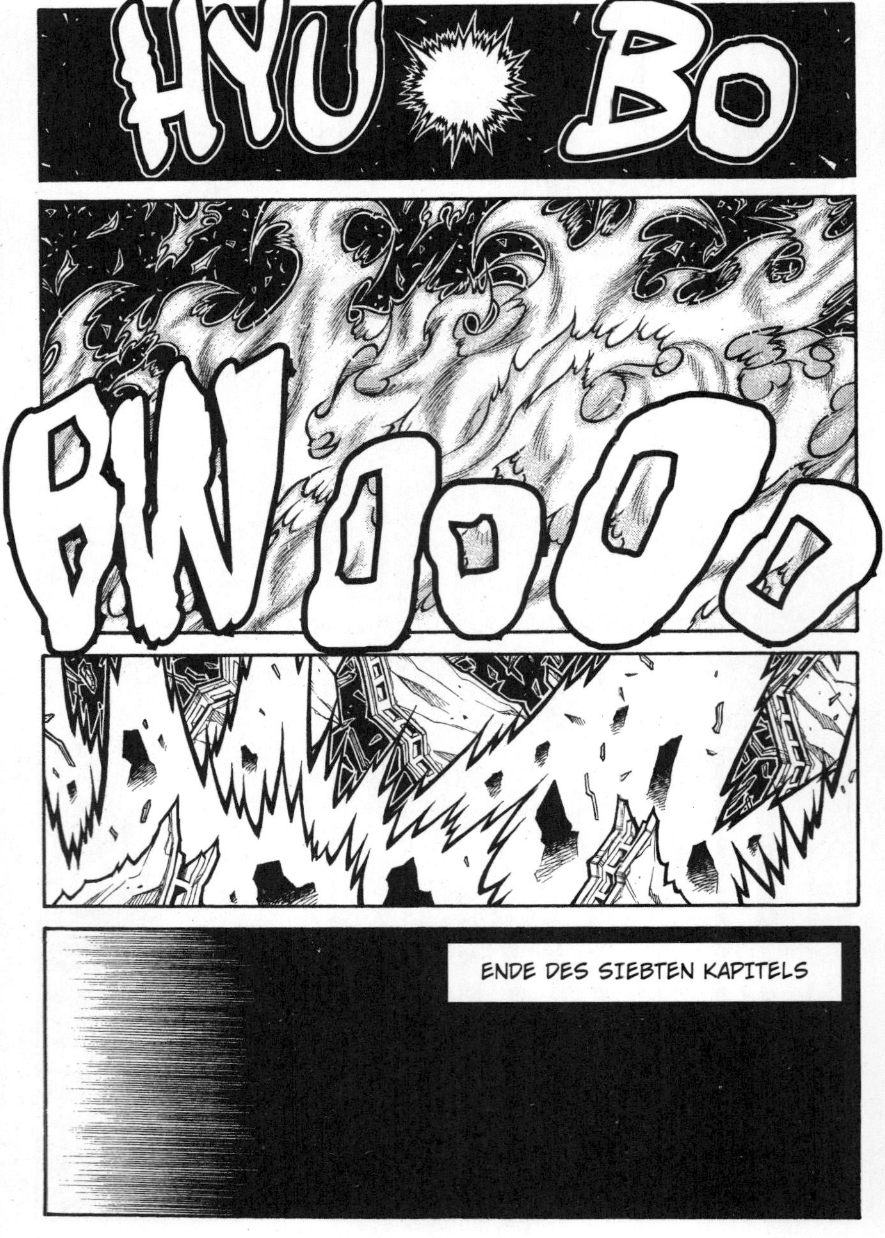
HYU BO
BWOOOOO
ENDE DES SIEBTEN KAPITELS

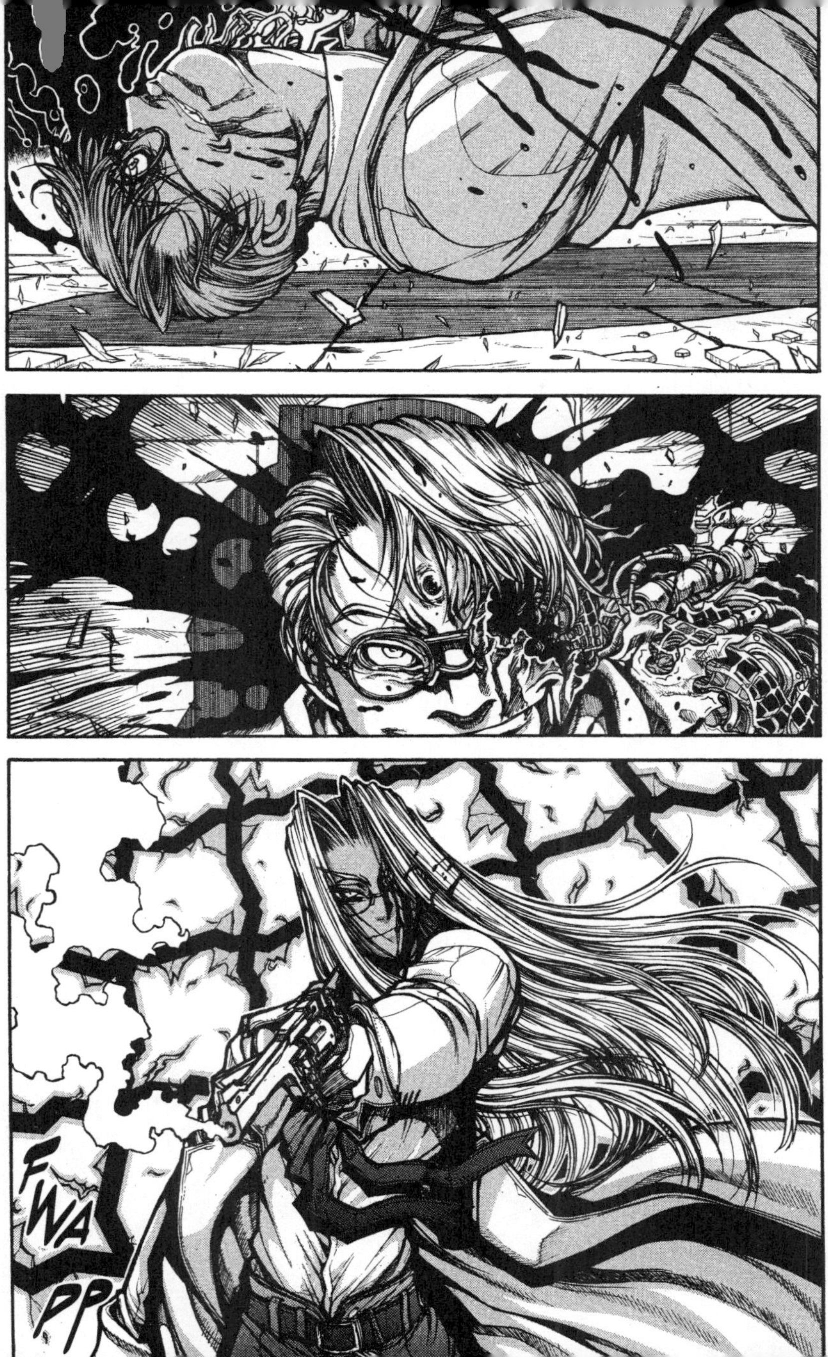
FWAPP

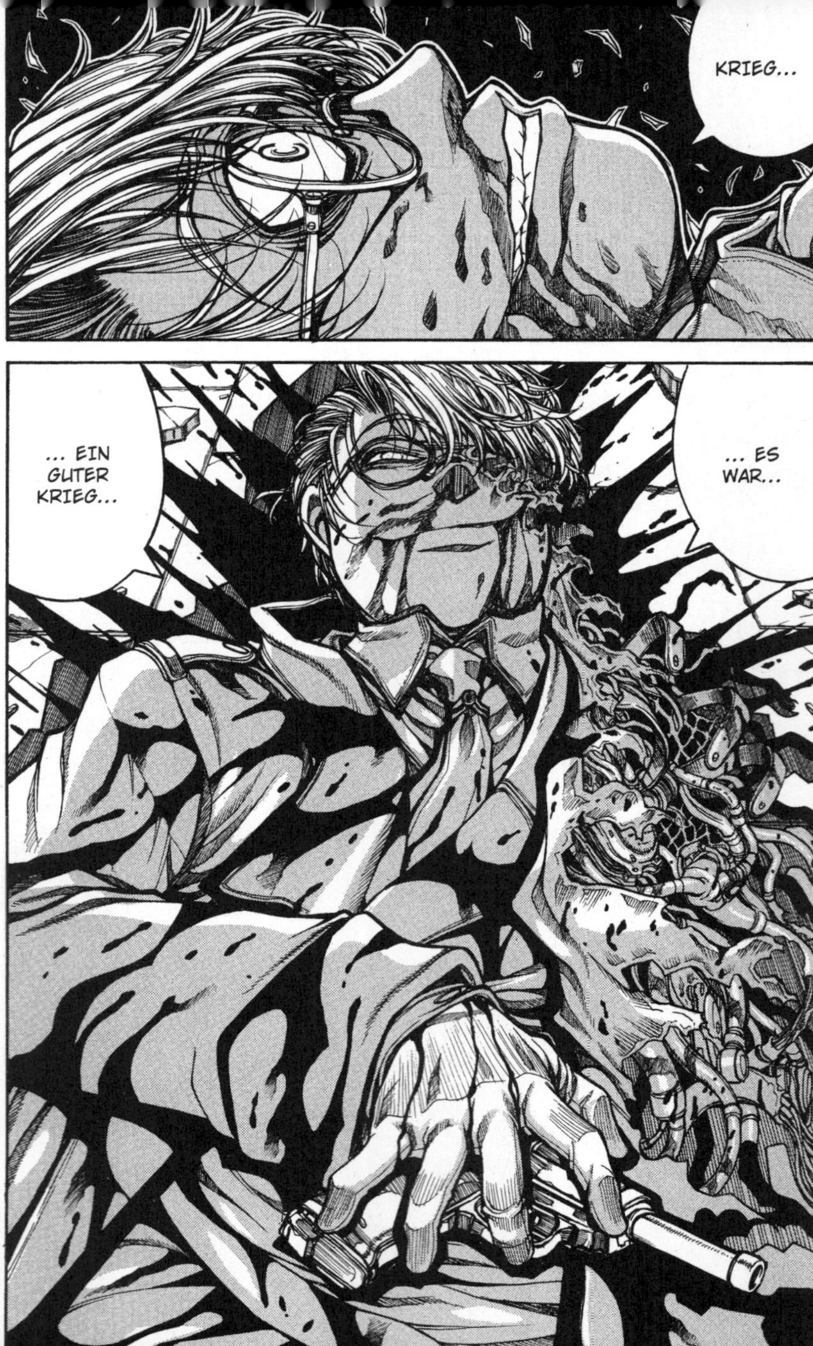
KRIEG...
... ES WAR...
... EIN GUTER KRIEG...

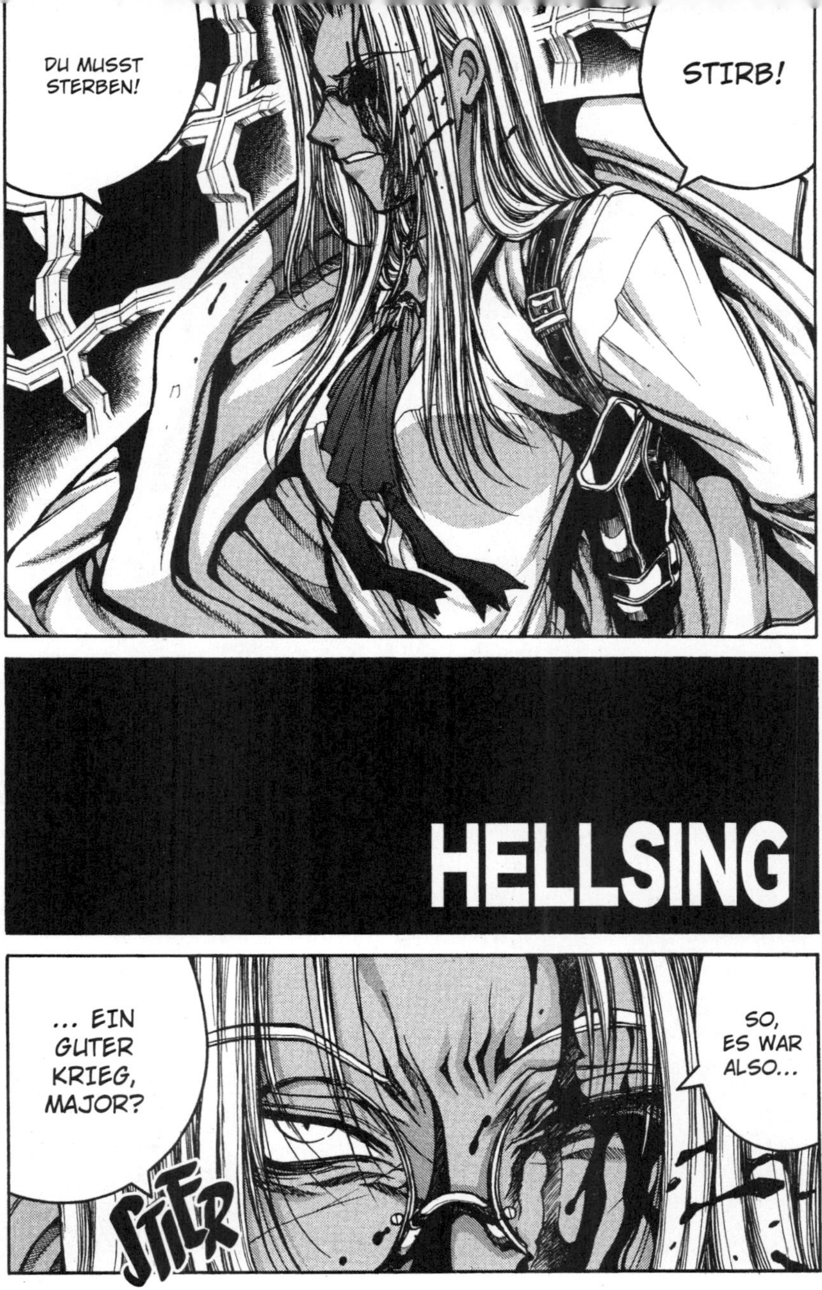
STIRB!
DU MUSST STERBEN!
HELLSING
SO, ES WAR ALSO...
... EIN GUTER KRIEG, MAJOR?
STIER

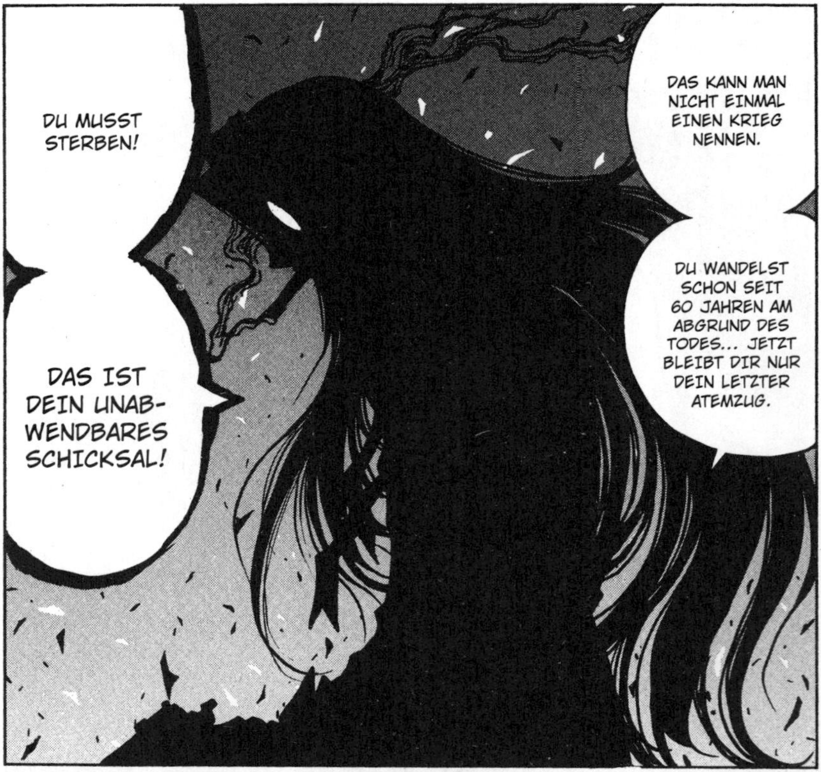

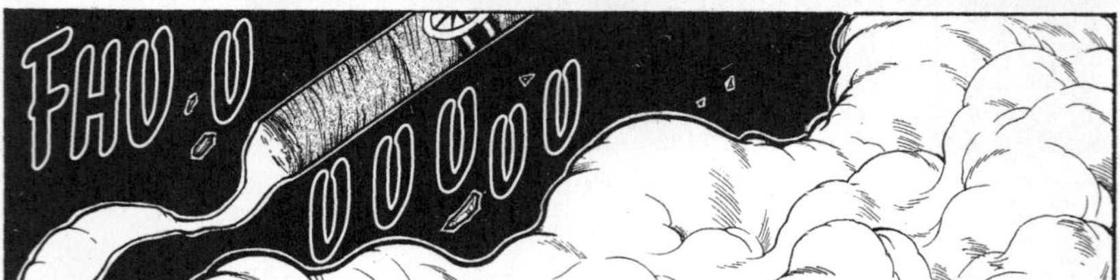

KAPITEL 8: SORCERIAN 2

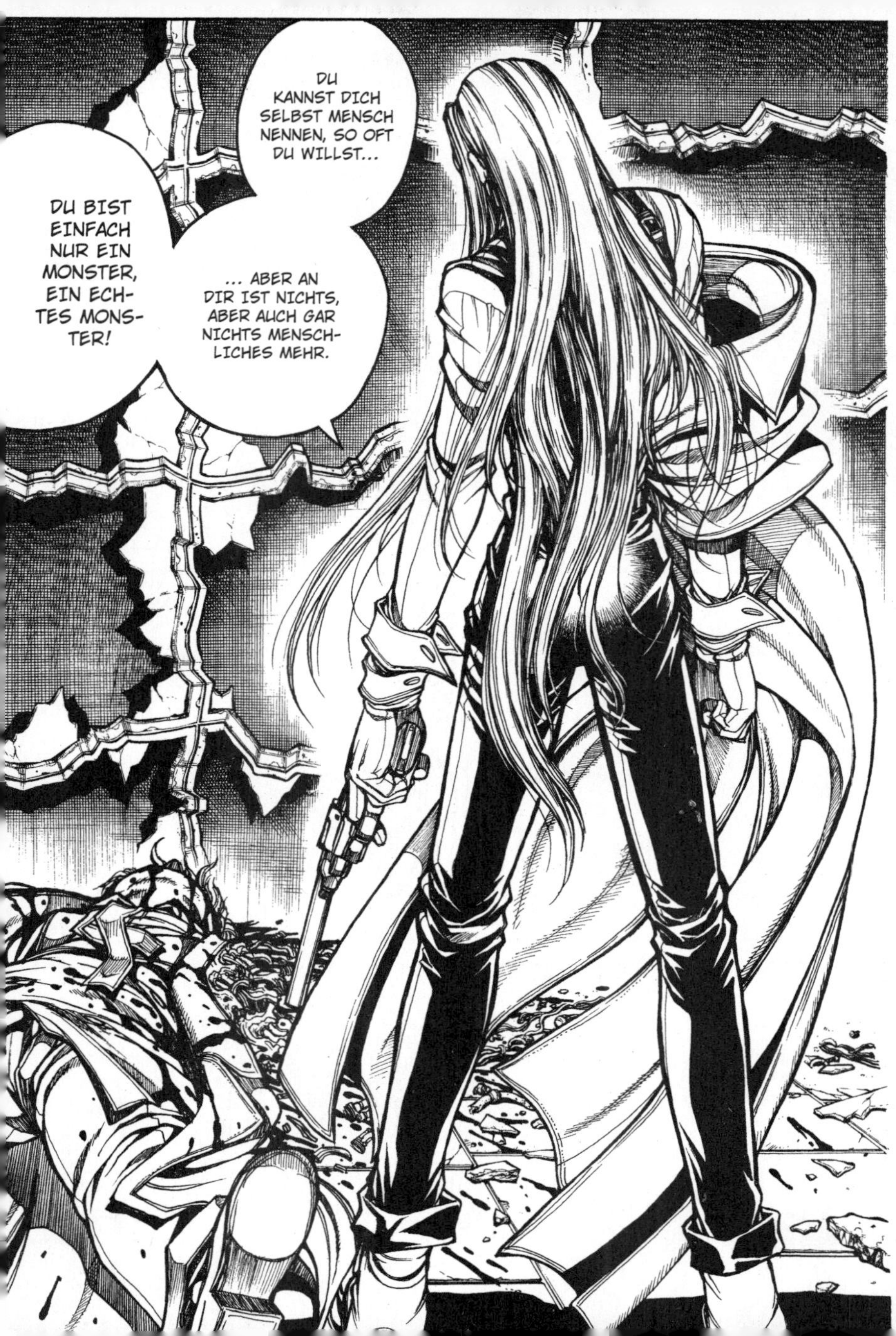
DU KANNST DICH SELBST MENSCH NENNEN, SO OFT DU WILLST...
... ABER AN DIR IST NICHTS, ABER AUCH GAR NICHTS MENSCHLICHES MEHR.
DU BIST EINFACH NUR EIN MONSTER, EIN ECHTES MONSTER!

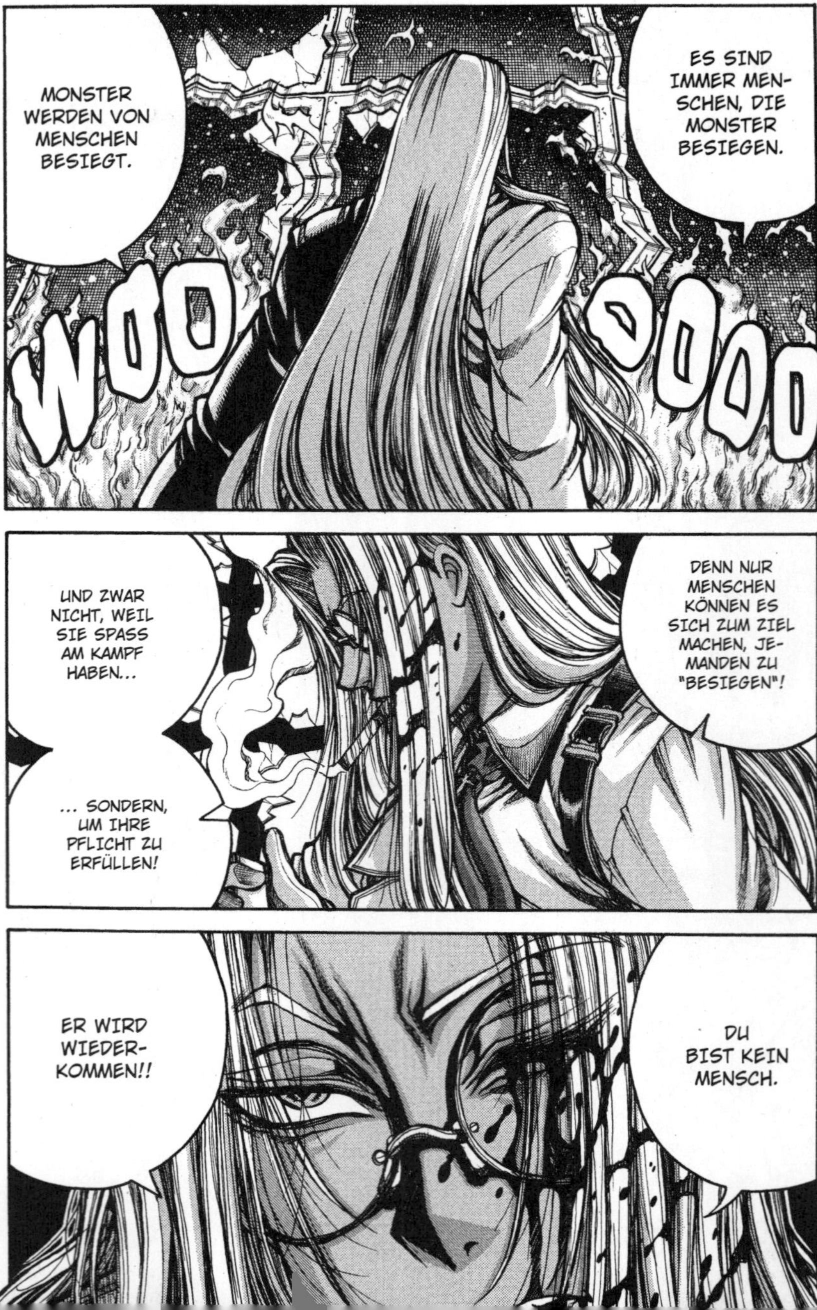

ES SIND IMMER MEN-SCHEN, DIE MONSTER BESIEGEN.
MONSTER WERDEN VON MENSCHEN BESIEGT.
WOOOOOOO
DENN NUR MENSCHEN KÖNNEN ES SICH ZUM ZIEL MACHEN, JE-MANDEN ZU "BESIEGEN"!
UND ZWAR NICHT, WEIL SIE SPASS AM KAMPF HABEN...
... SONDERN, UM IHRE PFLICHT ZU ERFÜLLEN!
DU BIST KEIN MENSCH.
ER WIRD WIEDER-KOMMEN!!

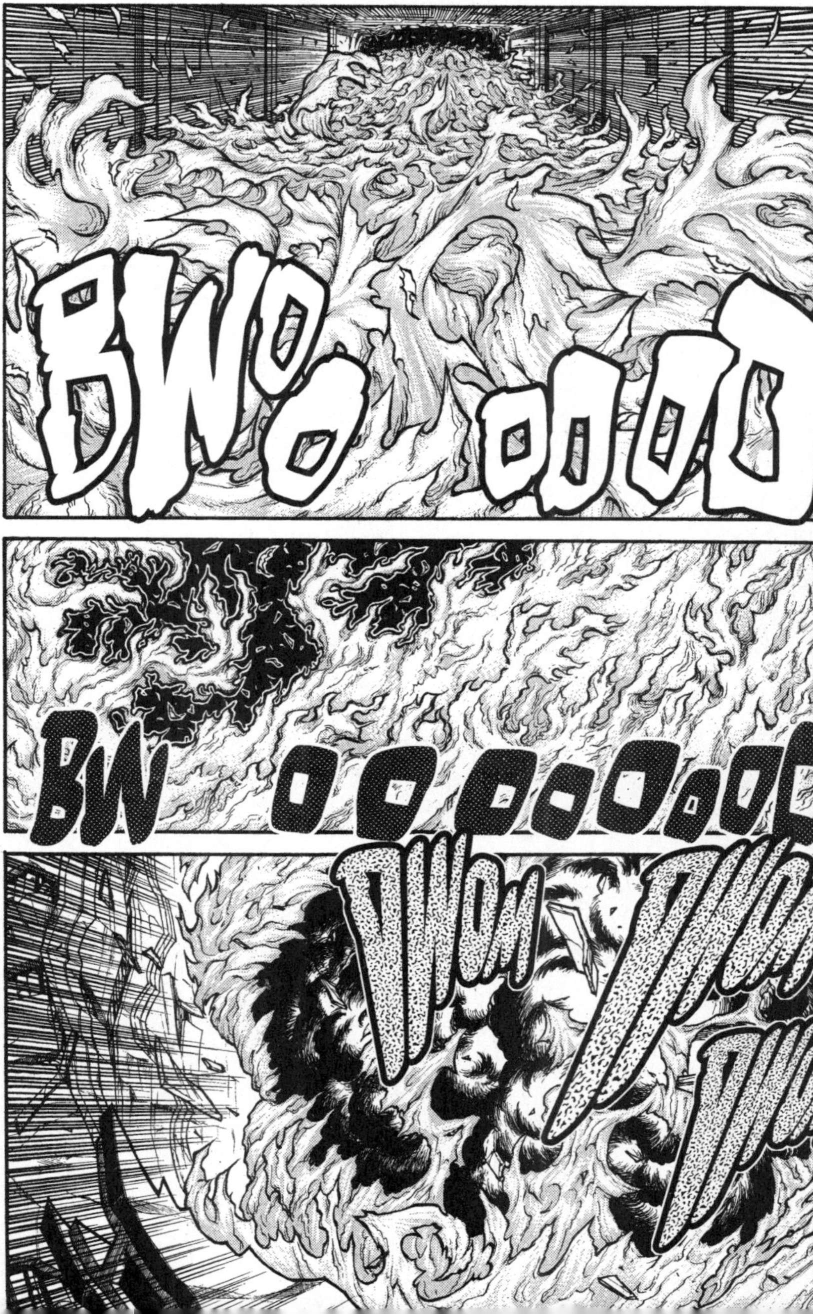
BWOOOOOD
BWOOOOOOOD
DWOM DWOM DWOM

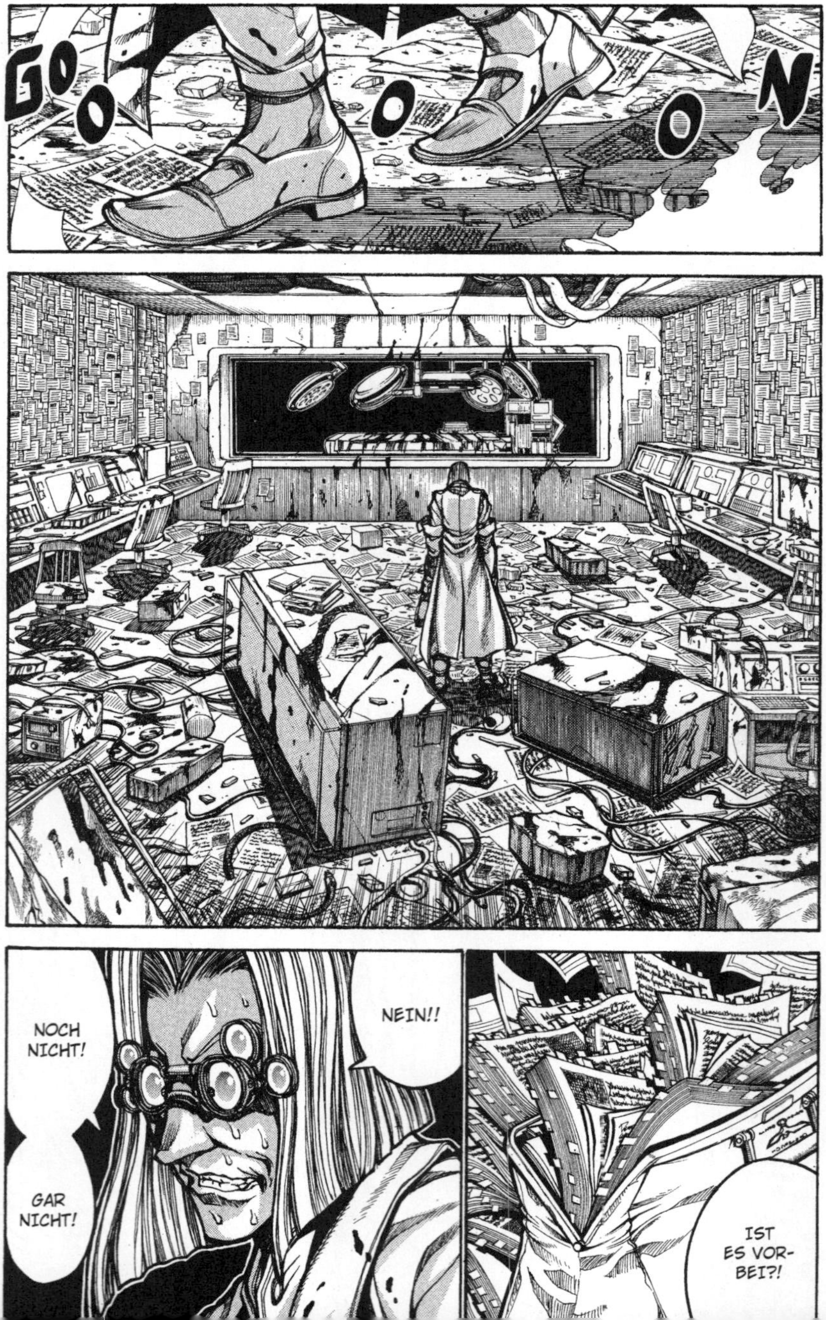
GOOOON
NOCH NICHT!
GAR NICHT!
NEIN!!
IST ES VORBEI?!

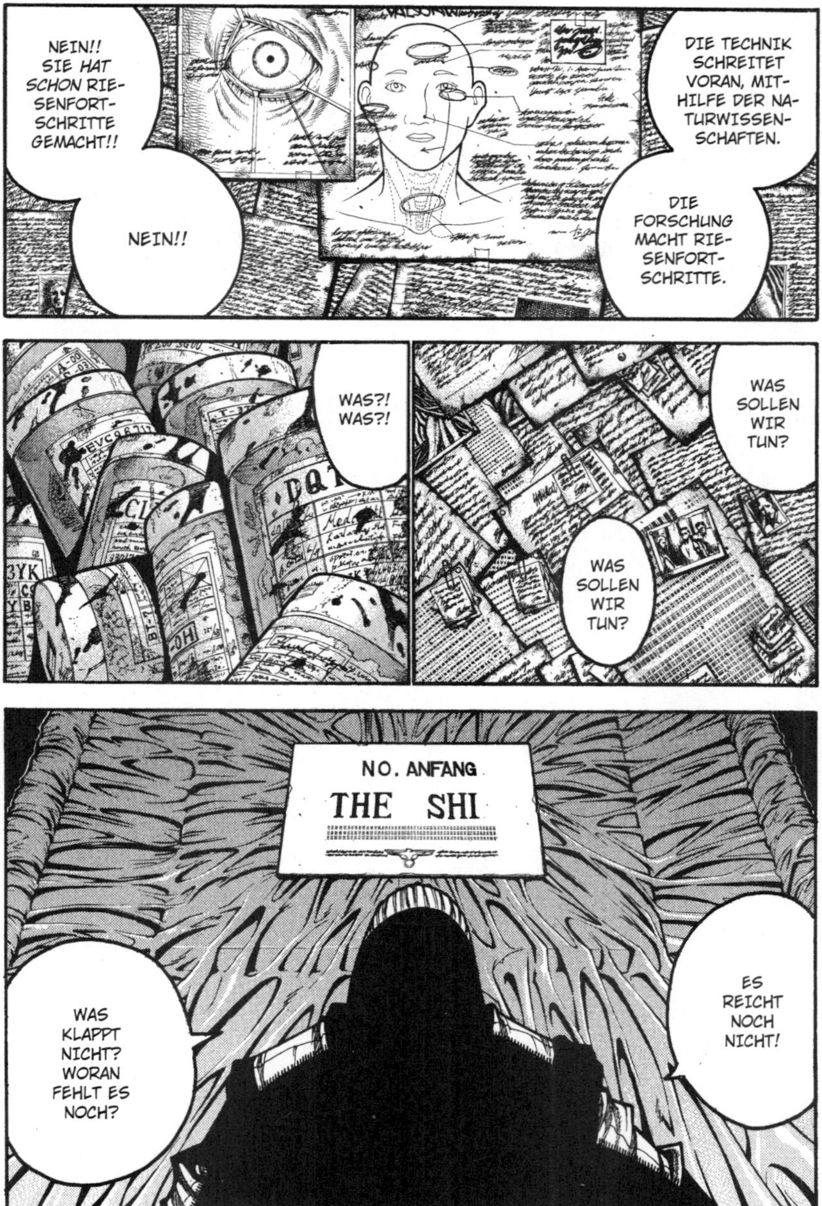

DIE TECHNIK SCHREITET VORAN, MIT-HILFE DER NA-TURWISSEN-SCHAFTEN.
NEIN!! SIE HAT SCHON RIE-SENFORT-SCHRITTE GEMACHT!!
DIE FORSCHUNG MACHT RIE-SENFORT-SCHRITTE.
NEIN!!
WAS SOLLEN WIR TUN?
WAS?! WAS?!
WAS SOLLEN WIR TUN?
NO. ANFANG
THE SHI
ES REICHT NOCH NICHT!
WAS KLAPPT NICHT? WORAN FEHLT ES NOCH?

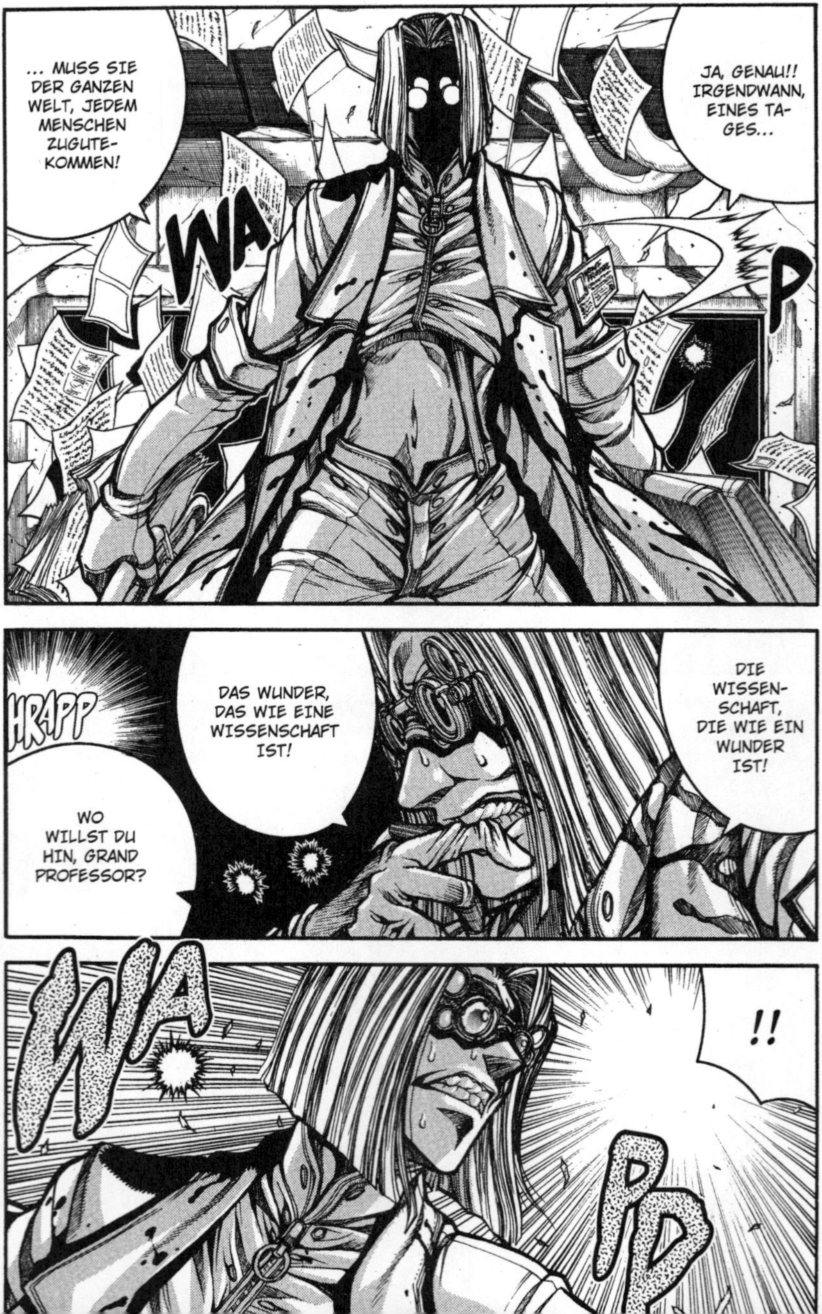
JA, GENAU!! IRGENDWANN, EINES TAGES...
... MUSS SIE DER GANZEN WELT, JEDEM MENSCHEN ZUGUTEKOMMEN!
WAP
DIE WISSENSCHAFT, DIE WIE EIN WUNDER IST!
DAS WUNDER, DAS WIE EINE WISSENSCHAFT IST!
WO WILLST DU HIN, GRAND PROFESSOR?
HRAPP
!!
WAPP

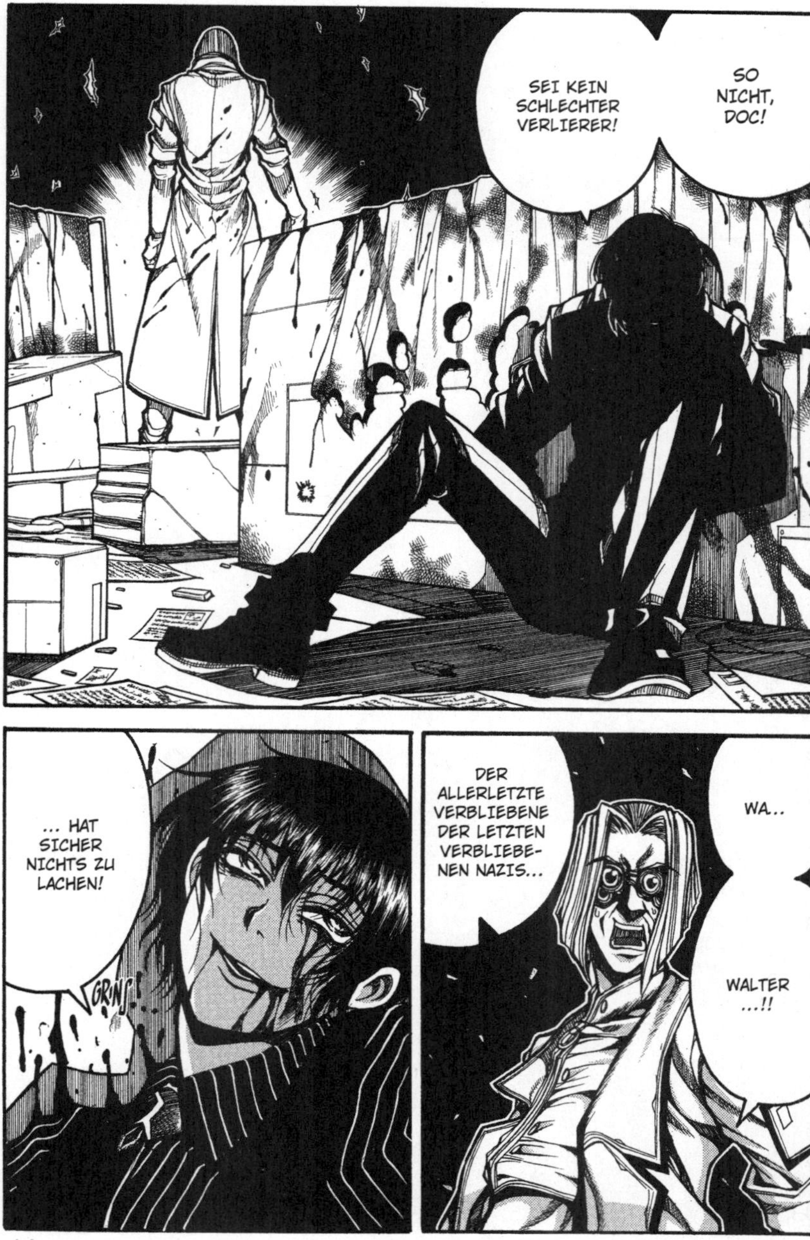
SO NICHT, DOC!
SEI KEIN SCHLECHTER VERLIERER!
WA...
WALTER ...!!
DER ALLERLETZTE VERBLIEBENE DER LETZTEN VERBLIEBE-NEN NAZIS...
... HAT SICHER NICHTS ZU LACHEN!
GRINS!

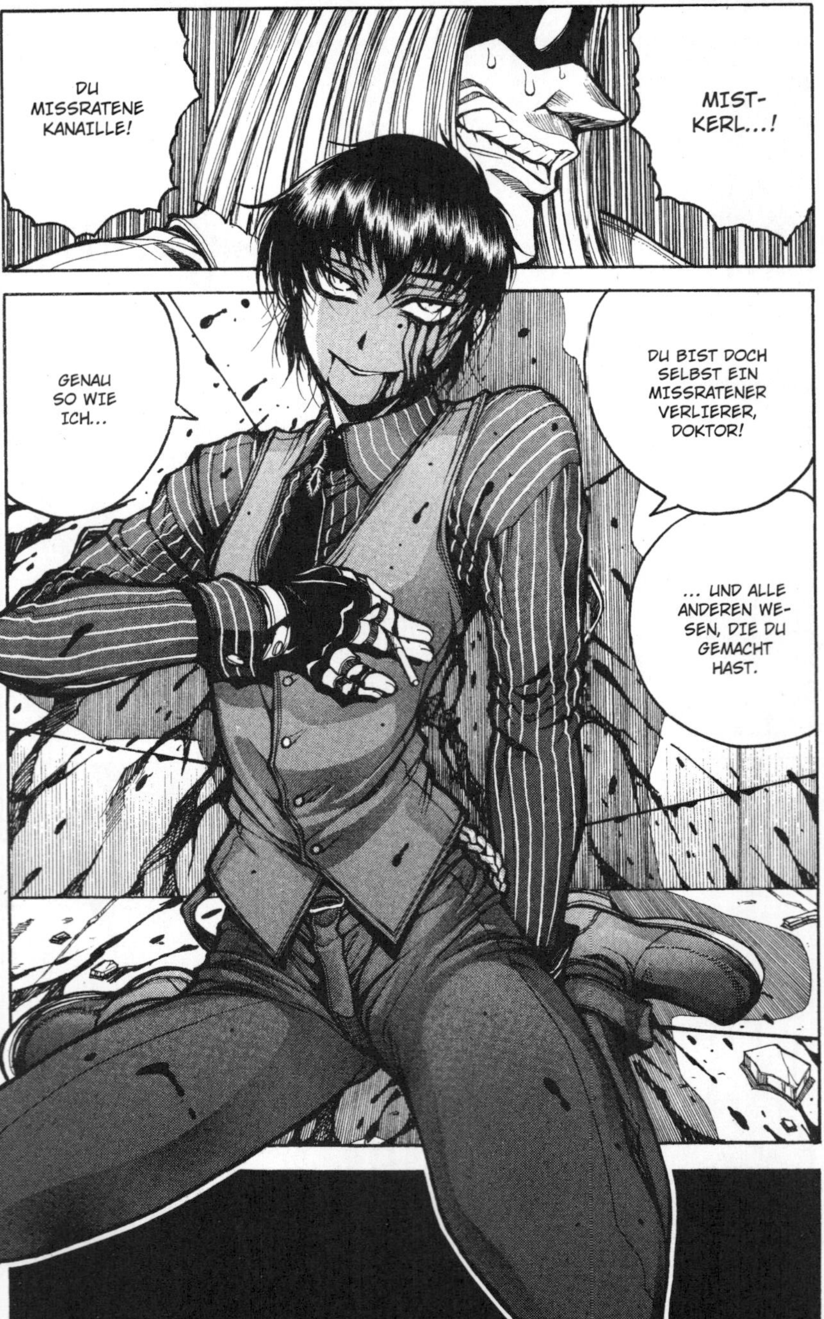
MIST-
KERL...!
DU
MISSRATENE
KANAILLE!
DU BIST DOCH
SELBST EIN
MISSRATENER
VERLIERER,
DOKTOR!
GENAU
SO WIE
ICH...
... UND ALLE
ANDEREN WE-
SEN, DIE DU
GEMACHT
HAST.

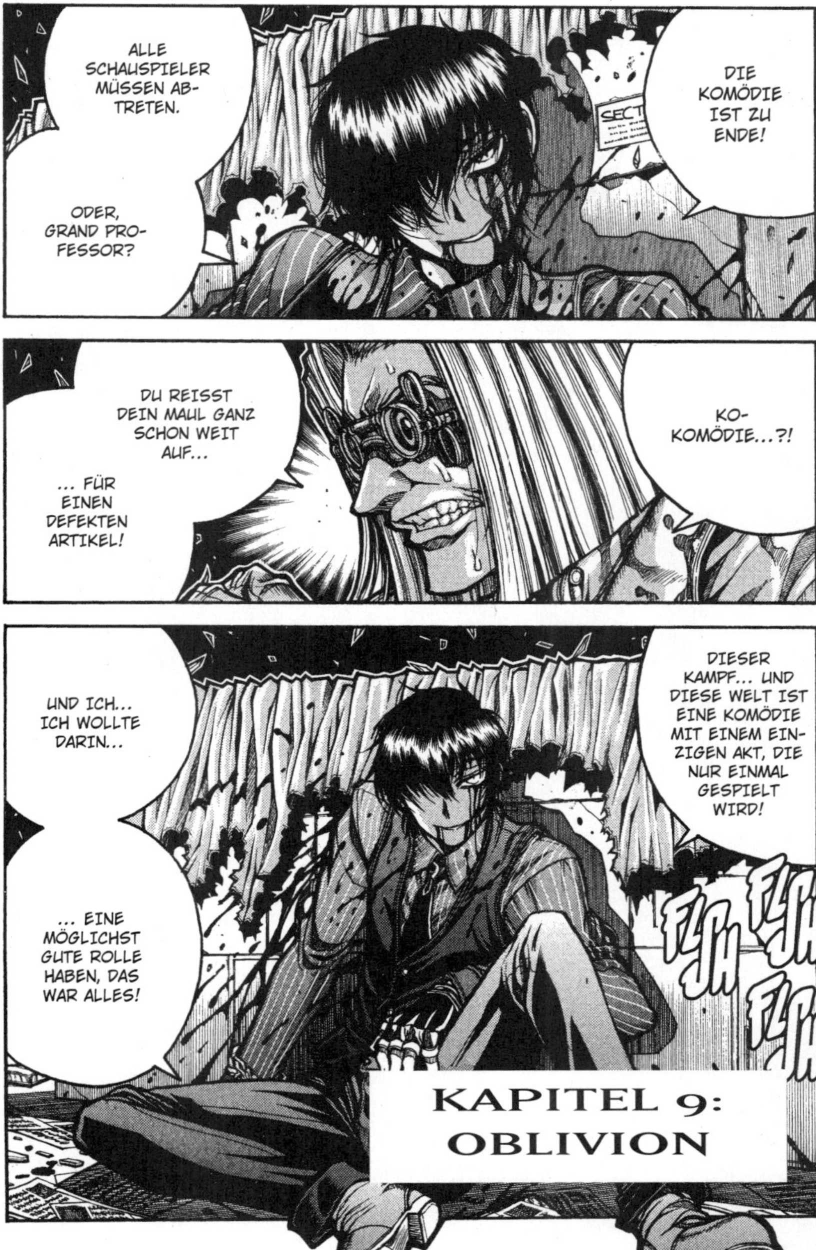
DIE KOMÖDIE IST ZU ENDE!
ALLE SCHAUSPIELER MÜSSEN ABTRETEN.
ODER, GRAND PROFESSOR?
KO-KOMÖDIE...?!
DU REISST DEIN MAUL GANZ SCHON WEIT AUF...
... FÜR EINEN DEFEKTEN ARTIKEL!
DIESER KAMPF... UND DIESE WELT IST EINE KOMÖDIE MIT EINEM EINZIGEN AKT, DIE NUR EINMAL GESPIELT WIRD!
UND ICH... ICH WOLLTE DARIN...
... EINE MÖGLICHST GUTE ROLLE HABEN, DAS WAR ALLES!
FLSH FLSH FLSH
KAPITEL 9: OBLIVION

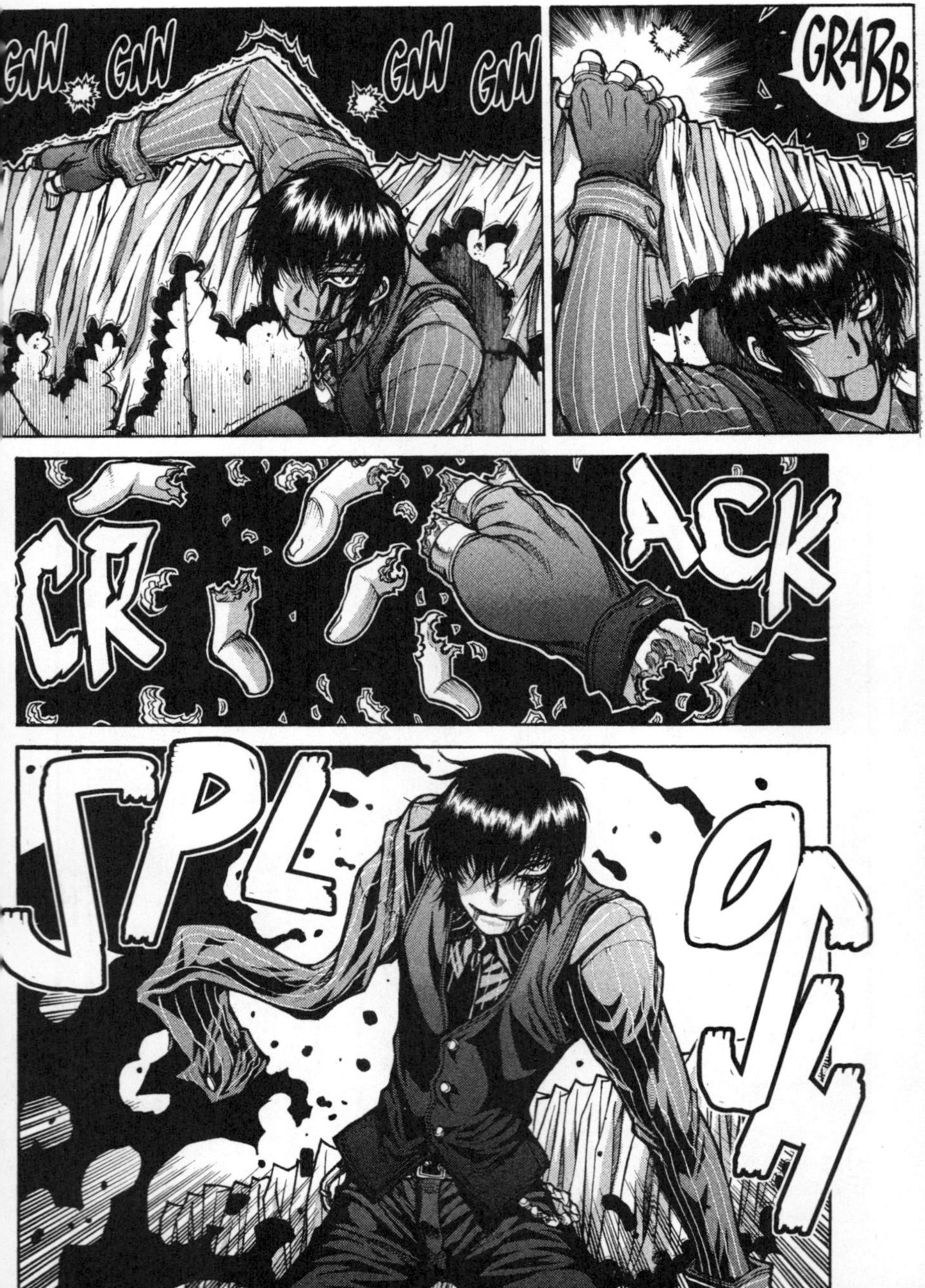
GNN GNN
GNN GNN
GRABB
CR
ACK
SPLOSH

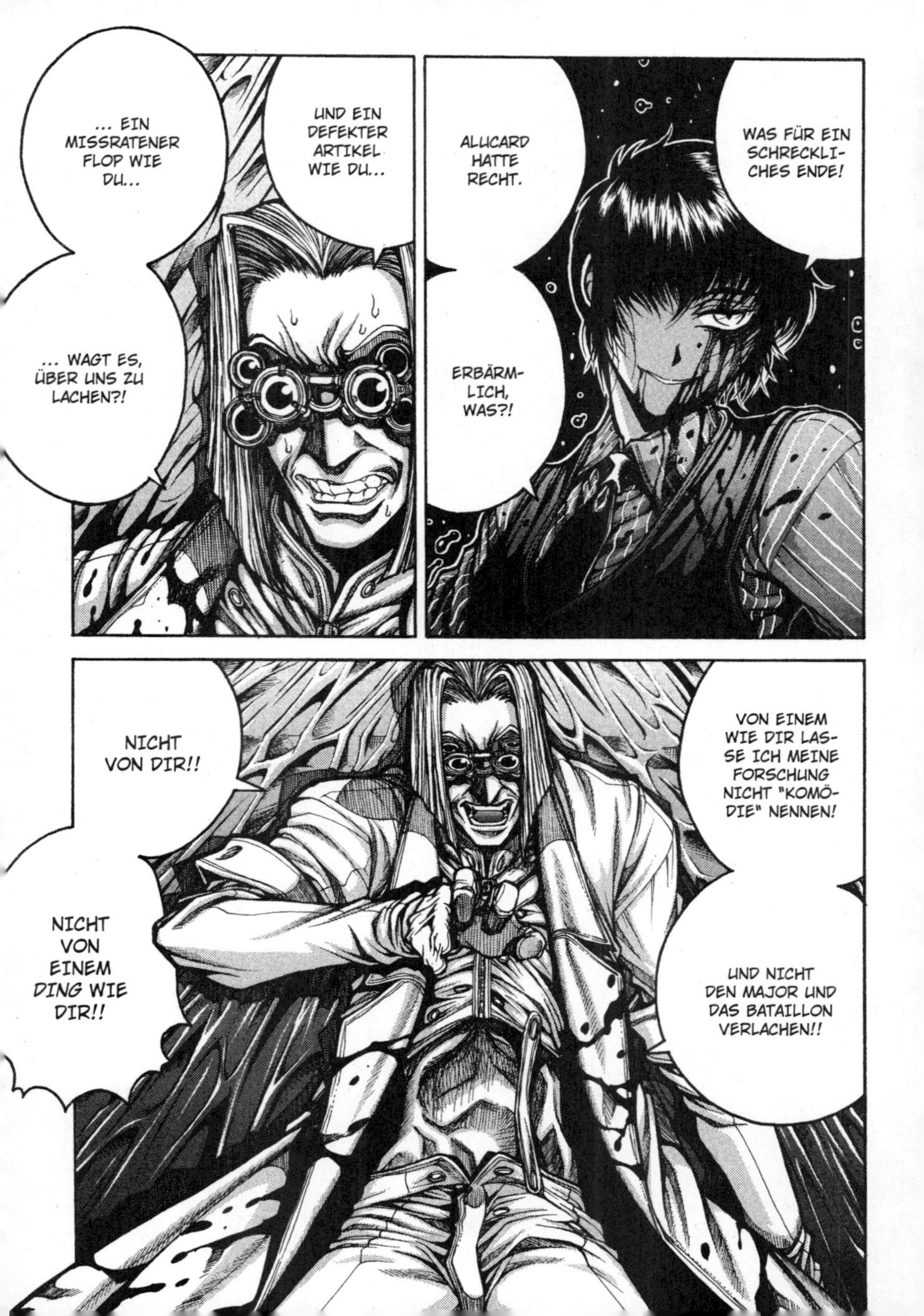
WAS FÜR EIN SCHRECKLICHES ENDE!
ALUCARD HATTE RECHT.
ERBÄRMLICH, WAS?!
UND EIN DEFEKTER ARTIKEL WIE DU…
… EIN MISSRATENER FLOP WIE DU…
… WAGT ES, ÜBER UNS ZU LACHEN?!
VON EINEM WIE DIR LASSE ICH MEINE FORSCHUNG NICHT "KOMÖDIE" NENNEN!
UND NICHT DEN MAJOR UND DAS BATAILLON VERLACHEN!!
NICHT VON DIR!!
NICHT VON EINEM DING WIE DIR!!

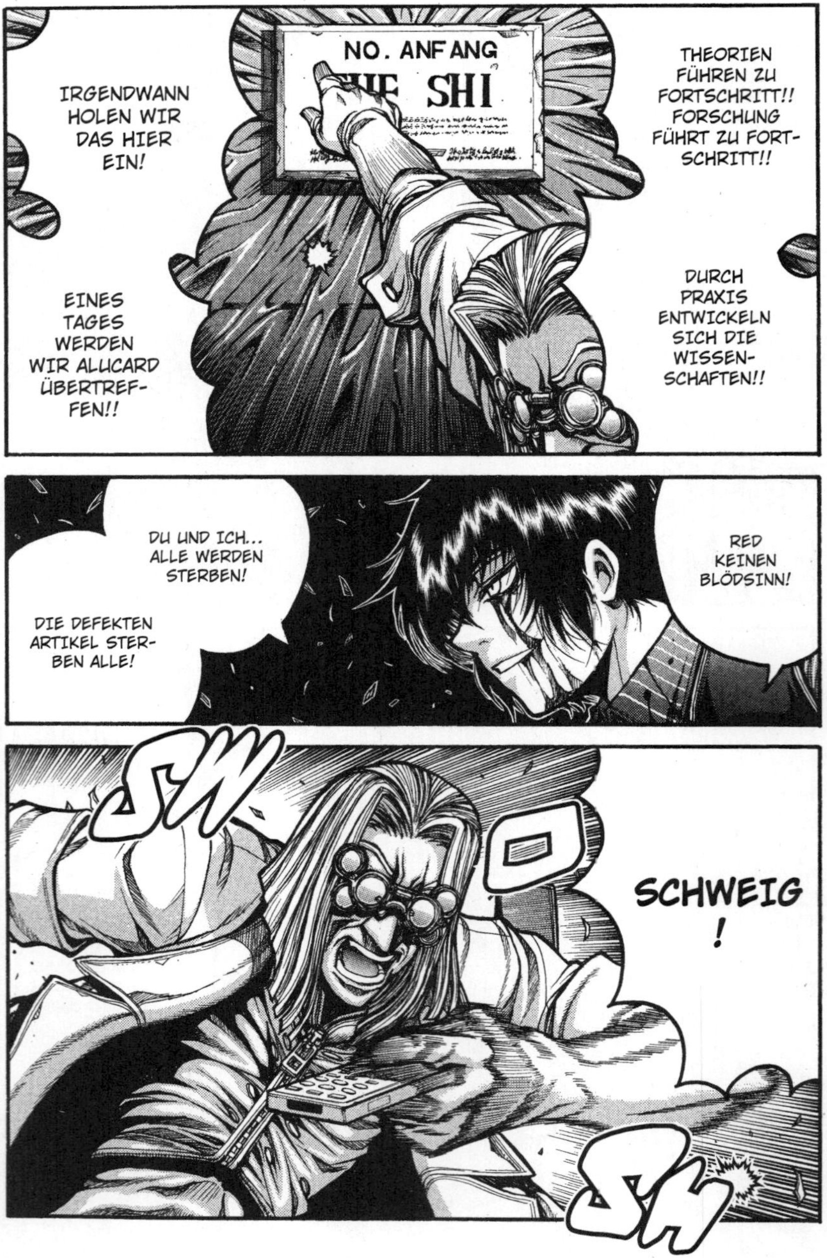
NO. ANFANG
THEORIEN FÜHREN ZU FORTSCHRITT!! FORSCHUNG FÜHRT ZU FORT-SCHRITT!!
IRGENDWANN HOLEN WIR DAS HIER EIN!
DURCH PRAXIS ENTWICKELN SICH DIE WISSEN-SCHAFTEN!!
EINES TAGES WERDEN WIR ALUCARD ÜBERTREF-FEN!!
RED KEINEN BLÖDSINN!
DU UND ICH... ALLE WERDEN STERBEN!
DIE DEFEKTEN ARTIKEL STER-BEN ALLE!
SCHWEIG!
SW
D
SH

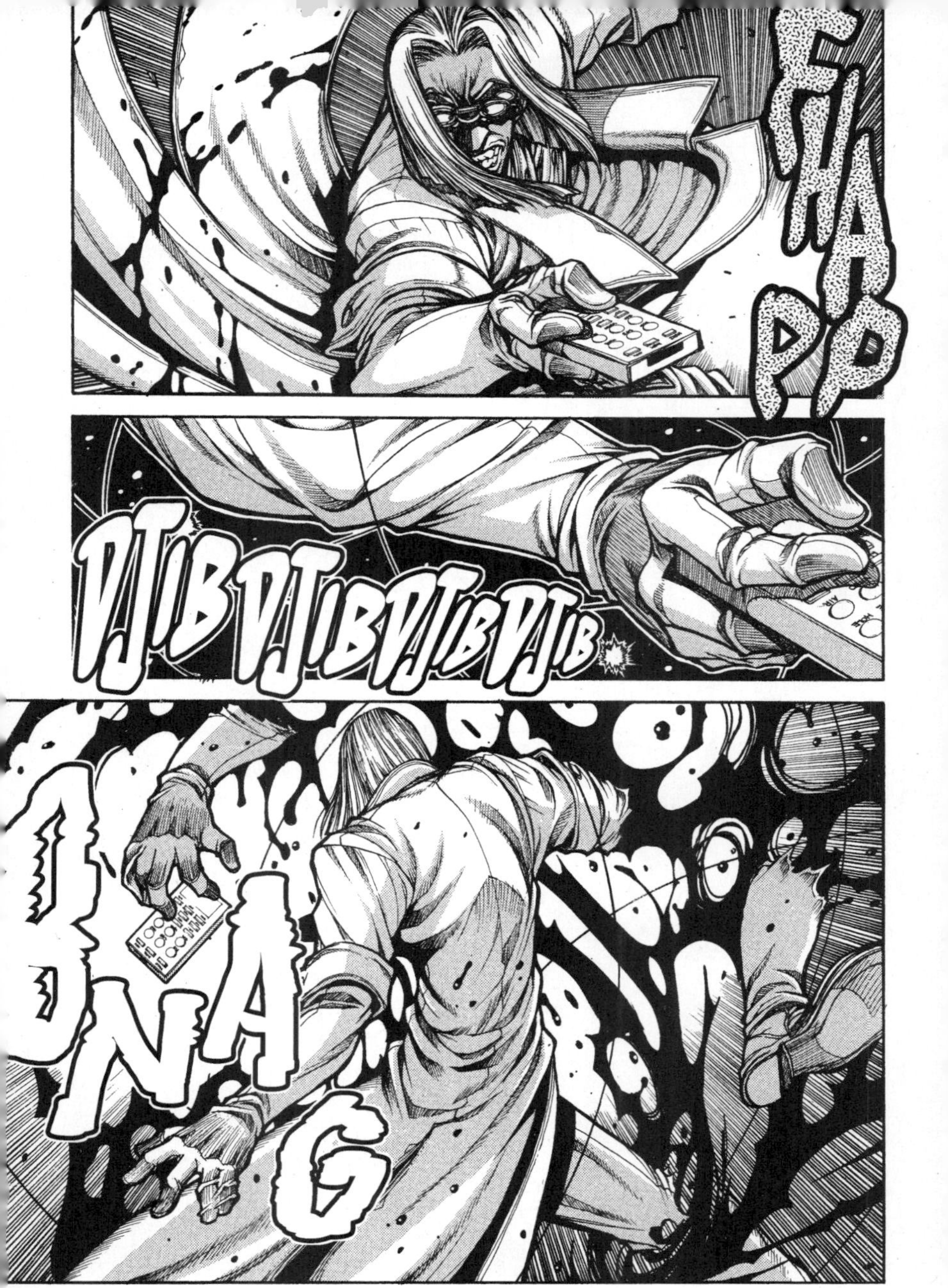
FHAPP
DJIB DJIB DJIB DJIB

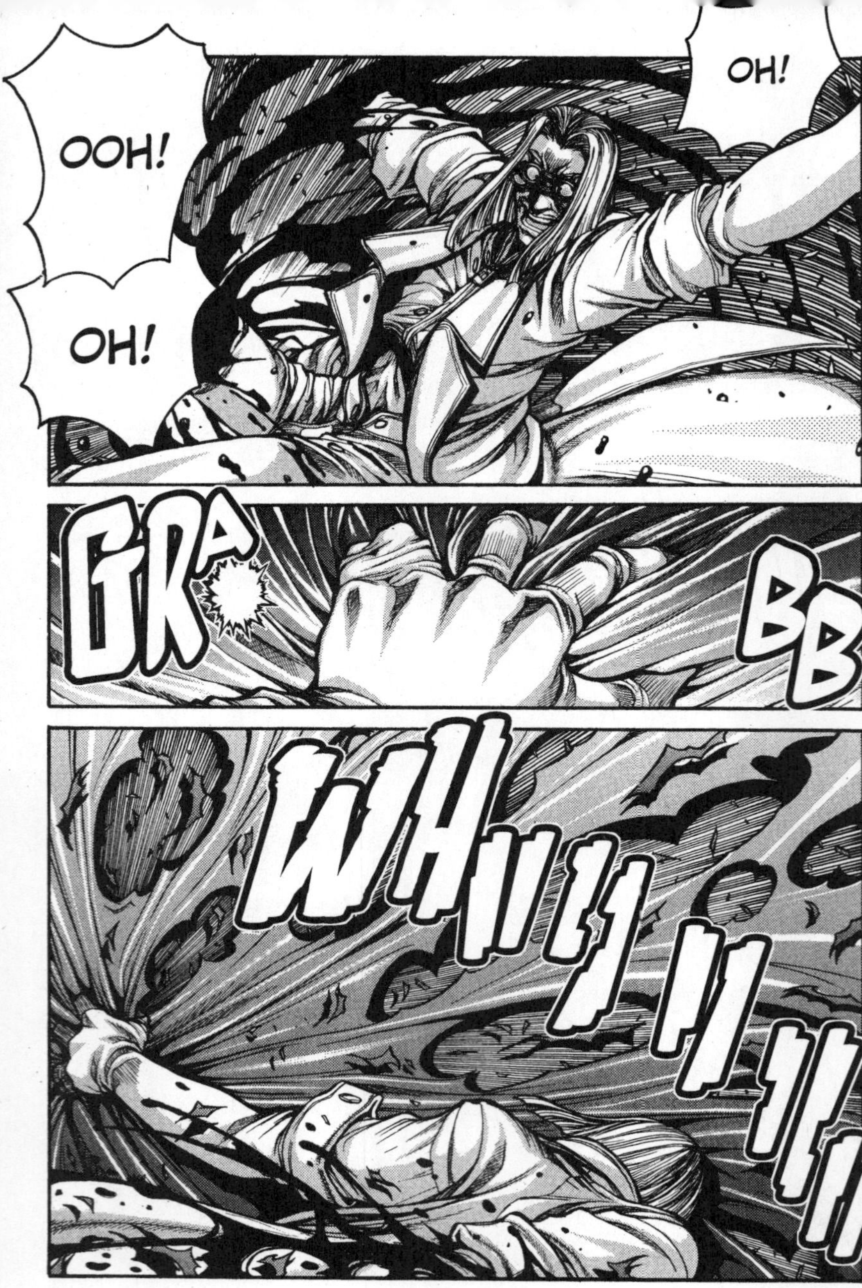
OH!
OOH!
OH!
GRA
BB
WHIIIIIIIII

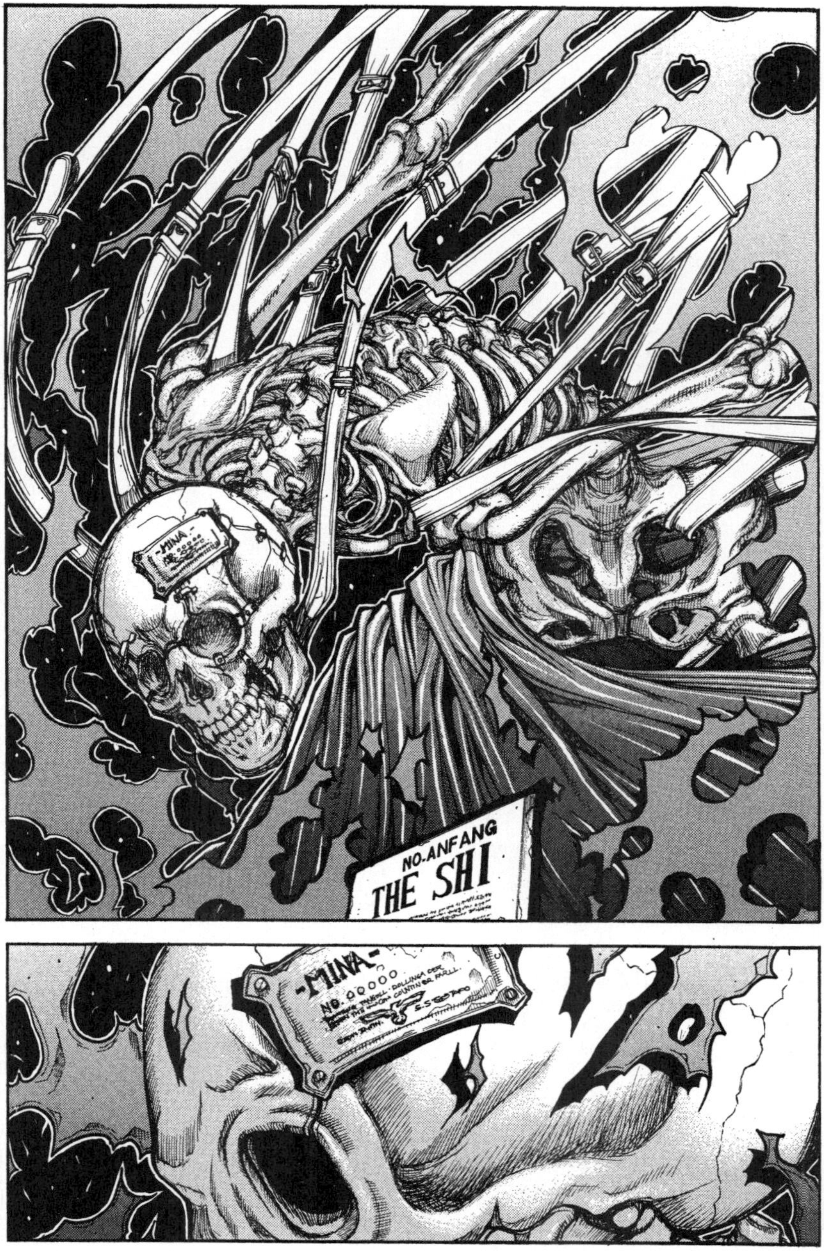
NO.ANFANG
THE SHI
-MINA-
-MINA-
NO. 00000

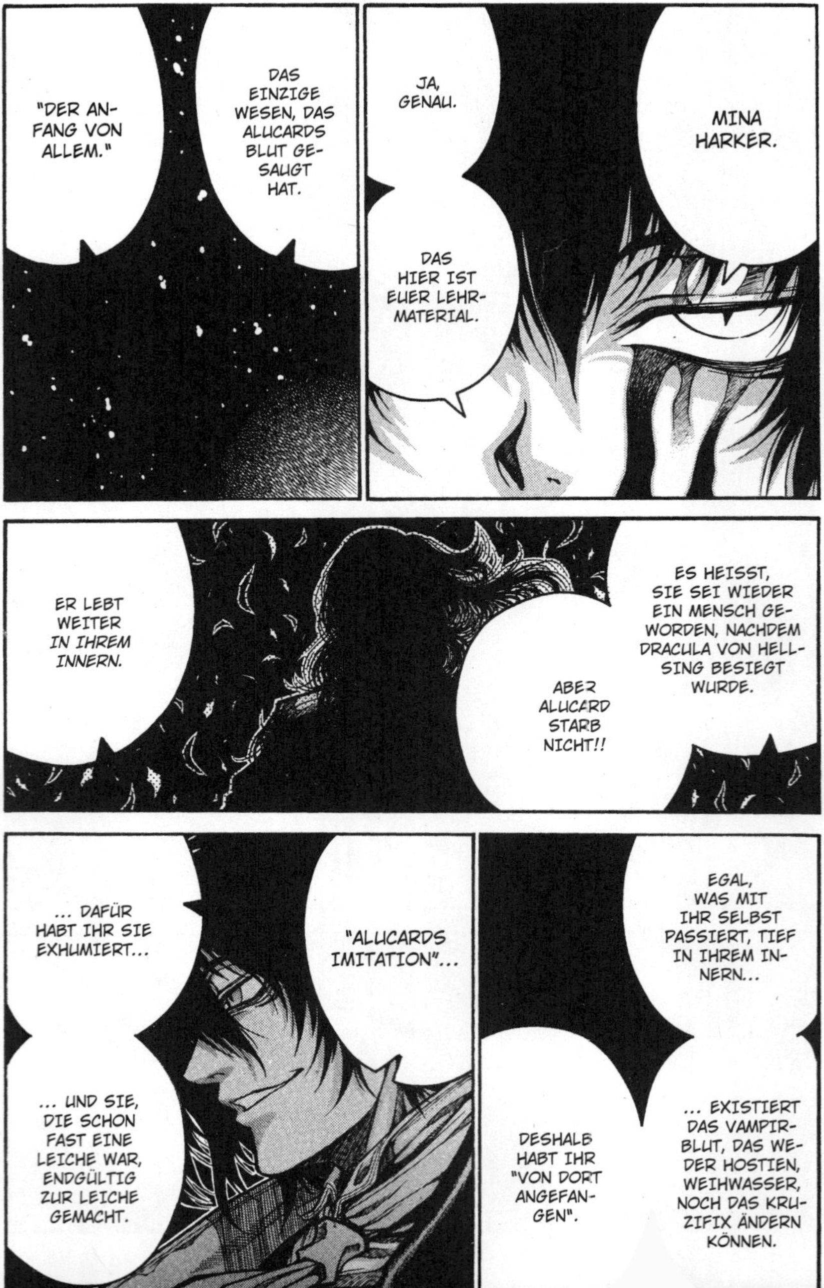
MINA HARKER.
JA, GENAU.
DAS HIER IST EUER LEHR-MATERIAL.
DAS EINZIGE WESEN, DAS ALUCARDS BLUT GE-SAUGT HAT.
"DER AN-FANG VON ALLEM."
ES HEISST, SIE SEI WIEDER EIN MENSCH GE-WORDEN, NACHDEM DRACULA VON HELL-SING BESIEGT WURDE.
ABER ALUCARD STARB NICHT!!
ER LEBT WEITER IN IHREM INNERN.
EGAL, WAS MIT IHR SELBST PASSIERT, TIEF IN IHREM IN-NERN...
... EXISTIERT DAS VAMPIR-BLUT, DAS WE-DER HOSTIEN, WEIHWASSER, NOCH DAS KRU-ZIFIX ÄNDERN KÖNNEN.
DESHALB HABT IHR "VON DORT ANGEFAN-GEN".
"ALUCARDS IMITATION"...
... DAFÜR HABT IHR SIE EXHUMIERT...
... UND SIE, DIE SCHON FAST EINE LEICHE WAR, ENDGÜLTIG ZUR LEICHE GEMACHT.

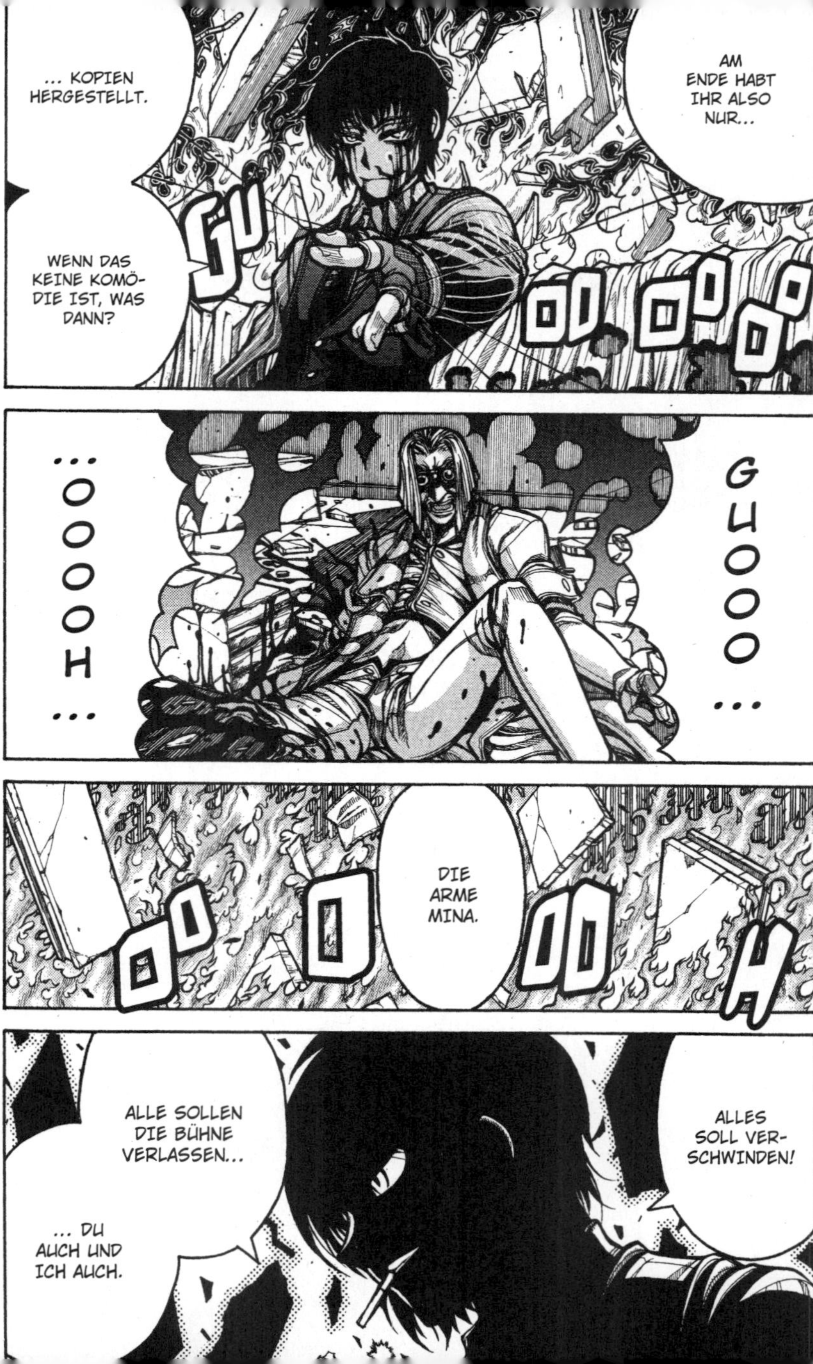

AM ENDE HABT IHR ALSO NUR...
... KOPIEN HERGESTELLT.
WENN DAS KEINE KOMÖDIE IST, WAS DANN?
GUOOOO...
...OOOOOH...
DIE ARME MINA.
ALLES SOLL VERSCHWINDEN!
ALLE SOLLEN DIE BÜHNE VERLASSEN...
... DU AUCH UND ICH AUCH.

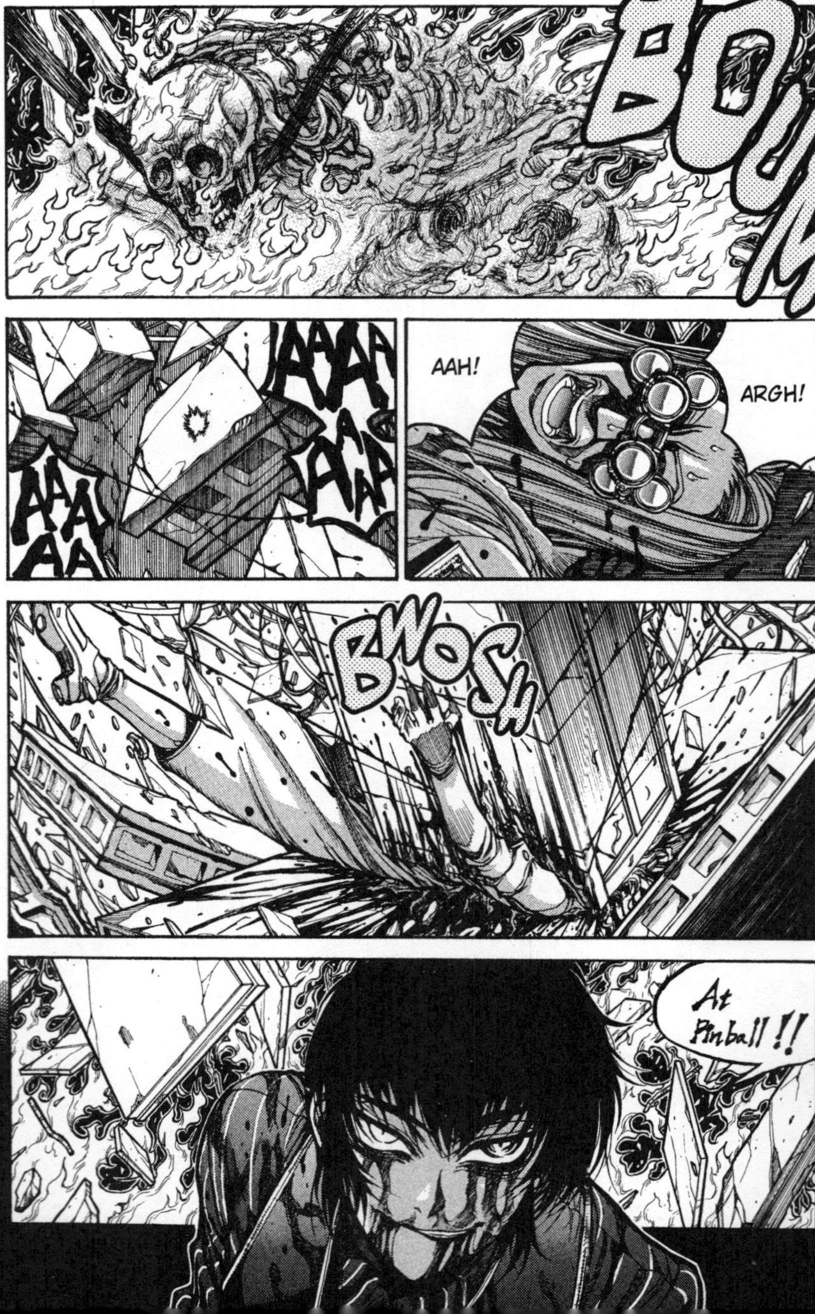

BOUM
AAH!
ARGH!
AAAAAAA
AAAAA
BWOSH
At Pinball!!

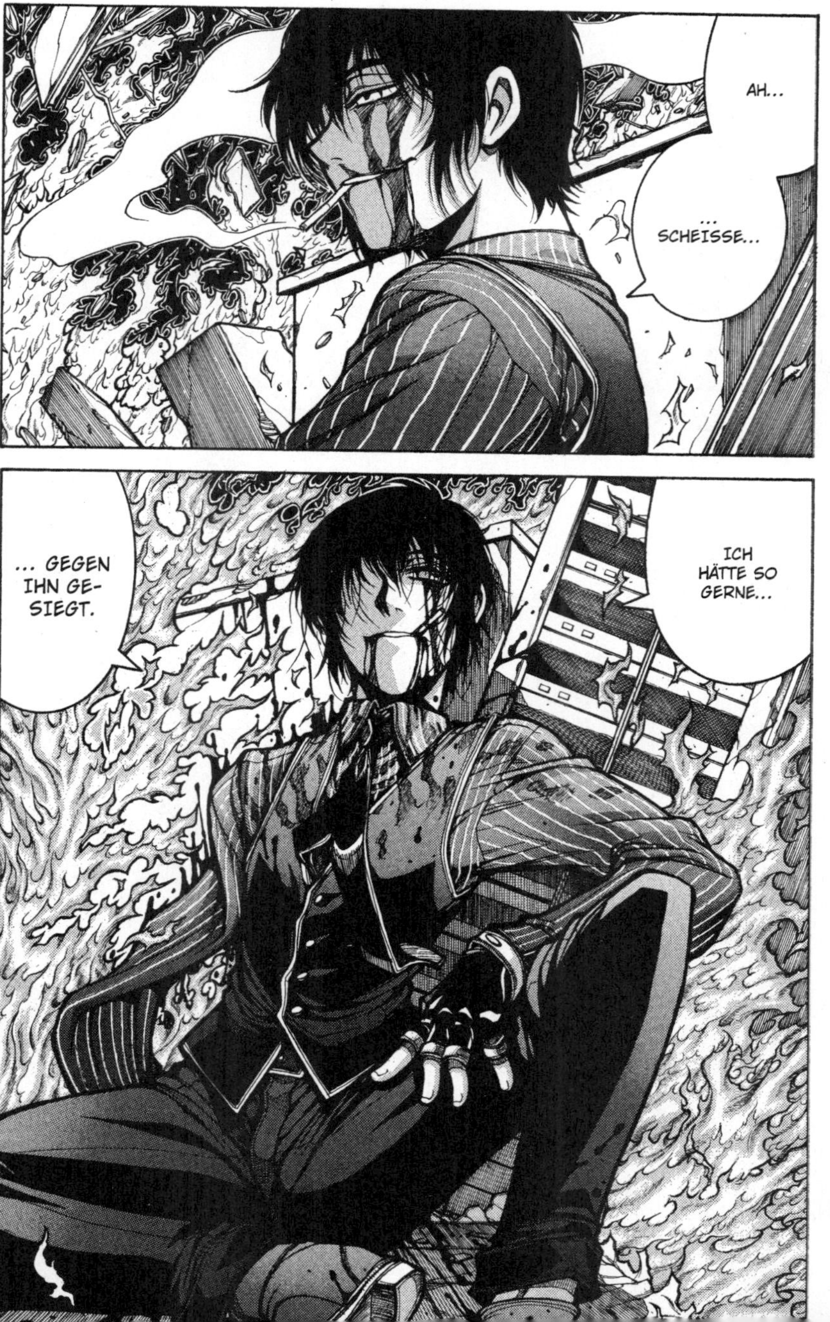
AH…
… SCHEISSE…
ICH HÄTTE SO GERNE…
… GEGEN IHN GE-SIEGT.

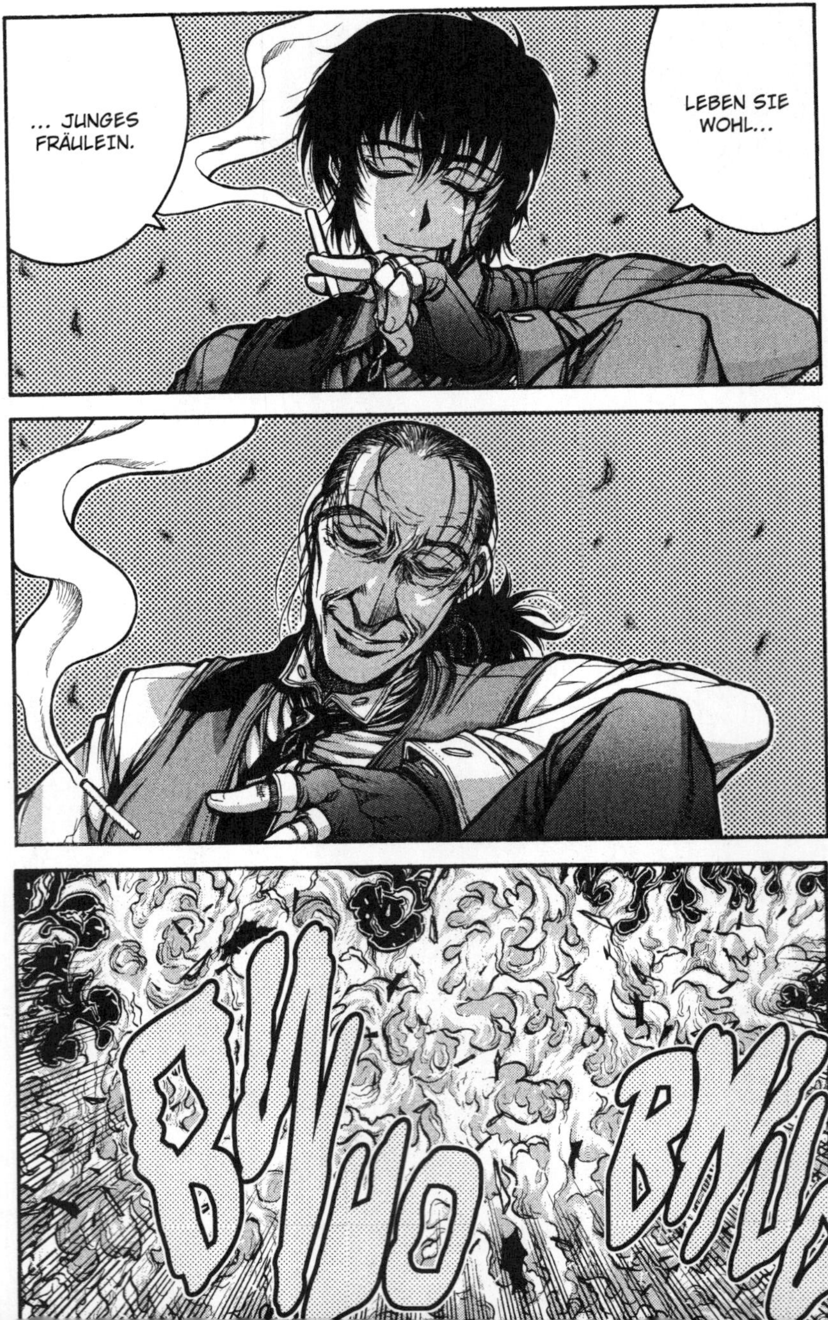
LEBEN SIE WOHL…
… JUNGES FRÄULEIN.

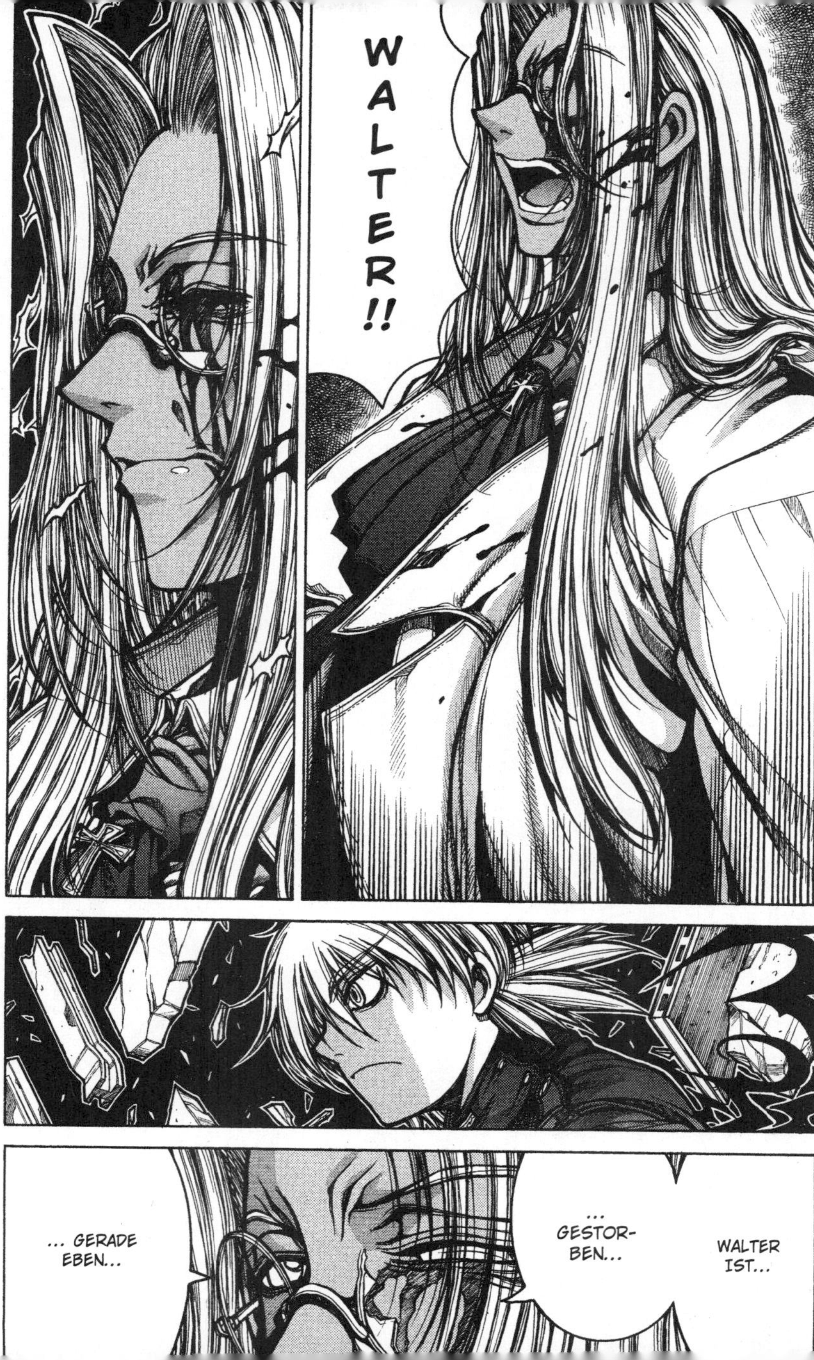
WALTER!!
WALTER IST...
... GESTOR-BEN...
... GERADE EBEN...

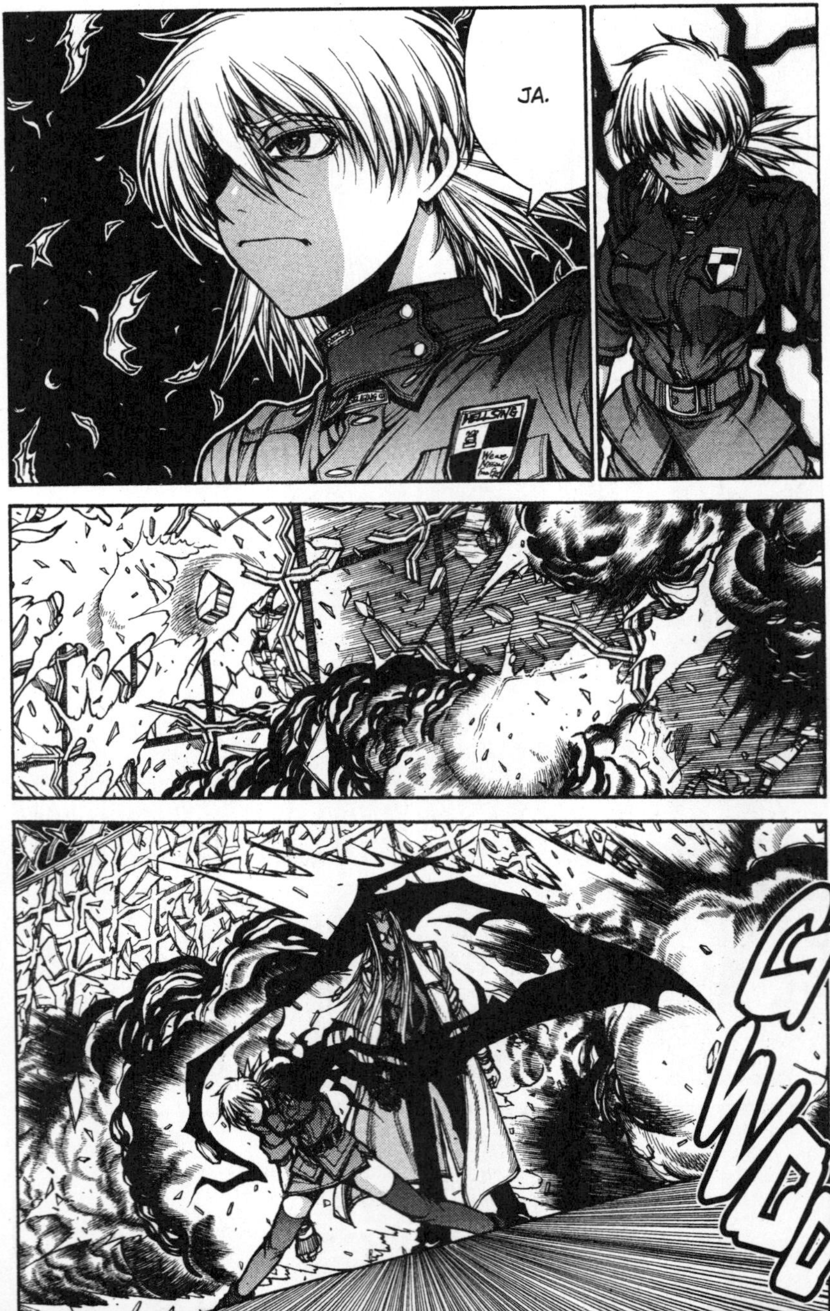
JA.
GWOO

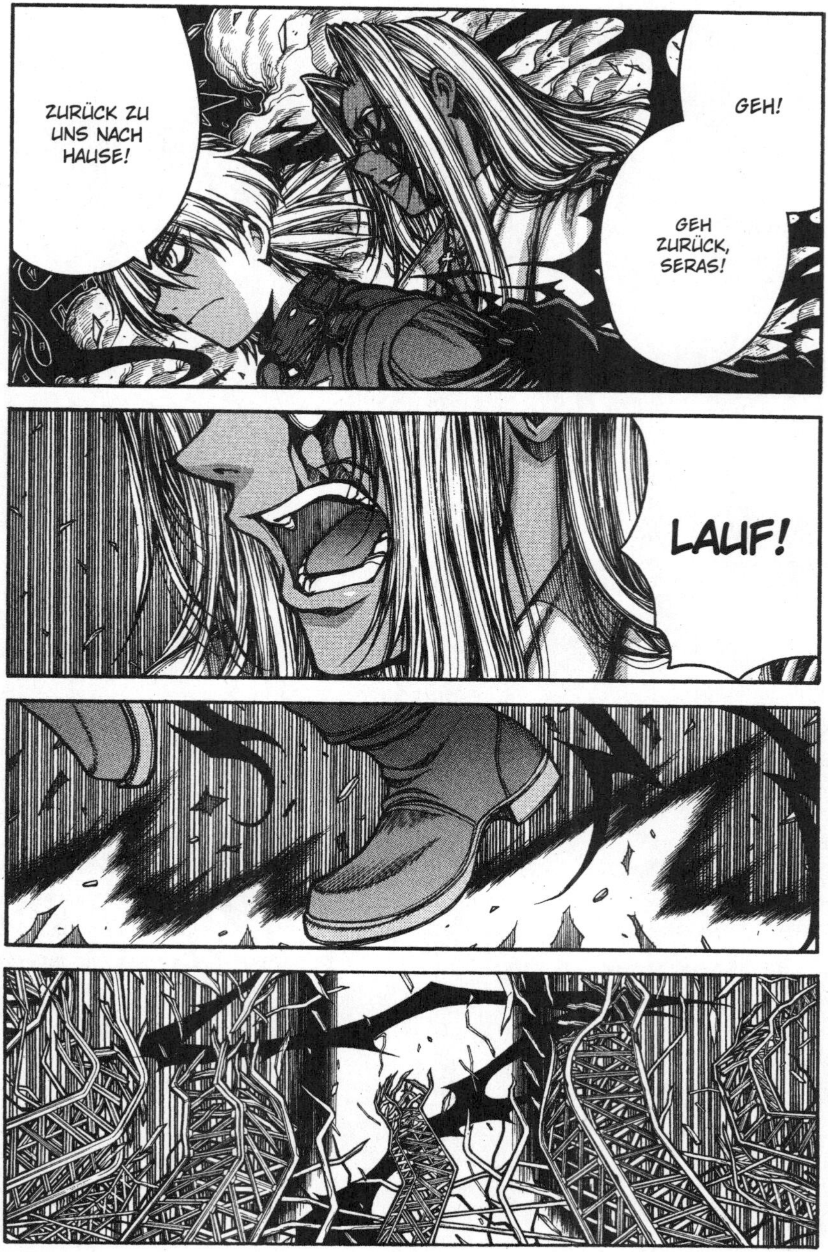
GEH!
GEH ZURÜCK, SERAS!
ZURÜCK ZU UNS NACH HAUSE!
LAUF!

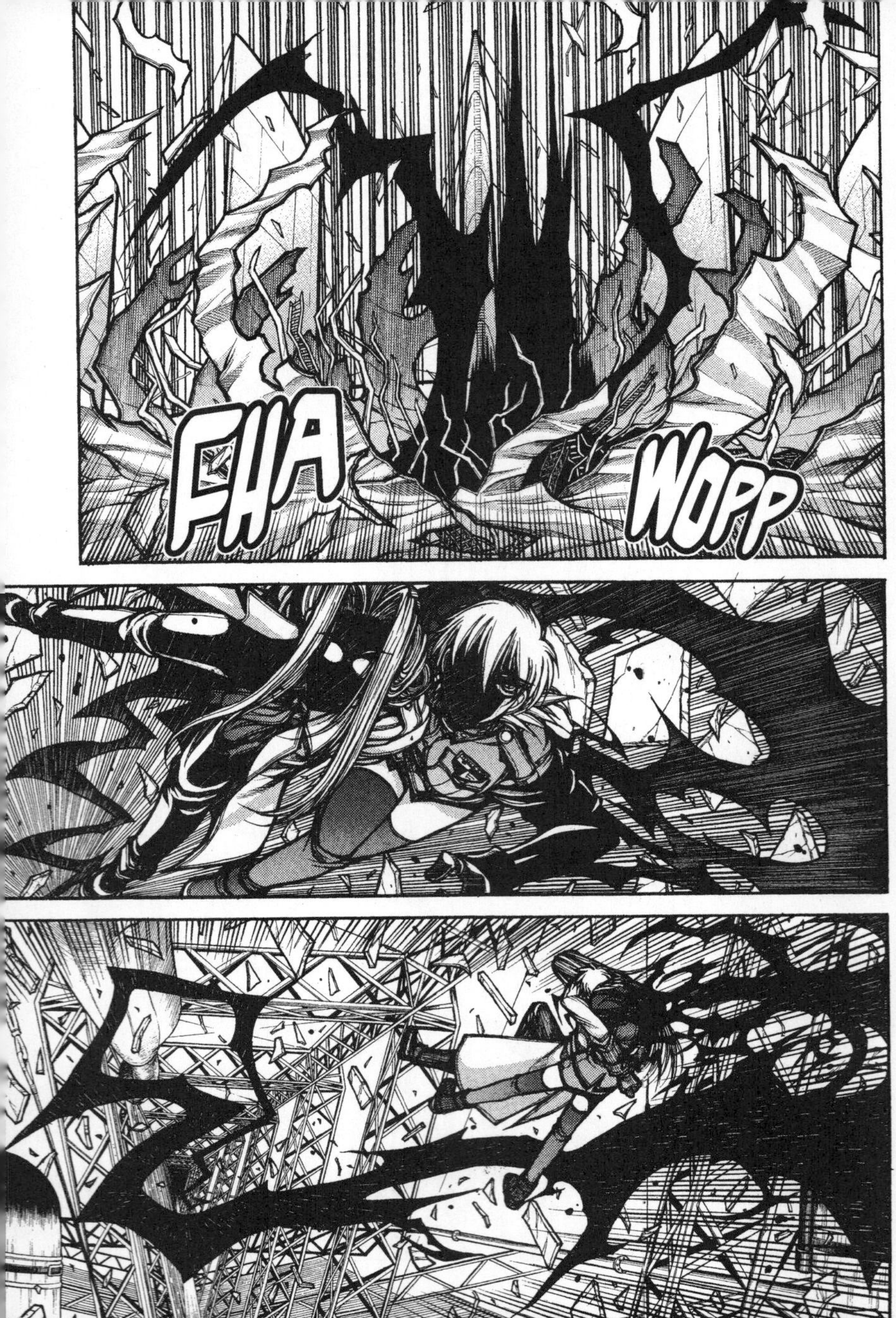
CHA
WOPP

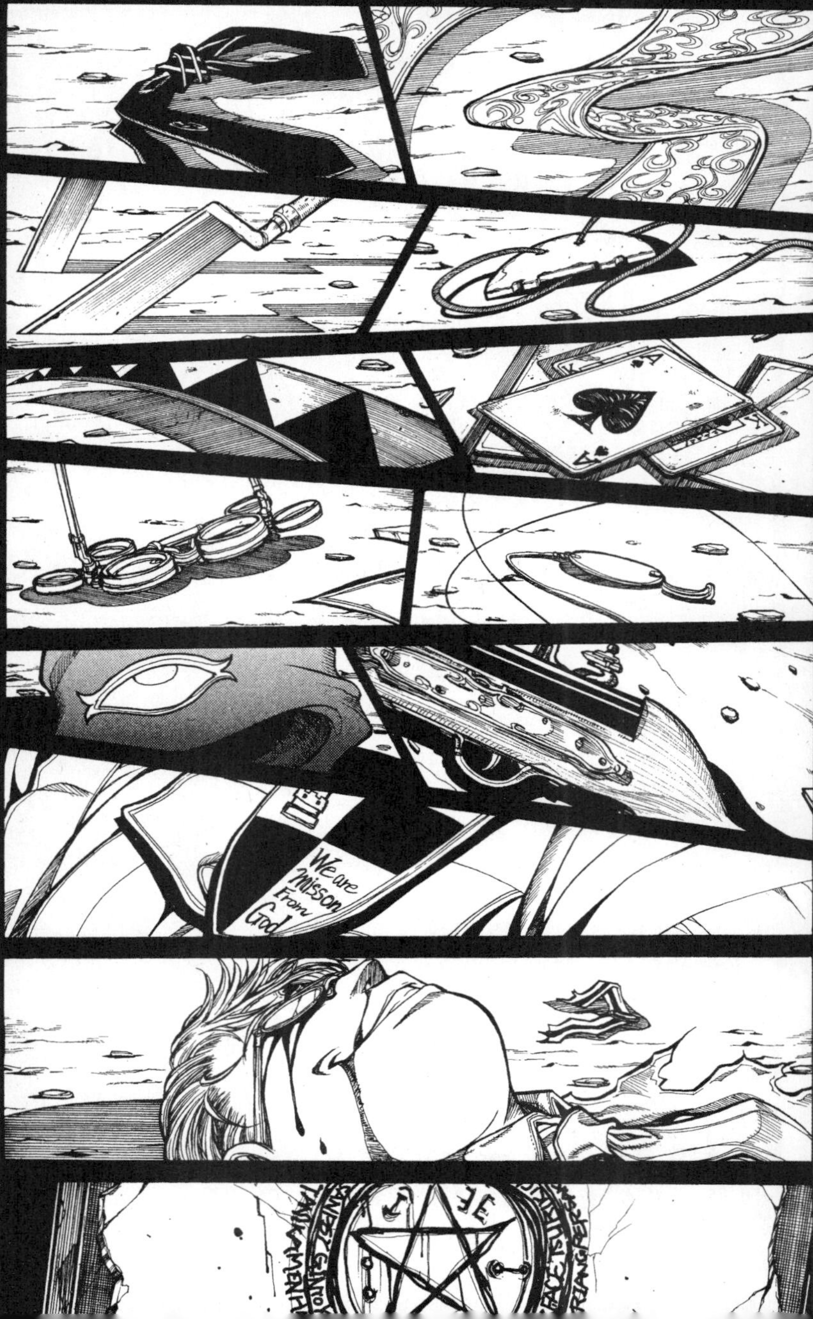
We are misson From God

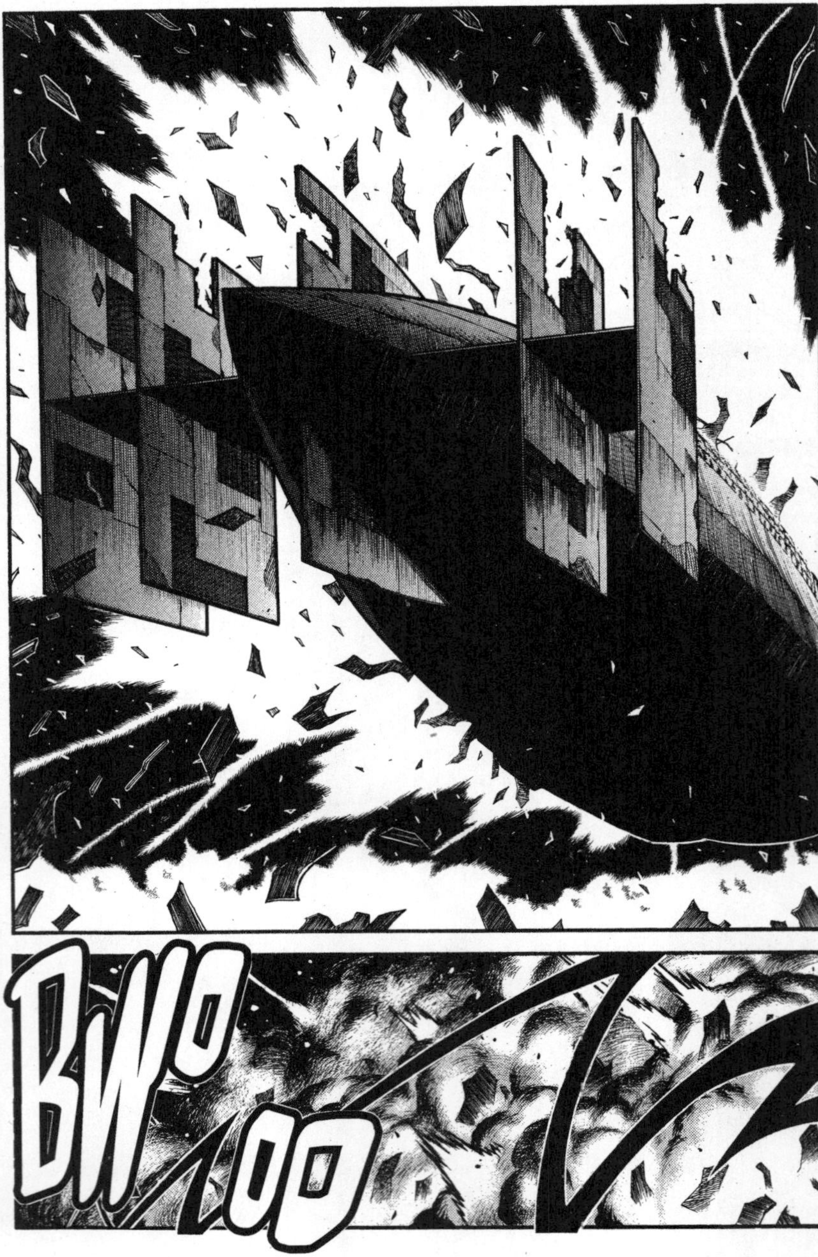
BWOOO

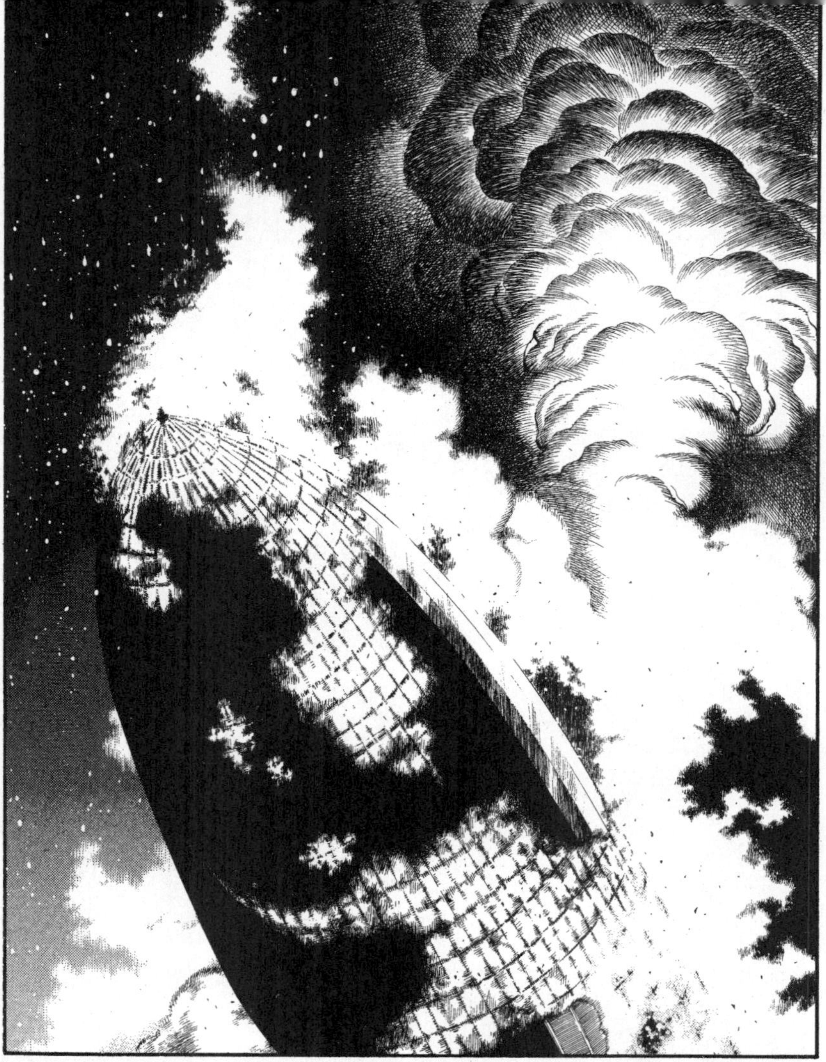

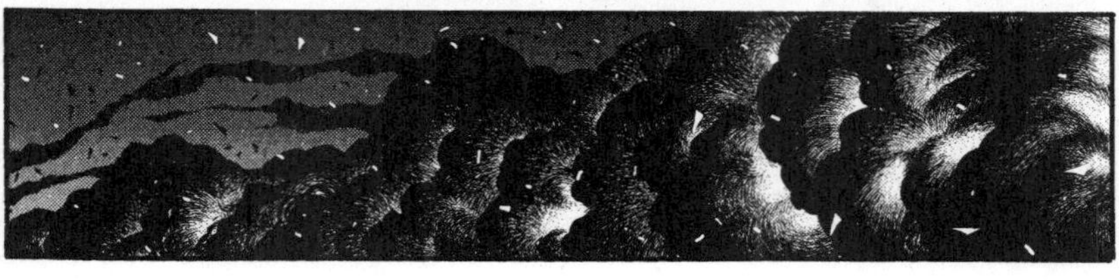

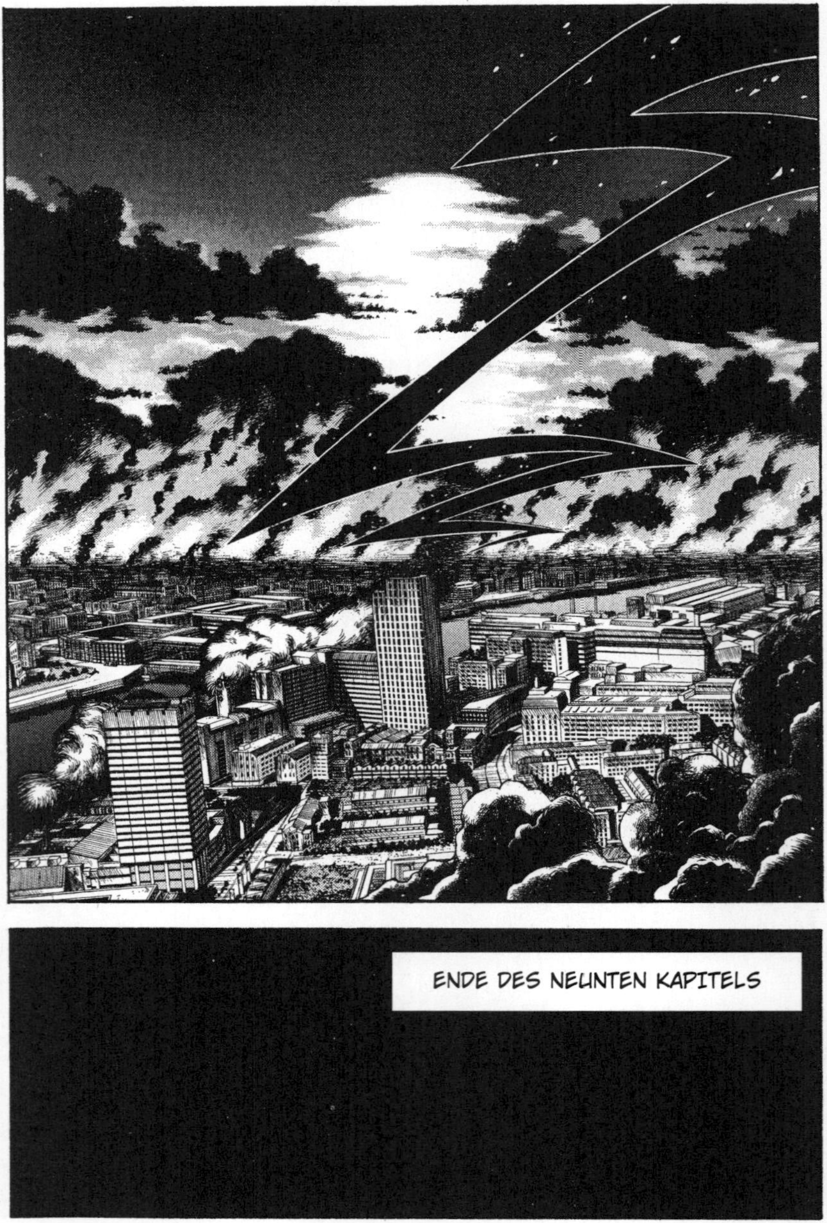
ENDE DES NEUNTEN KAPITELS

KAPITEL 10: ROMANCIA

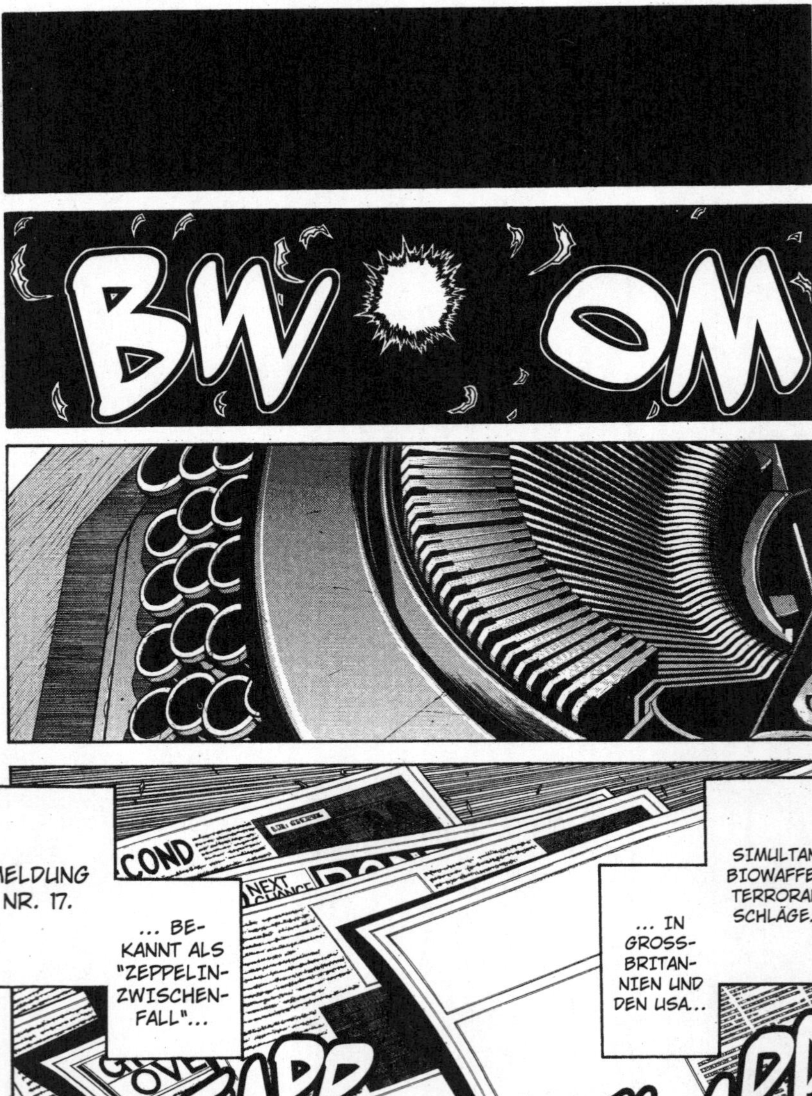
BW OM
SIMULTANE BIOWAFFEN-TERRORANSCHLÄGE...
... IN GROSS-BRITANNIEN UND DEN USA...
MELDUNG NR. 17.
... BEKANNT ALS "ZEPPELIN-ZWISCHENFALL"...
FLAPP
FLAPP
FLAPP

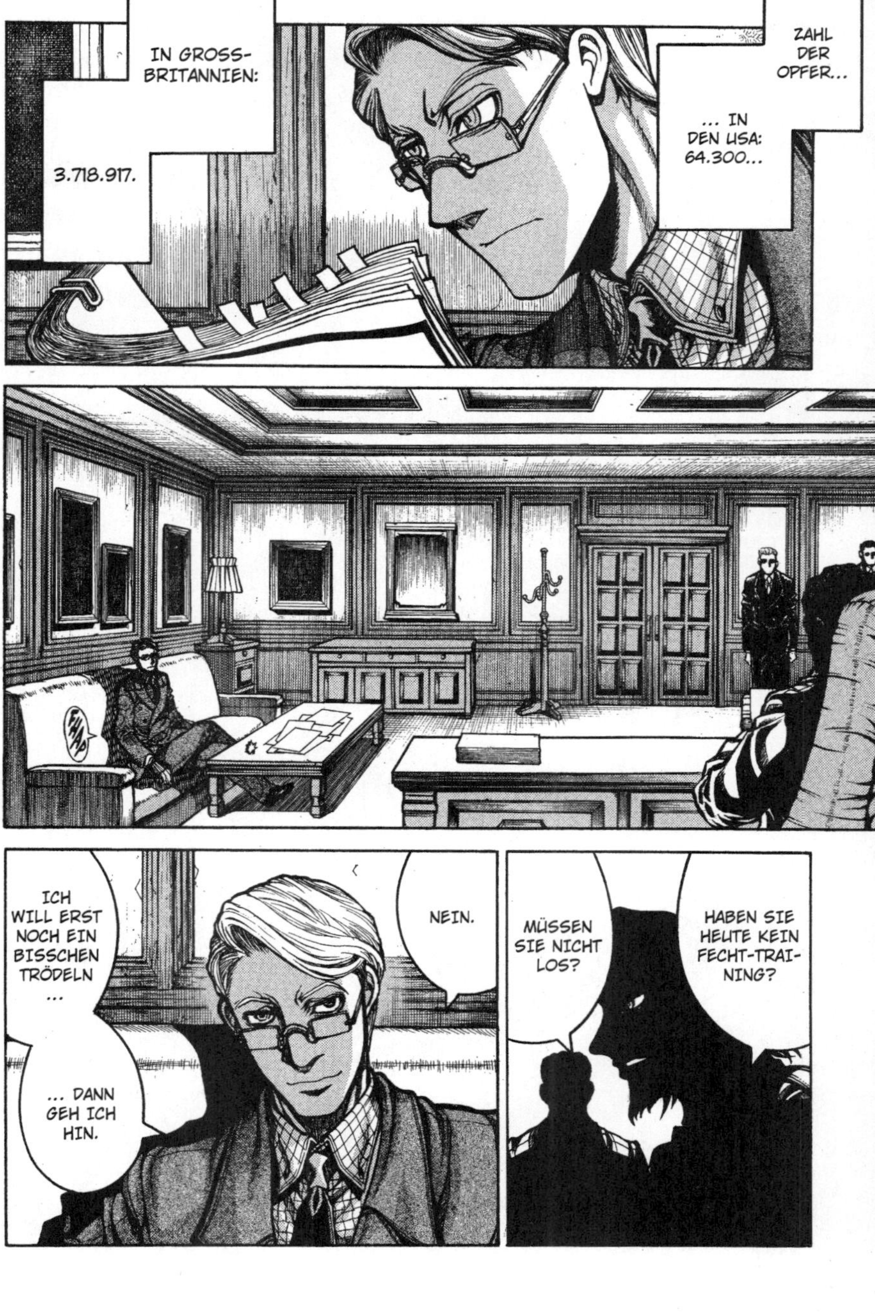
ZAHL DER OPFER...
... IN DEN USA: 64.300...
IN GROSS-BRITANNIEN:
3.718.917.
HABEN SIE HEUTE KEIN FECHT-TRAINING?
MÜSSEN SIE NICHT LOS?
NEIN.
ICH WILL ERST NOCH EIN BISSCHEN TRÖDELN ...
... DANN GEH ICH HIN.

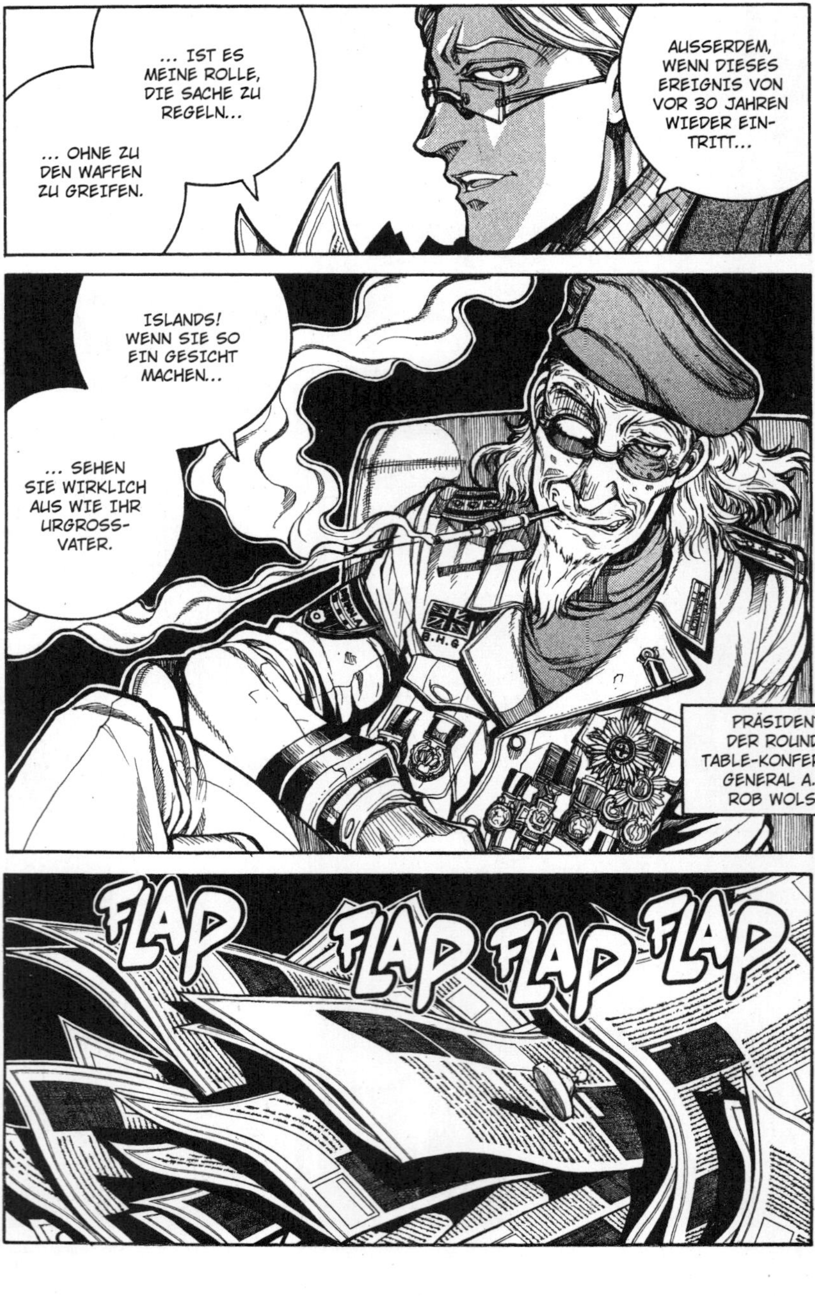
AUSSERDEM, WENN DIESES EREIGNIS VON VOR 30 JAHREN WIEDER EIN-TRITT…
… IST ES MEINE ROLLE, DIE SACHE ZU REGELN…
… OHNE ZU DEN WAFFEN ZU GREIFEN.
ISLANDS! WENN SIE SO EIN GESICHT MACHEN…
… SEHEN SIE WIRKLICH AUS WIE IHR URGROSS-VATER.
PRÄSIDENT DER ROUND-TABLE-KONFERENZ GENERAL A.D. ROB WOLSH
FLAP
FLAP FLAP FLAP

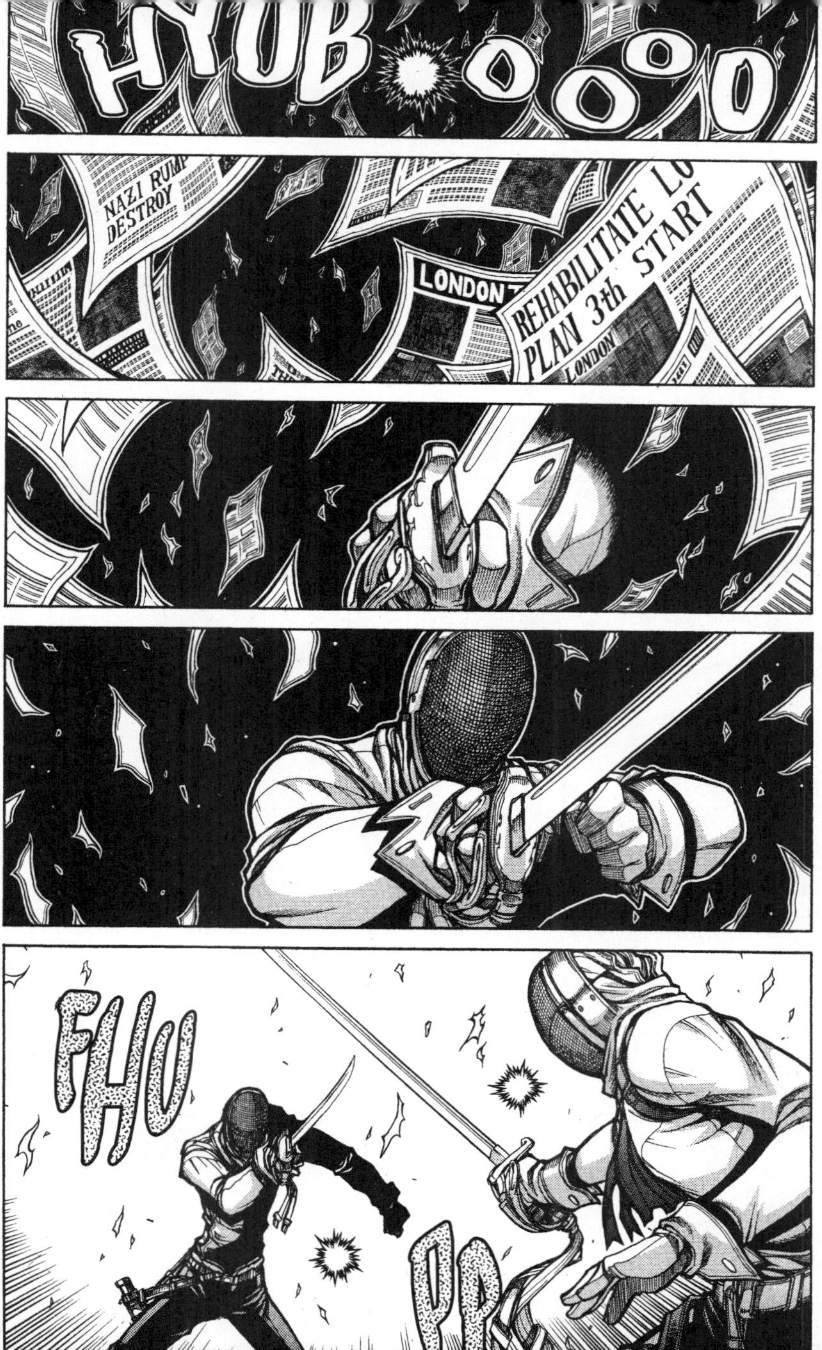
HYOBOOOO
NAZI RUMP DESTROY
LONDON
REHABILITATE LO
PLAN 3th START
LONDON
FHO
PP

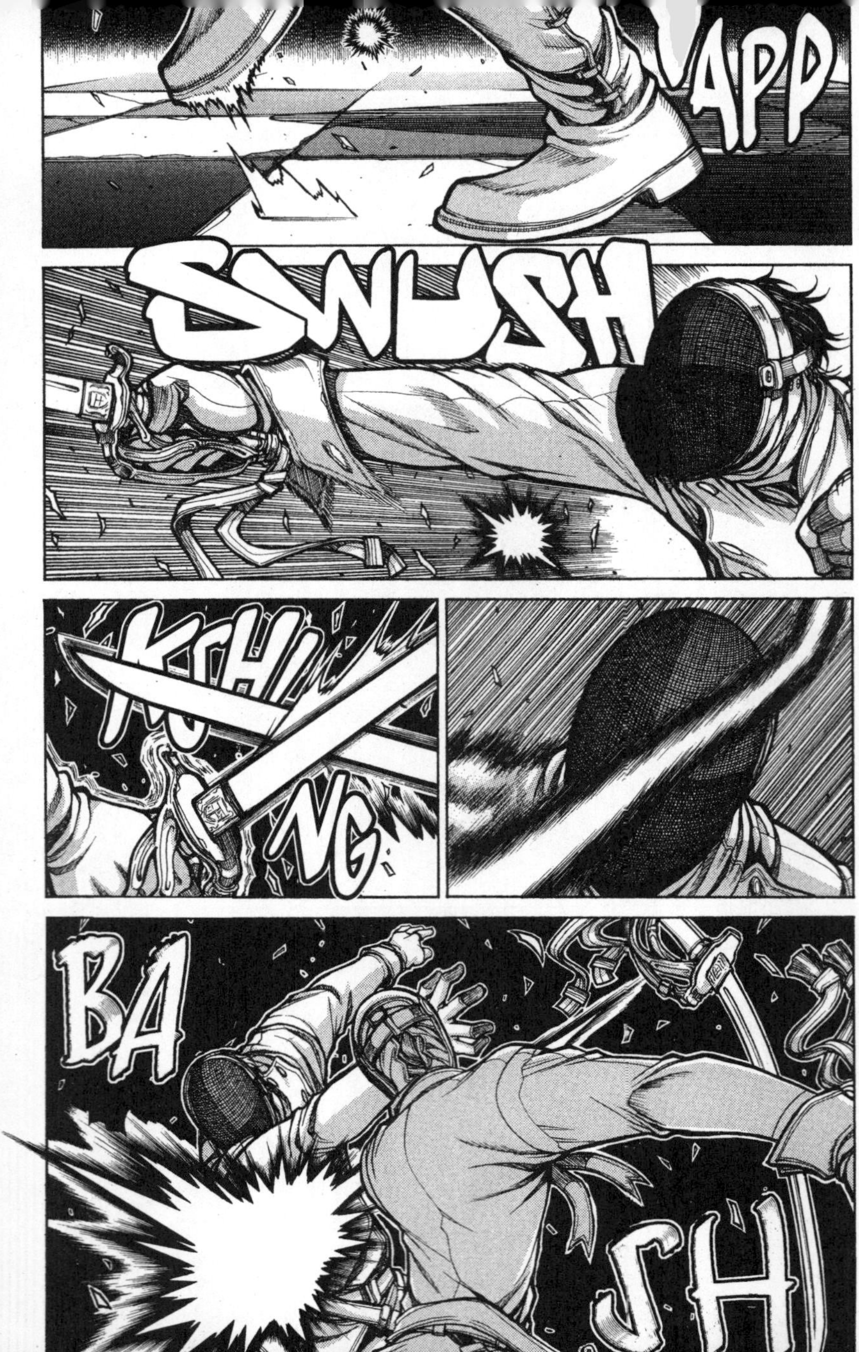
APP
SWUSH
KSHI
NG
BA
SH

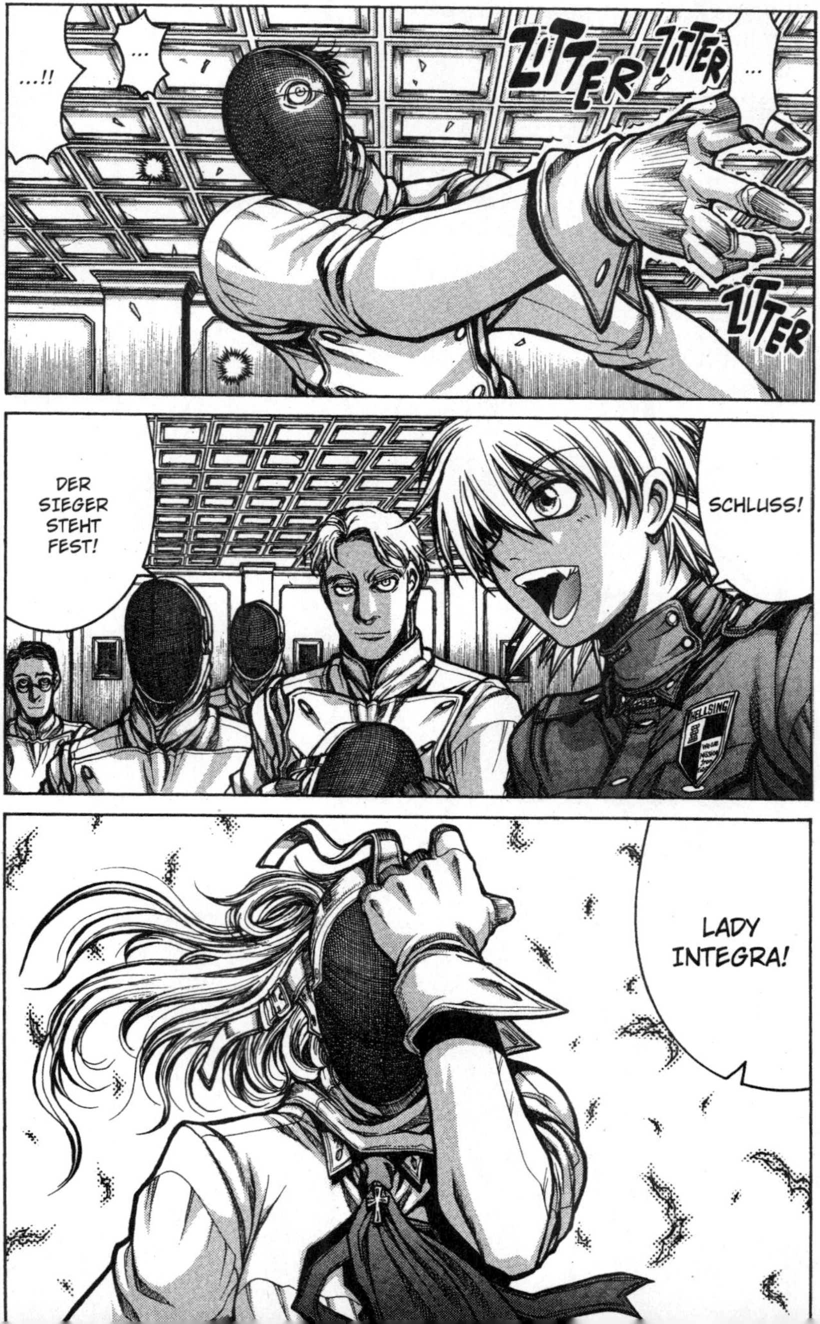
...
ZITTER ZITTER
ZITTER
...
...!!
SCHLUSS!
DER SIEGER STEHT FEST!
LADY INTEGRA!

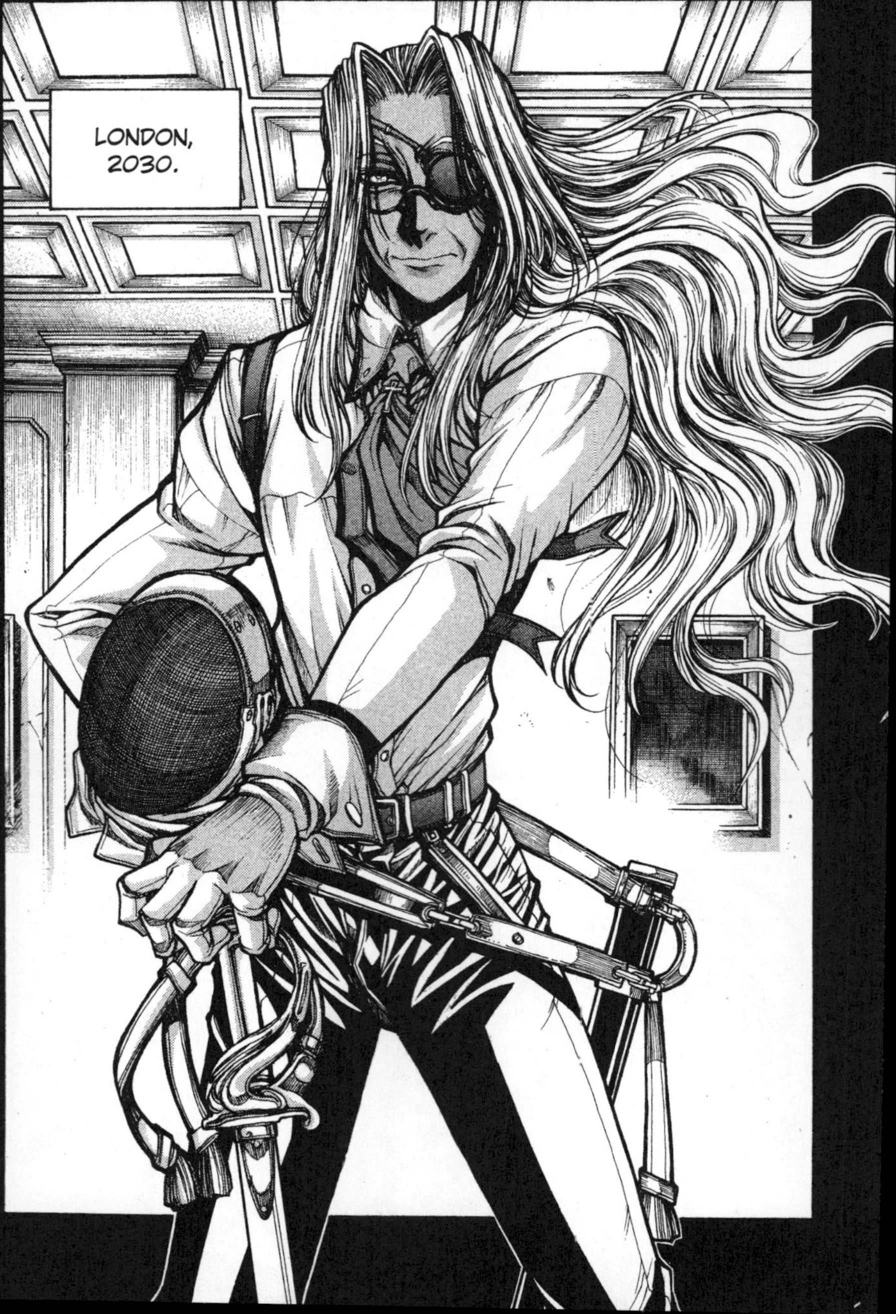
LONDON, 2030.

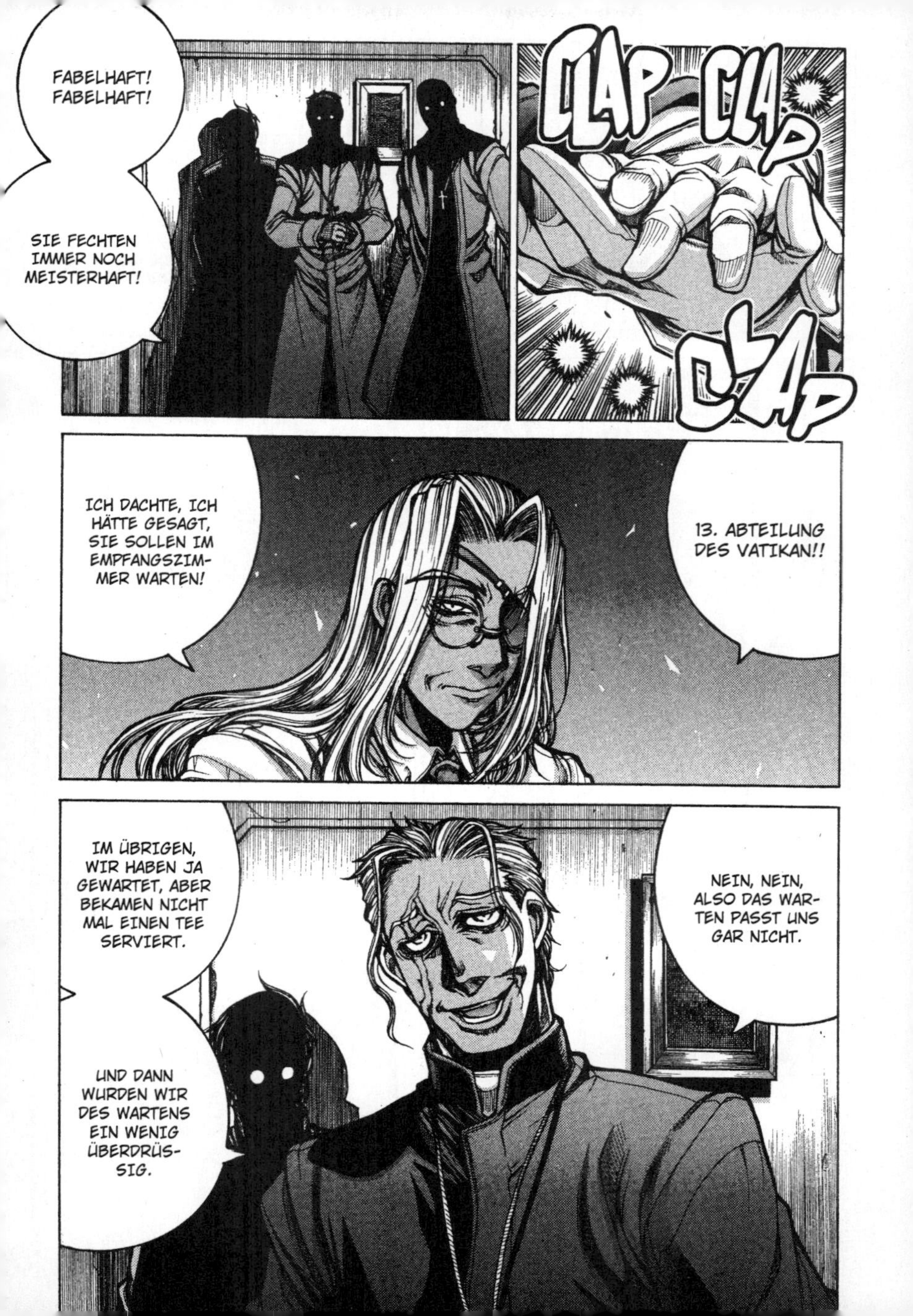
CLAP CLAP
CLAP
FABELHAFT! FABELHAFT!
SIE FECHTEN IMMER NOCH MEISTERHAFT!
13. ABTEILUNG DES VATIKAN!!
ICH DACHTE, ICH HÄTTE GESAGT, SIE SOLLEN IM EMPFANGSZIMMER WARTEN!
NEIN, NEIN, ALSO DAS WARTEN PASST UNS GAR NICHT.
IM ÜBRIGEN, WIR HABEN JA GEWARTET, ABER BEKAMEN NICHT MAL EINEN TEE SERVIERT.
UND DANN WURDEN WIR DES WARTENS EIN WENIG ÜBERDRÜSSIG.

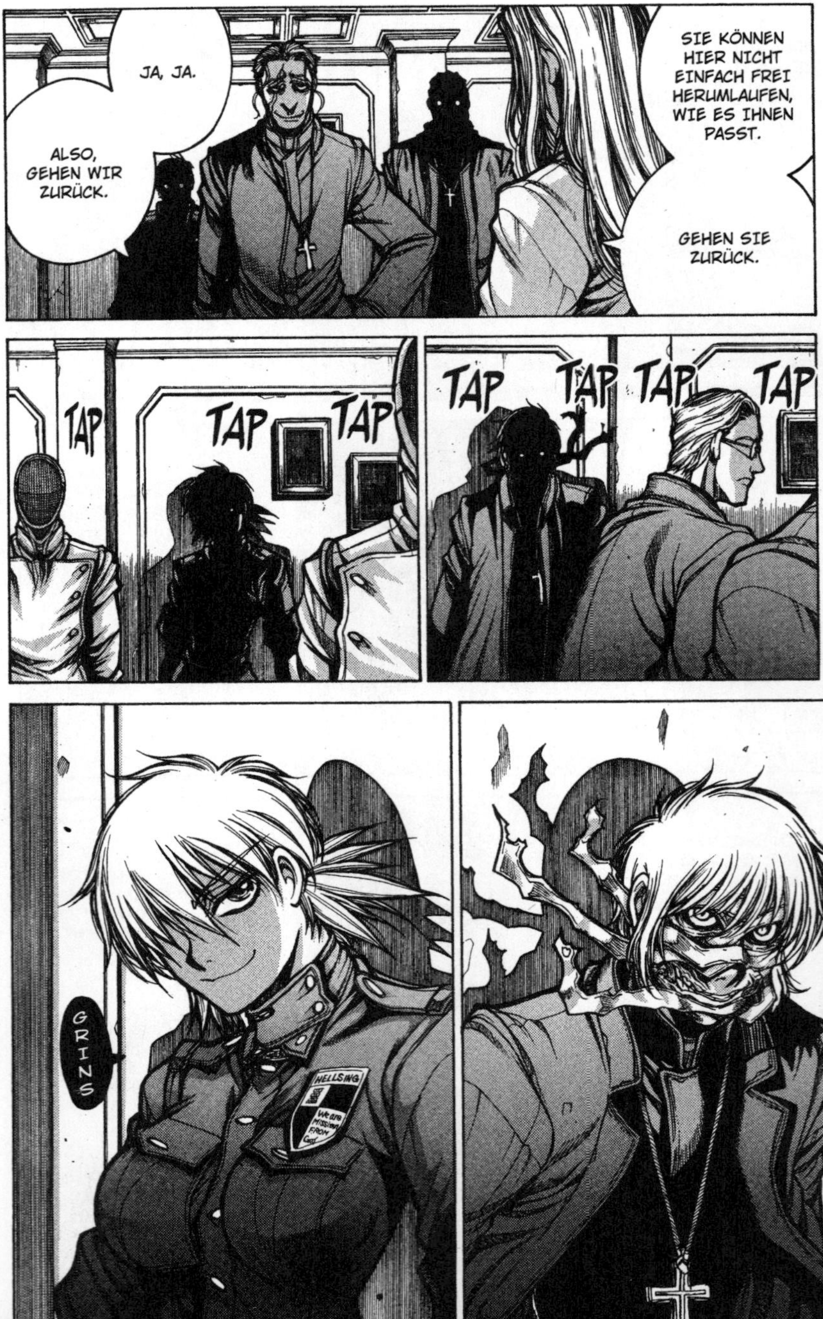
SIE KÖNNEN HIER NICHT EINFACH FREI HERUMLAUFEN, WIE ES IHNEN PASST.
GEHEN SIE ZURÜCK.
JA, JA.
ALSO, GEHEN WIR ZURÜCK.
TAP
TAP
TAP
TAP
TAP
TAP
TAP
GRINS
HELLSING
GRINS

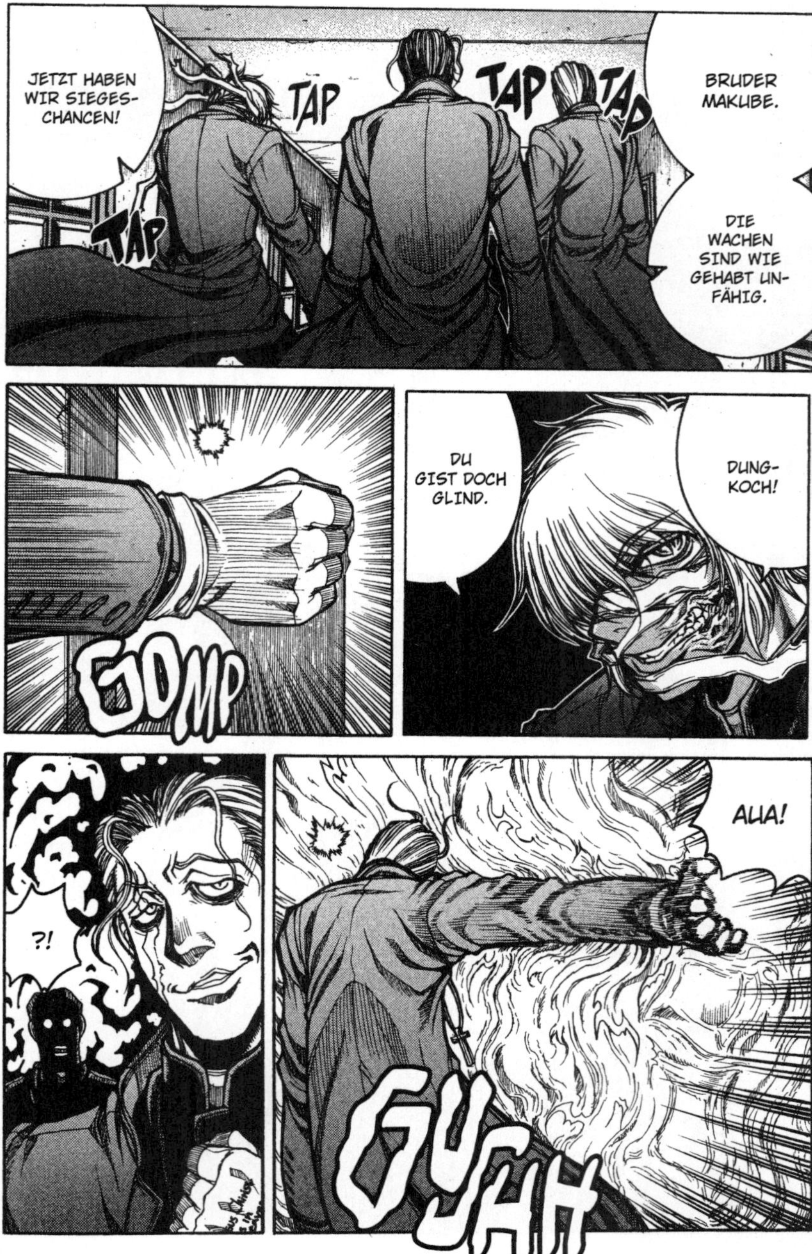
BRUDER MAKUBE.
DIE WACHEN SIND WIE GEHABT UNFÄHIG.
JETZT HABEN WIR SIEGES-CHANCEN!
TAP
TAP
TAP
TAP
DUNG-KOCH!
DU GIST DOCH GLIND.
GOMP
AUA!
GUAHH
?!

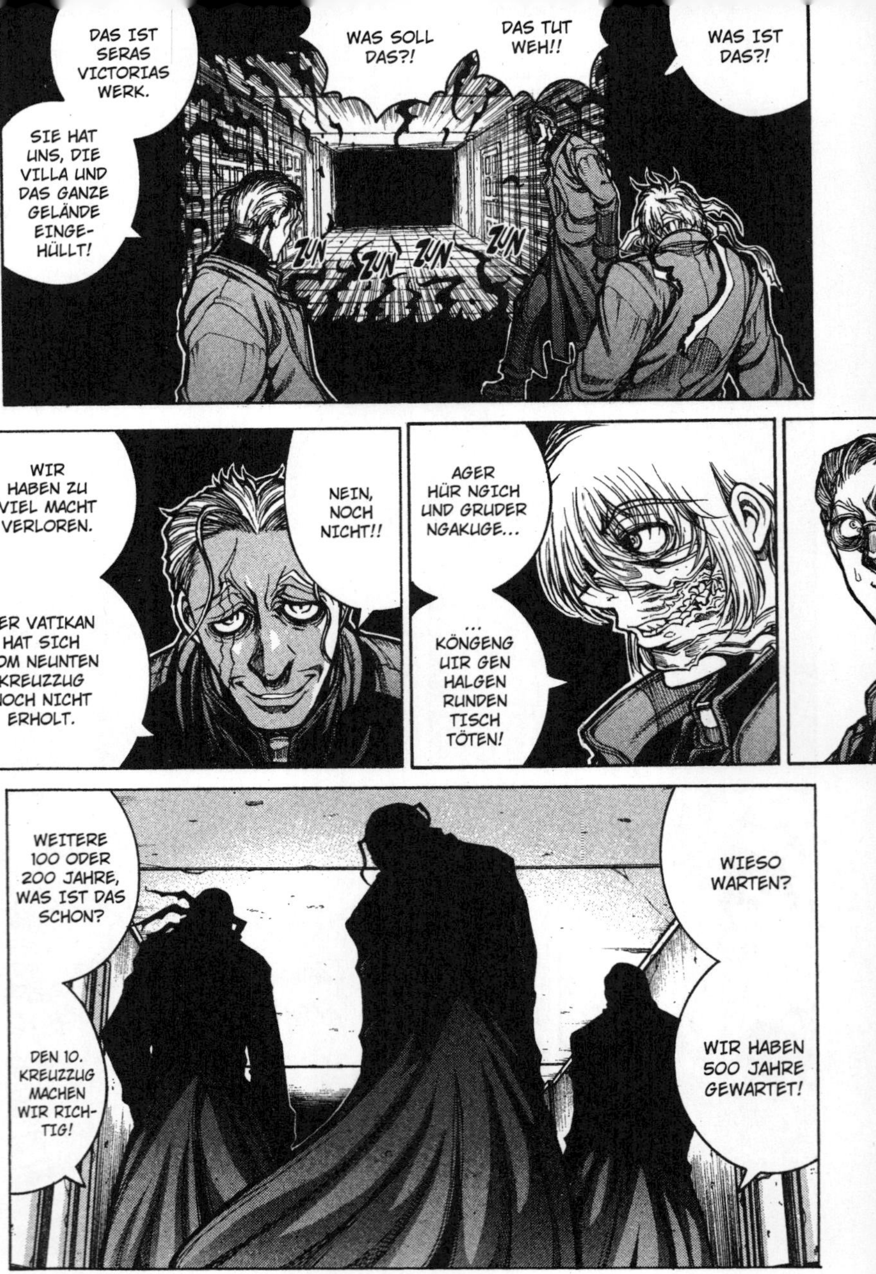
WAS IST DAS?!
DAS TUT WEH!!
WAS SOLL DAS?!
DAS IST SERAS VICTORIAS WERK.
SIE HAT UNS, DIE VILLA UND DAS GANZE GELÄNDE EINGE-HÜLLT!
ZUN ZUN ZUN ZUN
AGER HÜR NGICH UND GRUDER NGAKUGE…
… KÖNGENG UIR GEN HALGEN RUNDEN TISCH TÖTEN!
NEIN, NOCH NICHT!!
WIR HABEN ZU VIEL MACHT VERLOREN.
DER VATIKAN HAT SICH VOM NEUNTEN KREUZZUG NOCH NICHT ERHOLT.
WIESO WARTEN?
WIR HABEN 500 JAHRE GEWARTET!
WEITERE 100 ODER 200 JAHRE, WAS IST DAS SCHON?
DEN 10. KREUZZUG MACHEN WIR RICH-TIG!

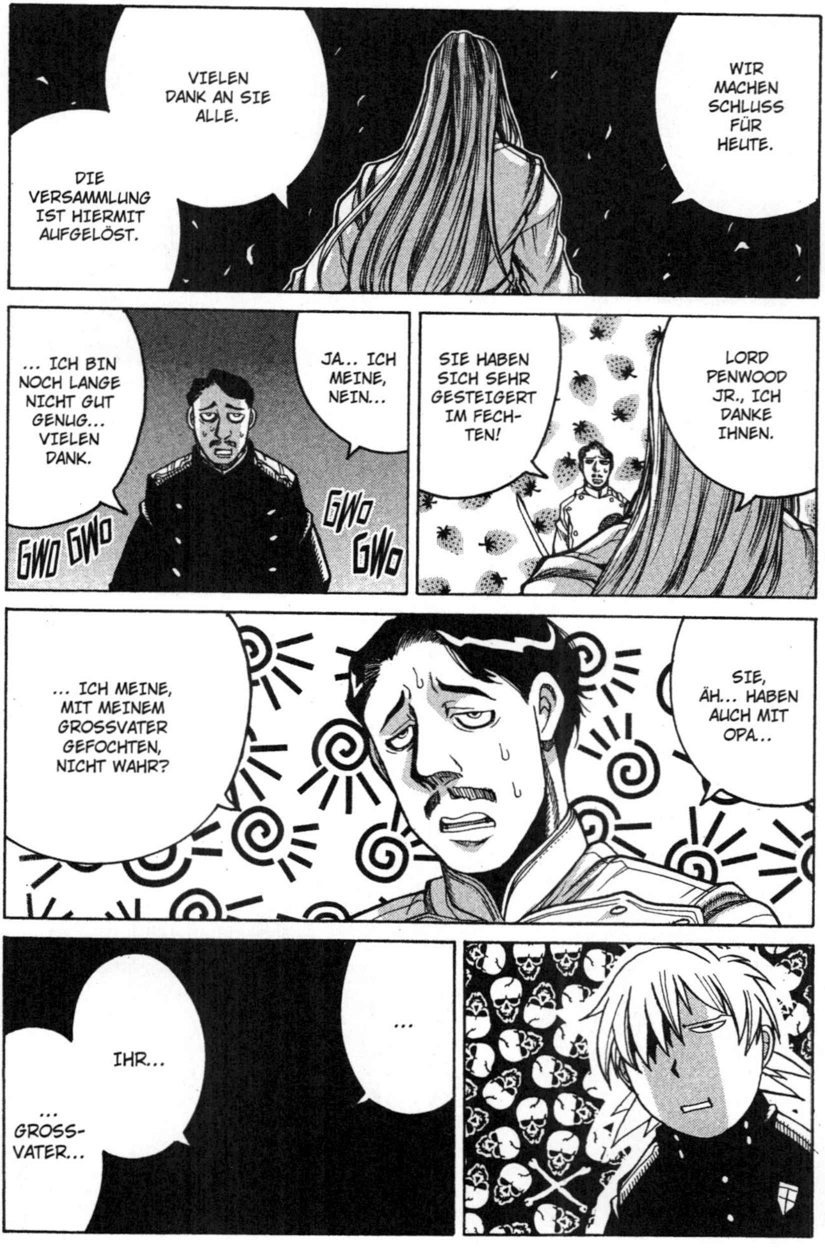
WIR MACHEN SCHLUSS FÜR HEUTE.
VIELEN DANK AN SIE ALLE.
DIE VERSAMMLUNG IST HIERMIT AUFGELÖST.
LORD PENWOOD JR., ICH DANKE IHNEN.
SIE HABEN SICH SEHR GESTEIGERT IM FECHTEN!
JA... ICH MEINE, NEIN...
... ICH BIN NOCH LANGE NICHT GUT GENUG... VIELEN DANK.
GWO GWO
GWO GWO
SIE, ÄH... HABEN AUCH MIT OPA...
... ICH MEINE, MIT MEINEM GROSSVATER GEFOCHTEN, NICHT WAHR?
...
IHR...
... GROSS-VATER...

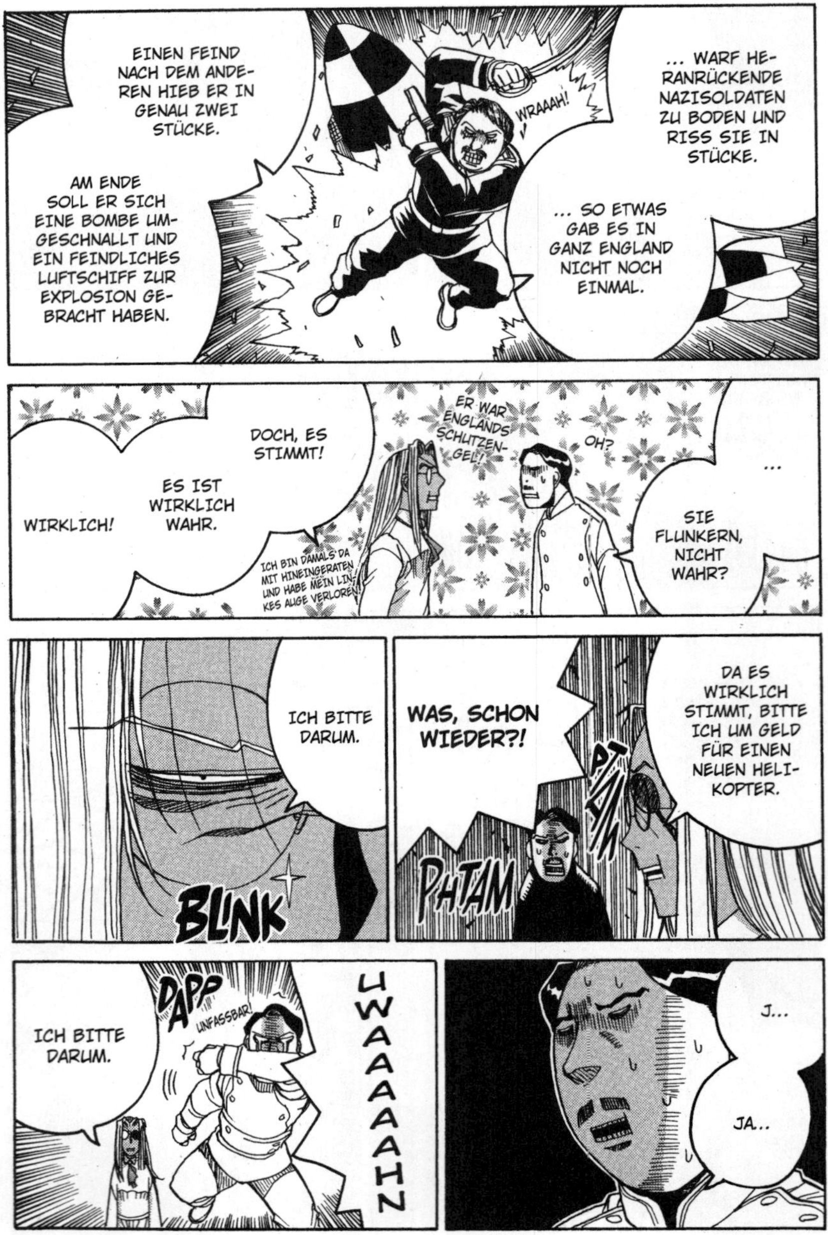
EINEN FEIND NACH DEM ANDEREN HIEB ER IN GENAU ZWEI STÜCKE.
... WARF HERANRÜCKENDE NAZISOLDATEN ZU BODEN UND RISS SIE IN STÜCKE.
WRAAAH!
AM ENDE SOLL ER SICH EINE BOMBE UMGESCHNALLT UND EIN FEINDLICHES LUFTSCHIFF ZUR EXPLOSION GEBRACHT HABEN.
... SO ETWAS GAB ES IN GANZ ENGLAND NICHT NOCH EINMAL.
...
SIE FLUNKERN, NICHT WAHR?
OH?
ER WAR ENGLANDS SCHUTZENGEL!
DOCH, ES STIMMT!
ES IST WIRKLICH WAHR.
WIRKLICH!
ICH BIN DAMALS DA MIT HINEINGERATEN UND HABE MEIN LINKES AUGE VERLOREN!
DA ES WIRKLICH STIMMT, BITTE ICH UM GELD FÜR EINEN NEUEN HELIKOPTER.
WAS, SCHON WIEDER?!
PHTAM
ICH BITTE DARUM.
BLINK
J...
JA...
UWAAAAAAHN
DAPP
UNFASSBAR!
ICH BITTE DARUM.

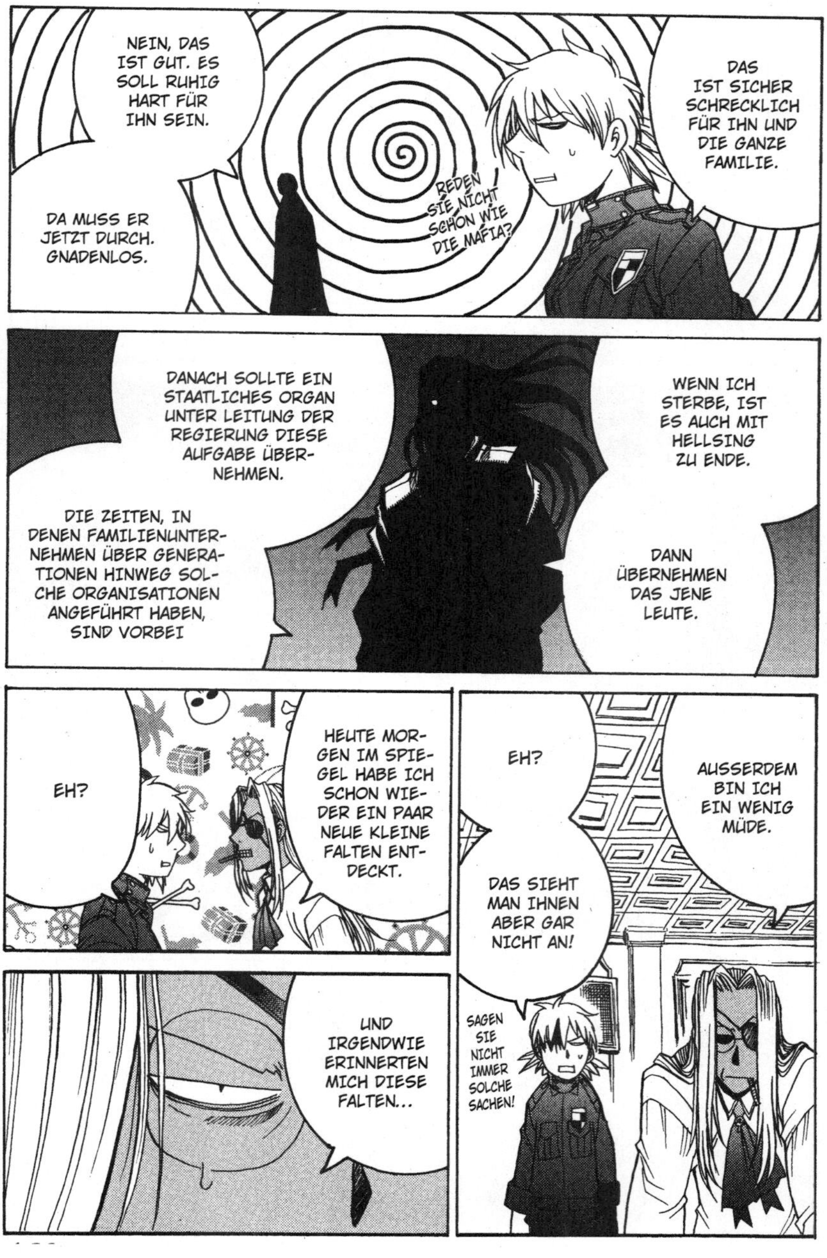
DAS IST SICHER SCHRECKLICH FÜR IHN UND DIE GANZE FAMILIE.
REDEN SIE NICHT SCHON WIE DIE MAFIA?
NEIN, DAS IST GUT. ES SOLL RUHIG HART FÜR IHN SEIN.
DA MUSS ER JETZT DURCH. GNADENLOS.
WENN ICH STERBE, IST ES AUCH MIT HELLSING ZU ENDE.
DANN ÜBERNEHMEN DAS JENE LEUTE.
DANACH SOLLTE EIN STAATLICHES ORGAN UNTER LEITUNG DER REGIERUNG DIESE AUFGABE ÜBERNEHMEN.
DIE ZEITEN, IN DENEN FAMILIENUNTERNEHMEN ÜBER GENERATIONEN HINWEG SOLCHE ORGANISATIONEN ANGEFÜHRT HABEN, SIND VORBEI
AUSSERDEM BIN ICH EIN WENIG MÜDE.
EH?
DAS SIEHT MAN IHNEN ABER GAR NICHT AN!
HEUTE MORGEN IM SPIEGEL HABE ICH SCHON WIEDER EIN PAAR NEUE KLEINE FALTEN ENTDECKT.
EH?
SAGEN SIE NICHT IMMER SOLCHE SACHEN!
UND IRGENDWIE ERINNERTEN MICH DIESE FALTEN…

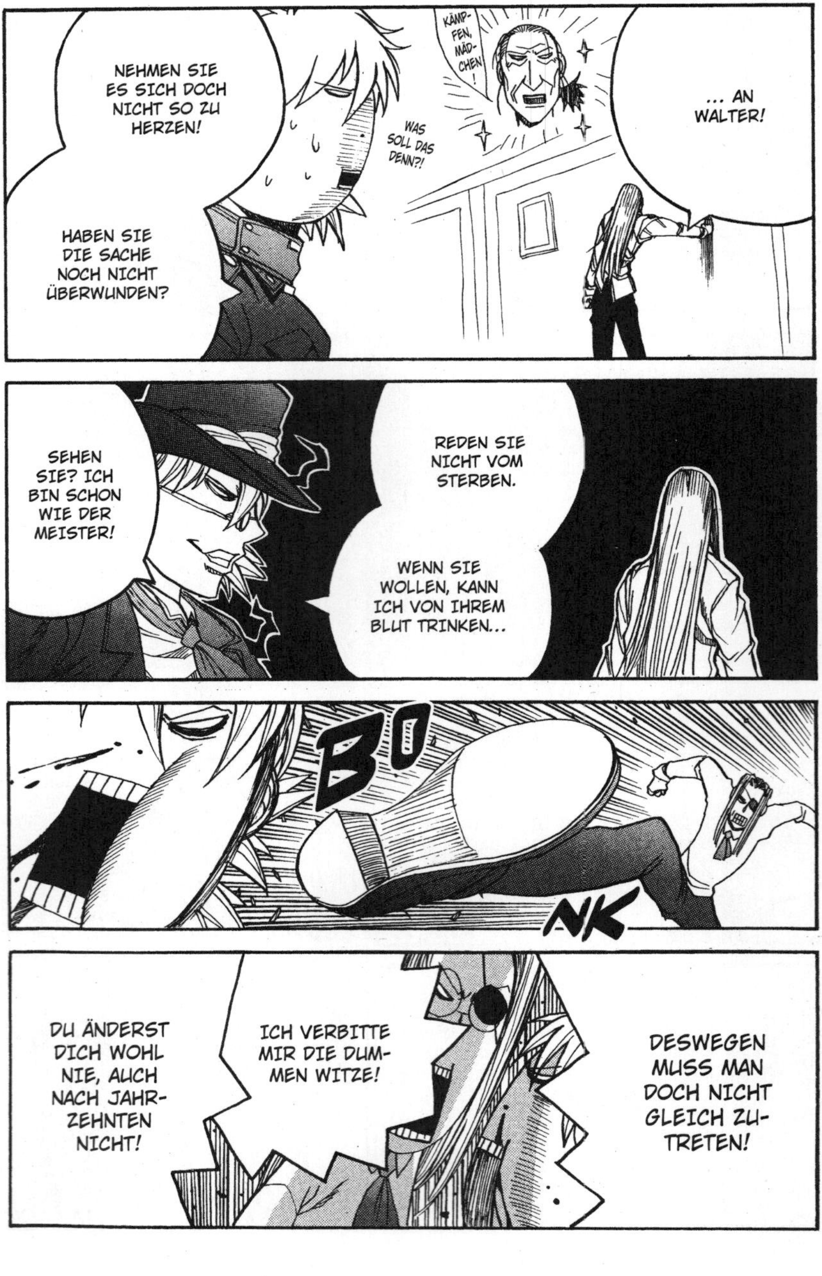
... AN WALTER!
KÄMPFEN, MÄDCHEN!
WAS SOLL DAS DENN?!
NEHMEN SIE ES SICH DOCH NICHT SO ZU HERZEN!
HABEN SIE DIE SACHE NOCH NICHT ÜBERWUNDEN?
REDEN SIE NICHT VOM STERBEN.
WENN SIE WOLLEN, KANN ICH VON IHREM BLUT TRINKEN...
SEHEN SIE? ICH BIN SCHON WIE DER MEISTER!
BO
NK
DESWEGEN MUSS MAN DOCH NICHT GLEICH ZUTRETEN!
ICH VERBITTE MIR DIE DUMMEN WITZE!
DU ÄNDERST DICH WOHL NIE, AUCH NACH JAHRZEHNTEN NICHT!

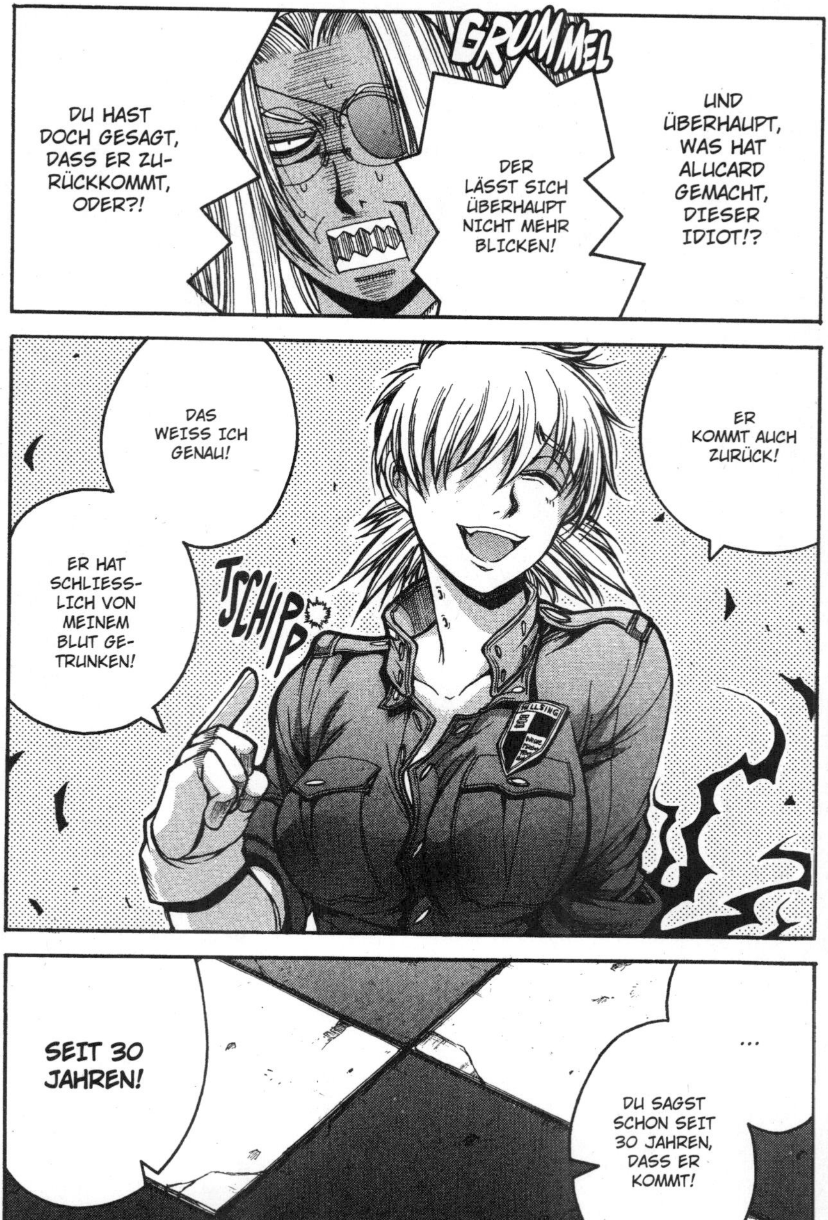
GRUMMEL
UND ÜBERHAUPT, WAS HAT ALUCARD GEMACHT, DIESER IDIOT!?
DER LÄSST SICH ÜBERHAUPT NICHT MEHR BLICKEN!
DU HAST DOCH GESAGT, DASS ER ZURÜCKKOMMT, ODER?!
ER KOMMT AUCH ZURÜCK!
DAS WEISS ICH GENAU!
TSCHIPP
ER HAT SCHLIESSLICH VON MEINEM BLUT GETRUNKEN!
...
DU SAGST SCHON SEIT 30 JAHREN, DASS ER KOMMT!
SEIT 30 JAHREN!

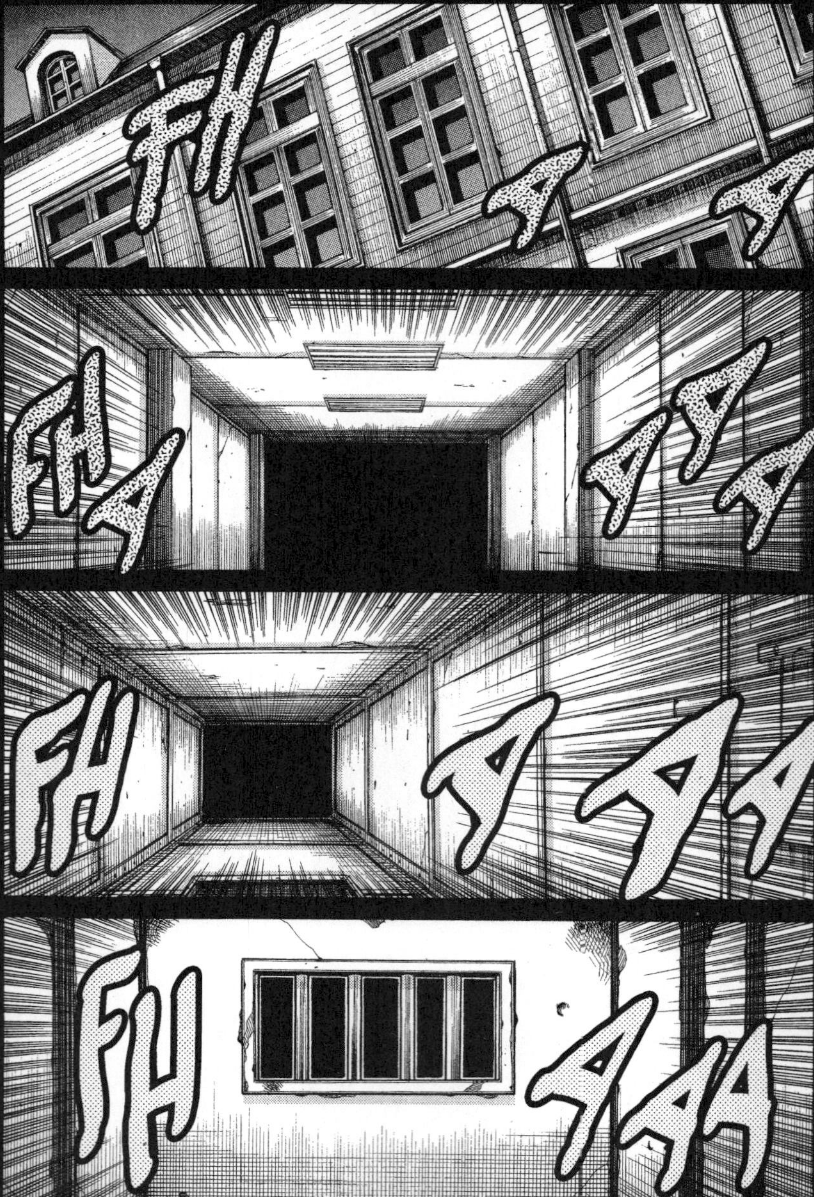
FHAA
FHAAAA
FHAAA
FHAAA

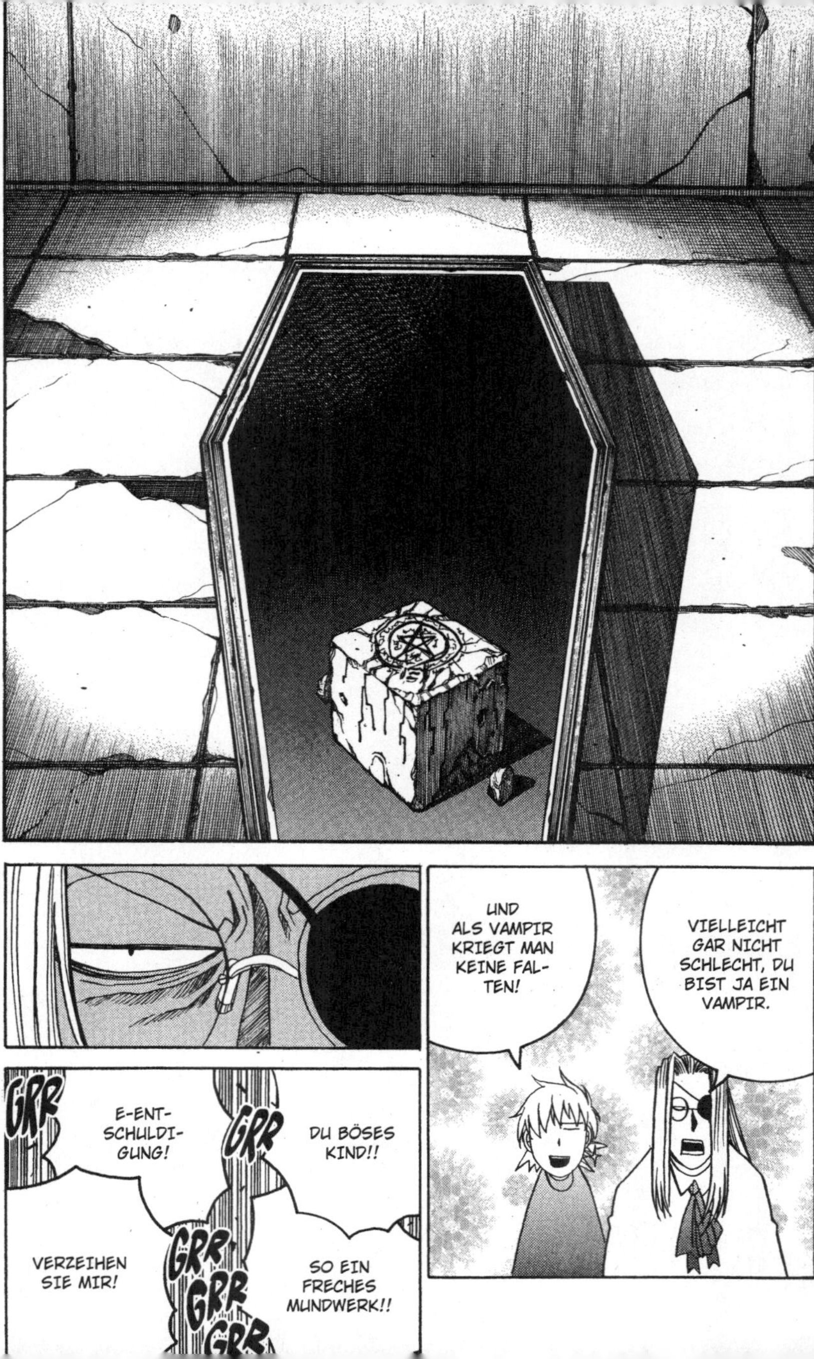
VIELLEICHT GAR NICHT SCHLECHT, DU BIST JA EIN VAMPIR.
UND ALS VAMPIR KRIEGT MAN KEINE FALTEN!
DU BÖSES KIND!!
SO EIN FRECHES MUNDWERK!!
E-ENT-SCHULDI-GUNG!
VERZEIHEN SIE MIR!
GRR
GRR
GRR
GRR
GRR

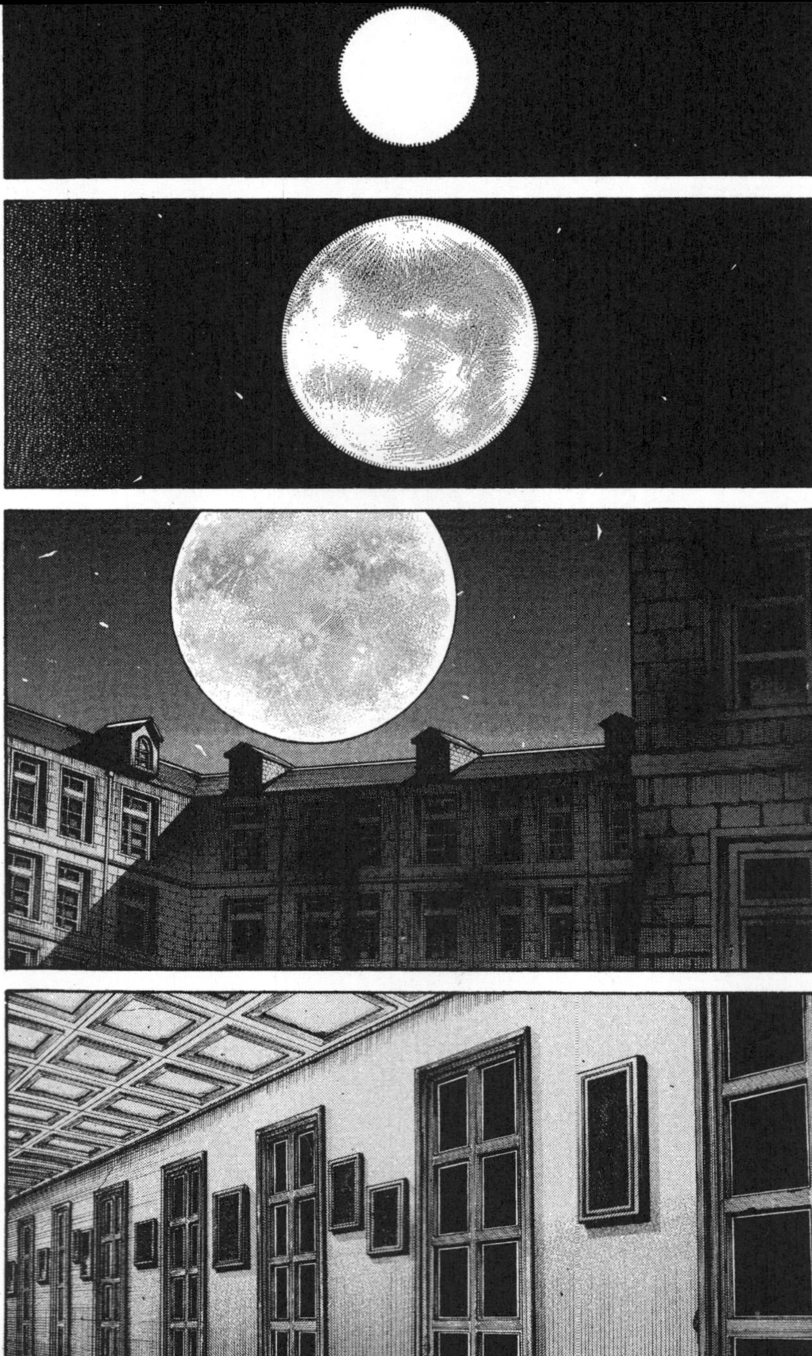

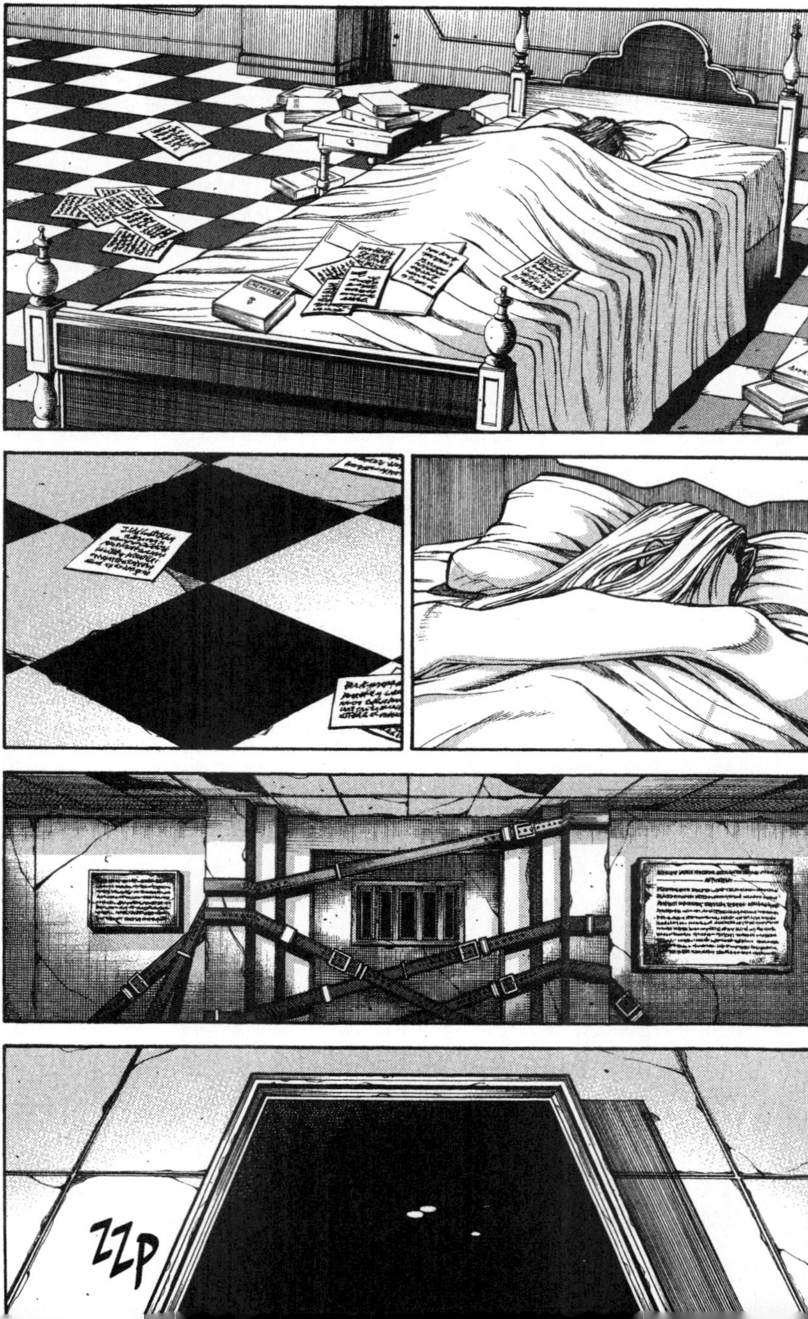
ZZP

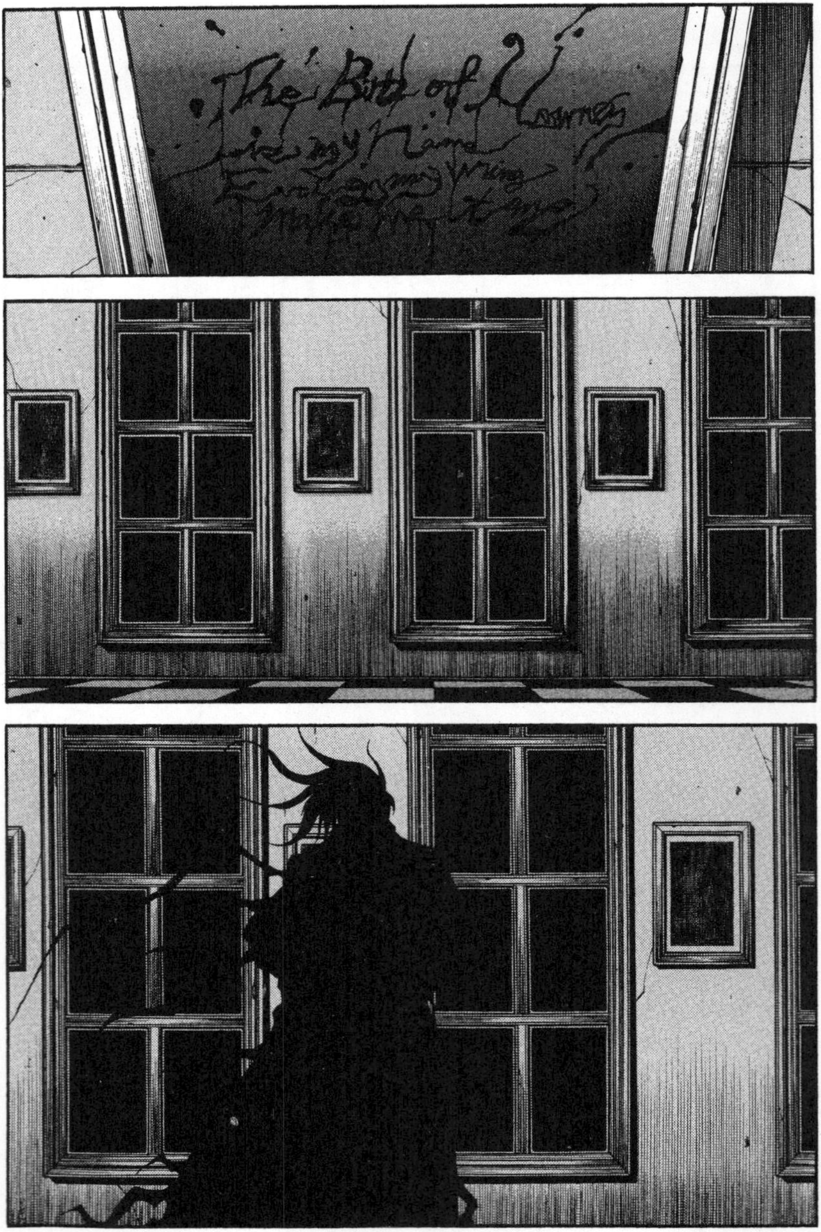
The Birth of

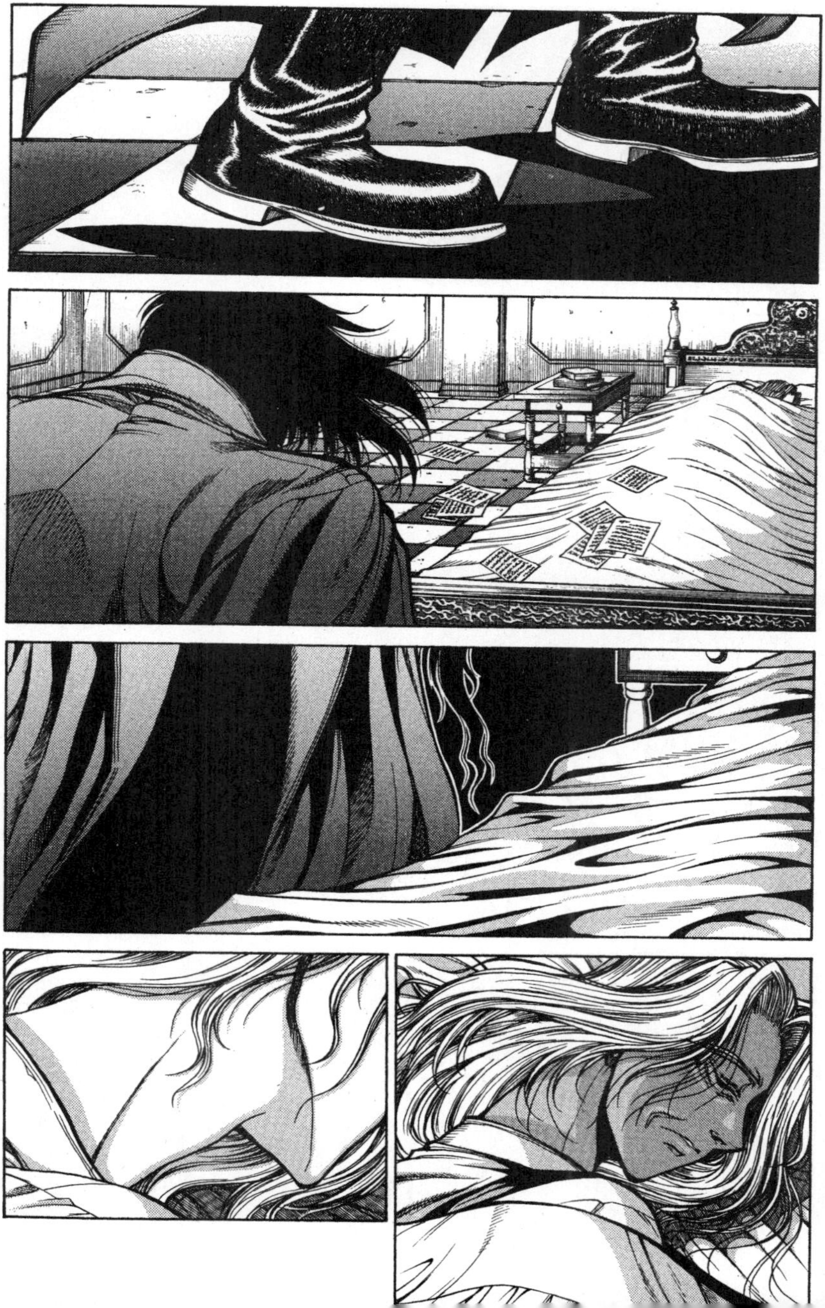

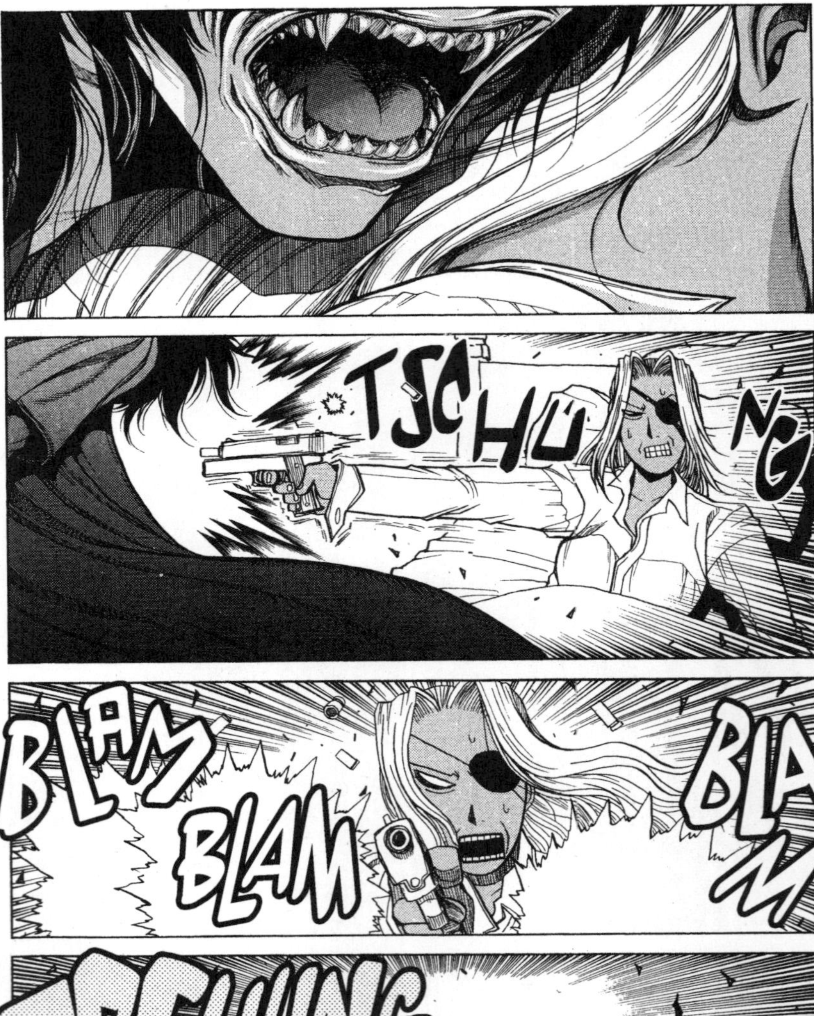
TSCHÜNGG
BLAM
BLAM
BLAM
TSCHUNG
TSCHUNNGG

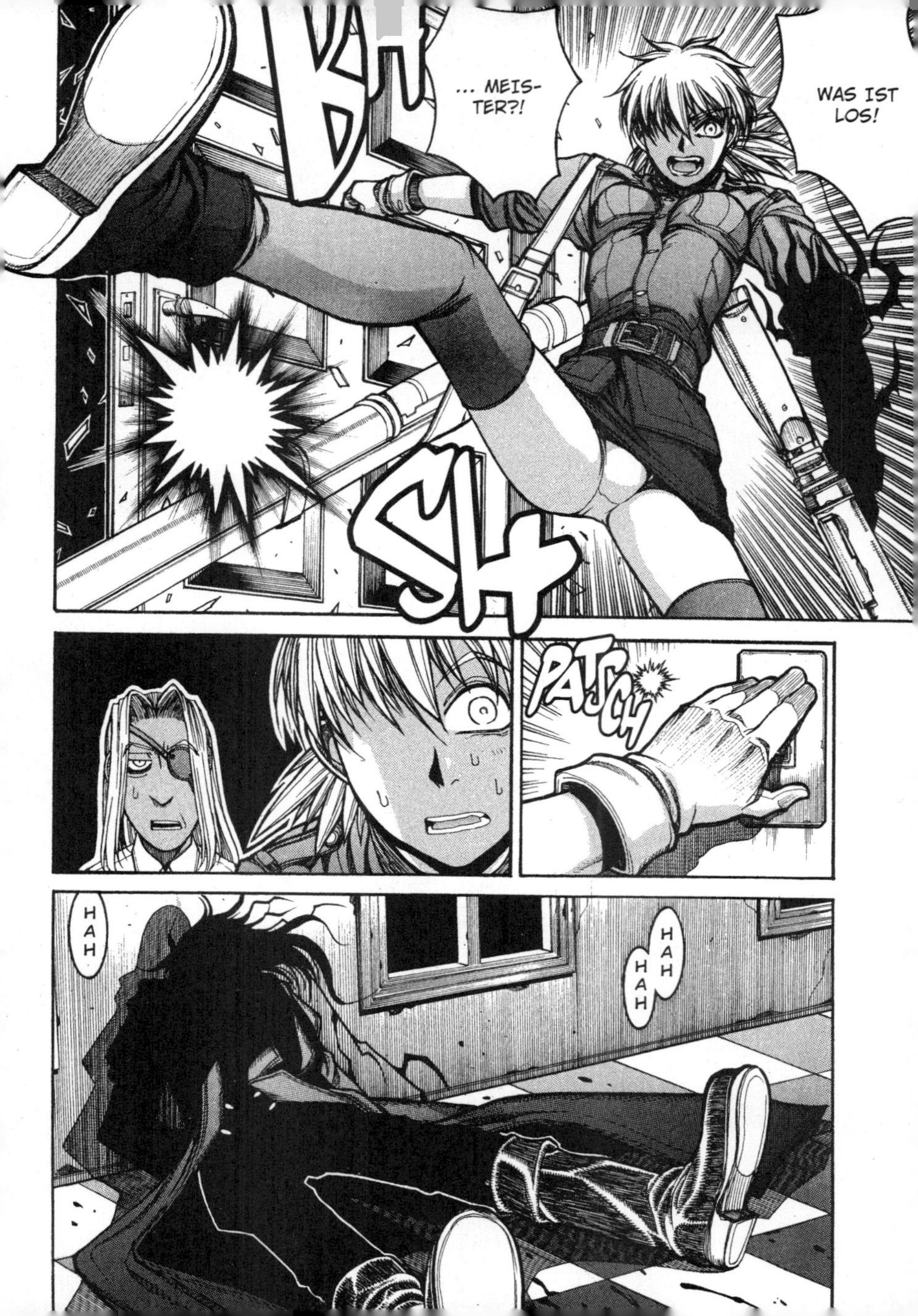
WAS IST LOS!
... MEIS-
TER?!
PATSCH
HAH
HAH
HAH
HAH

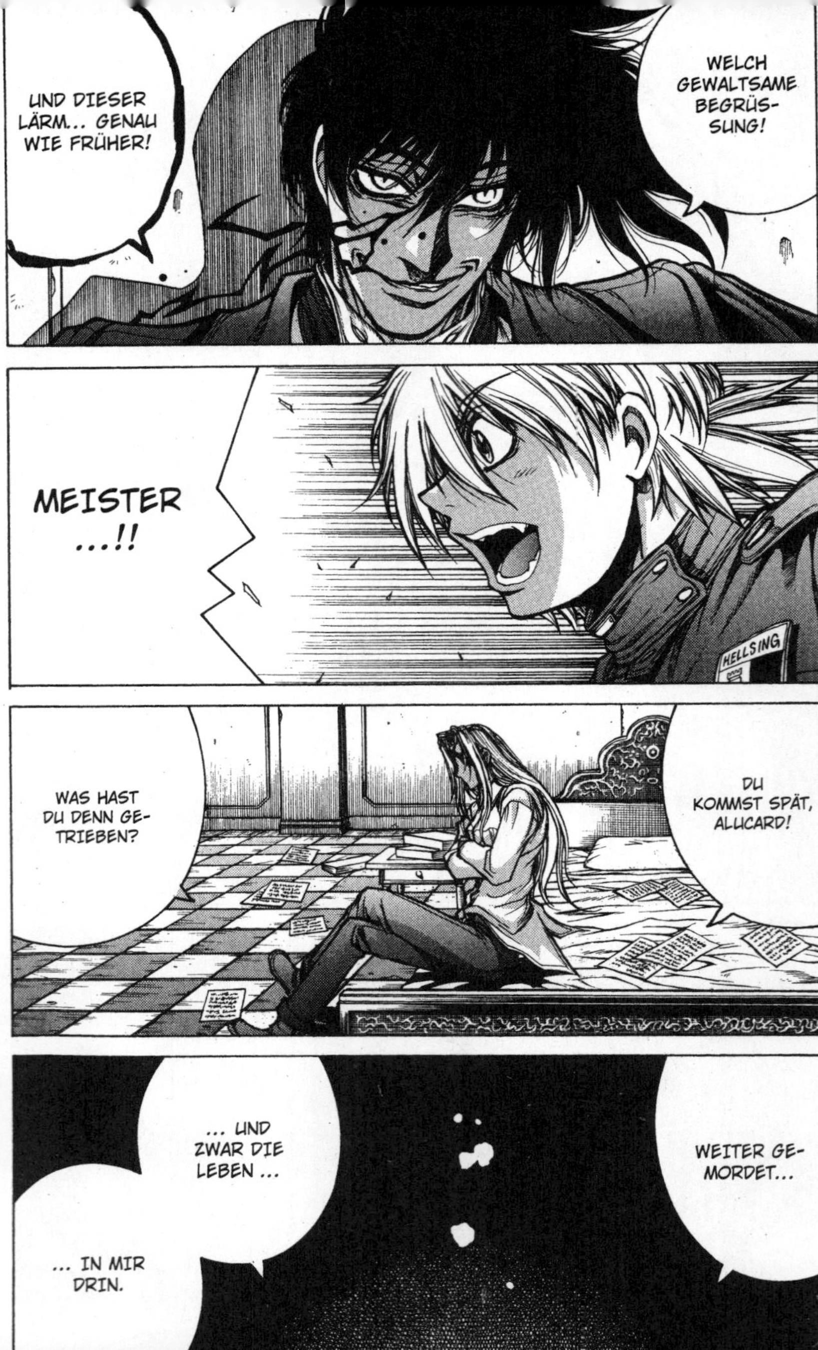
WELCH GEWALTSAME BEGRÜSSUNG!
UND DIESER LÄRM... GENAU WIE FRÜHER!
MEISTER ...!!
DU KOMMST SPÄT, ALUCARD!
WAS HAST DU DENN GETRIEBEN?
WEITER GEMORDET...
... UND ZWAR DIE LEBEN ...
... IN MIR DRIN.

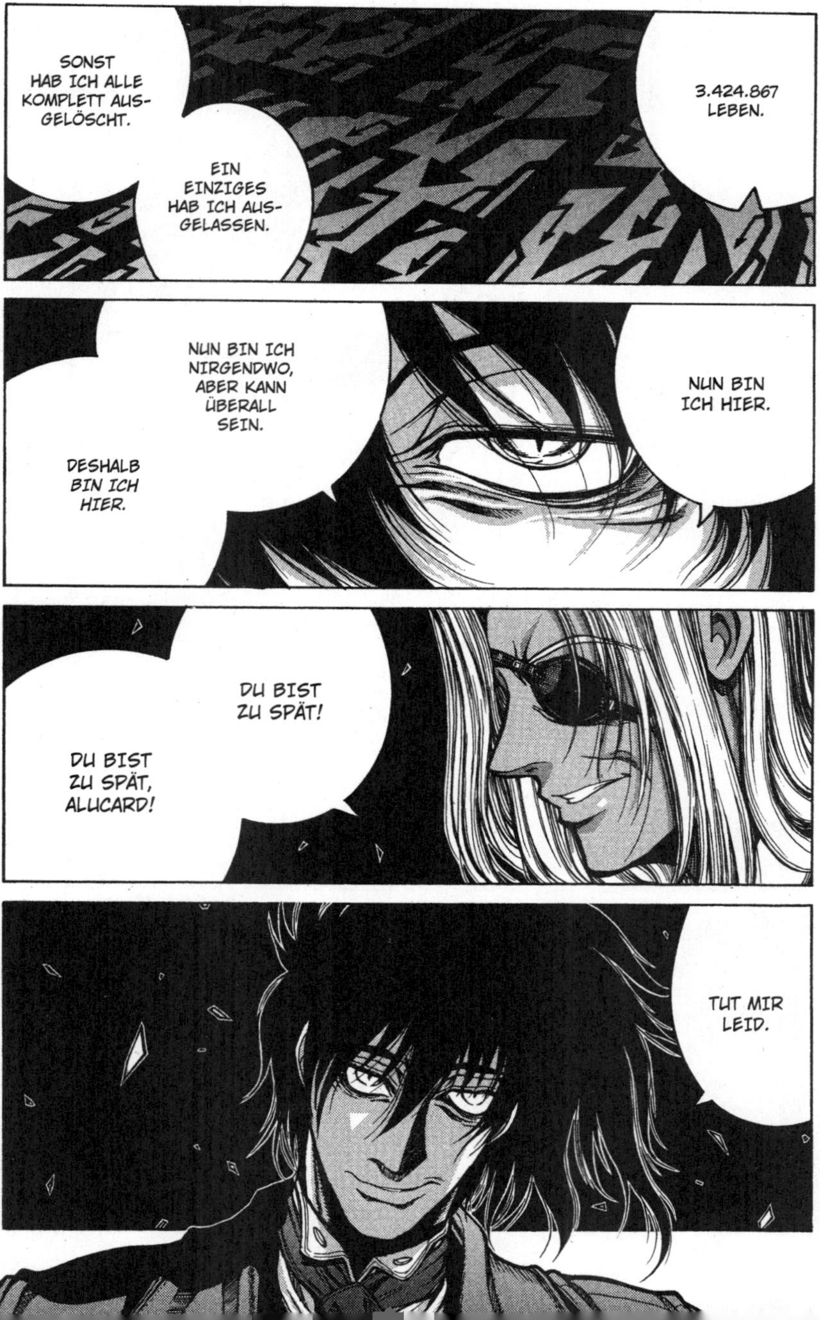
3.424.867 LEBEN.
SONST HAB ICH ALLE KOMPLETT AUSGELÖSCHT.
EIN EINZIGES HAB ICH AUSGELASSEN.
NUN BIN ICH HIER.
NUN BIN ICH NIRGENDWO, ABER KANN ÜBERALL SEIN.
DESHALB BIN ICH HIER.
DU BIST ZU SPÄT!
DU BIST ZU SPÄT, ALUCARD!
TUT MIR LEID.

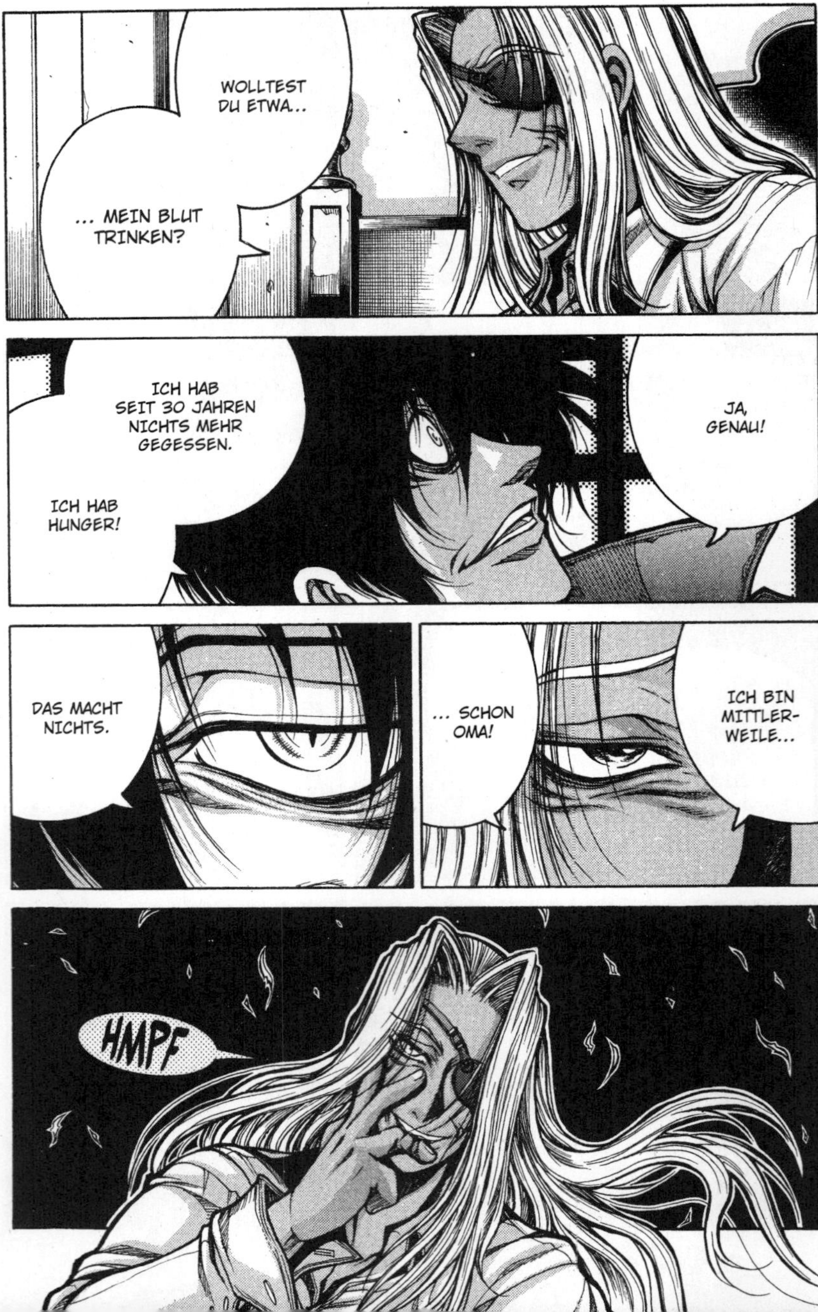
WOLLTEST DU ETWA...
... MEIN BLUT TRINKEN?
JA, GENAU!
ICH HAB SEIT 30 JAHREN NICHTS MEHR GEGESSEN.
ICH HAB HUNGER!
ICH BIN MITTLER-WEILE...
... SCHON OMA!
DAS MACHT NICHTS.
HMPF

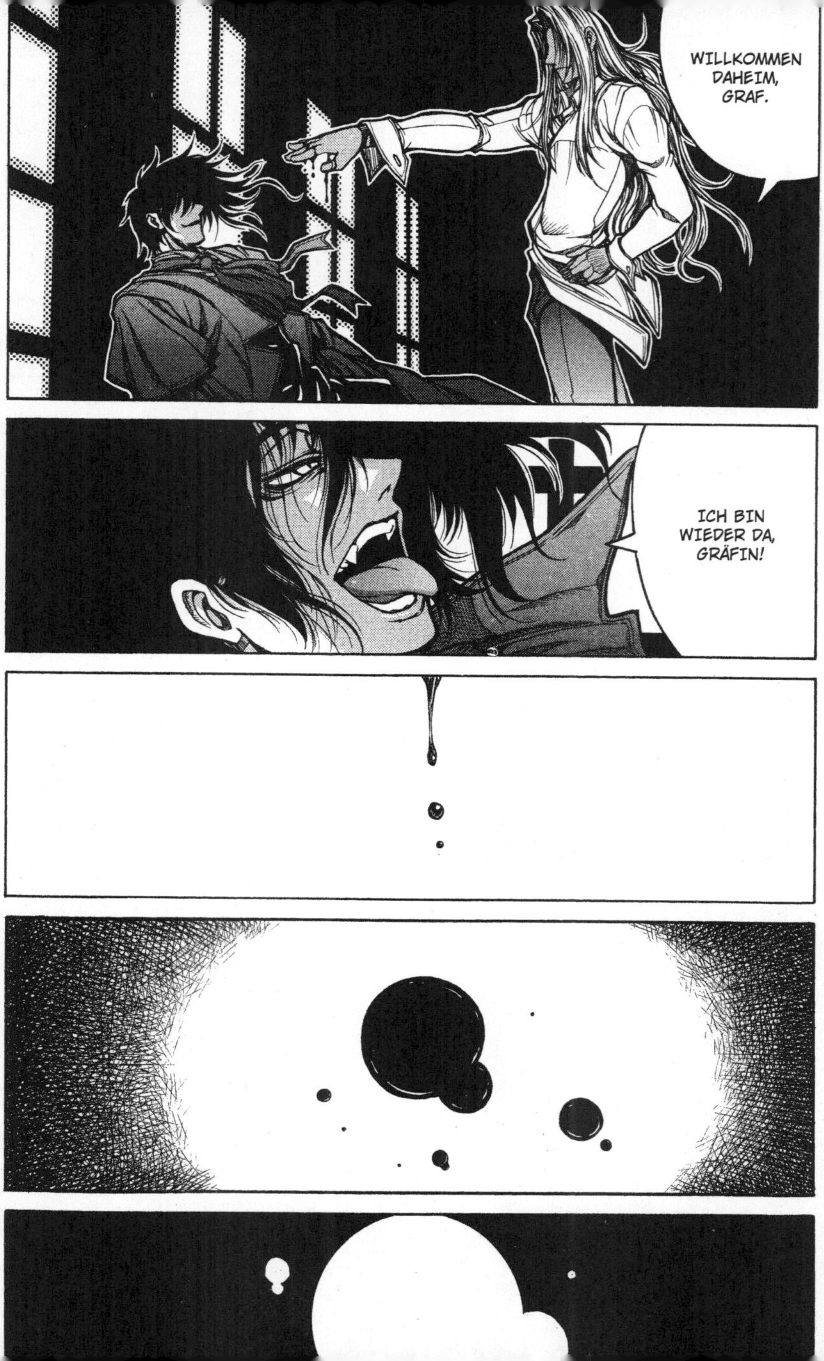
WILLKOMMEN DAHEIM, GRAF.
ICH BIN WIEDER DA, GRÄFIN!

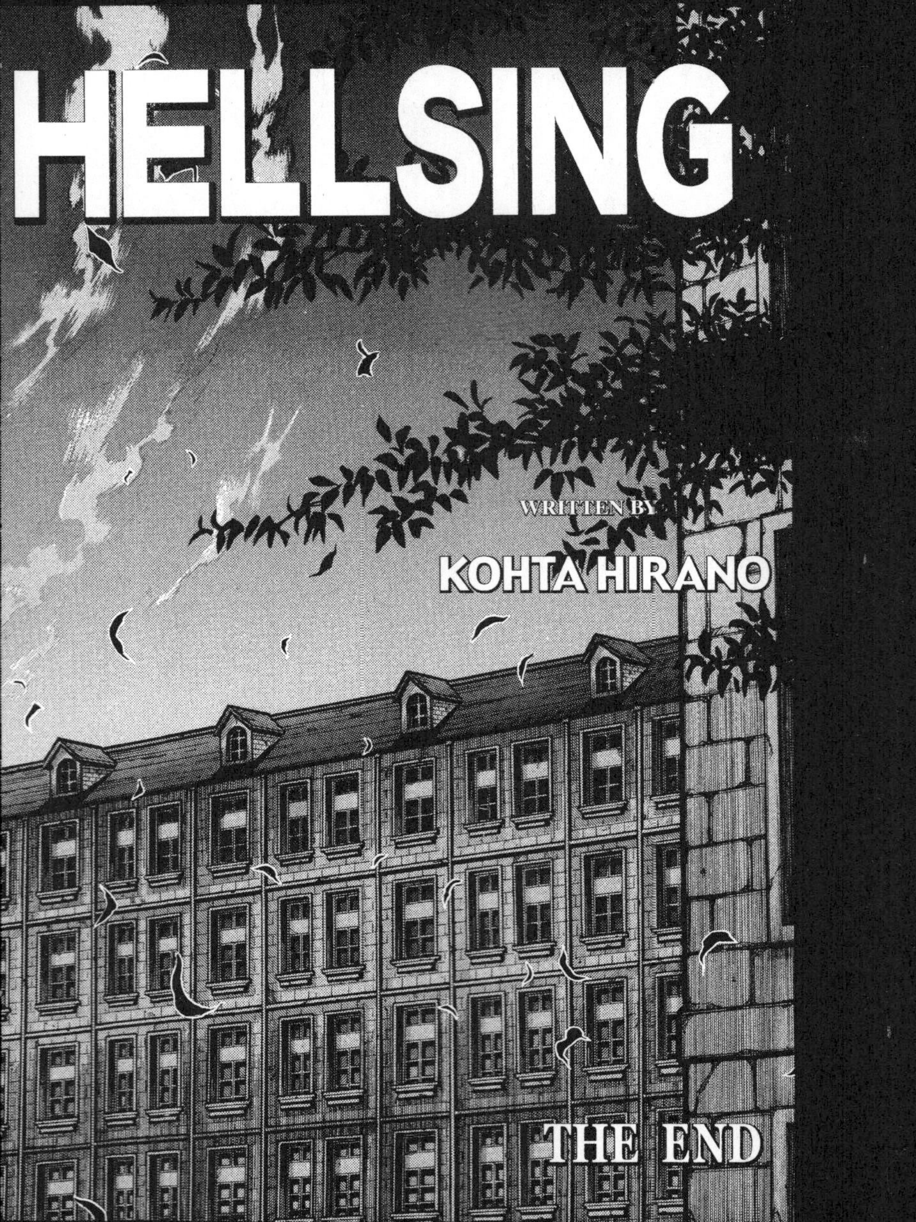
HELLSING
WRITTEN BY
KOHTA HIRANO
THE END

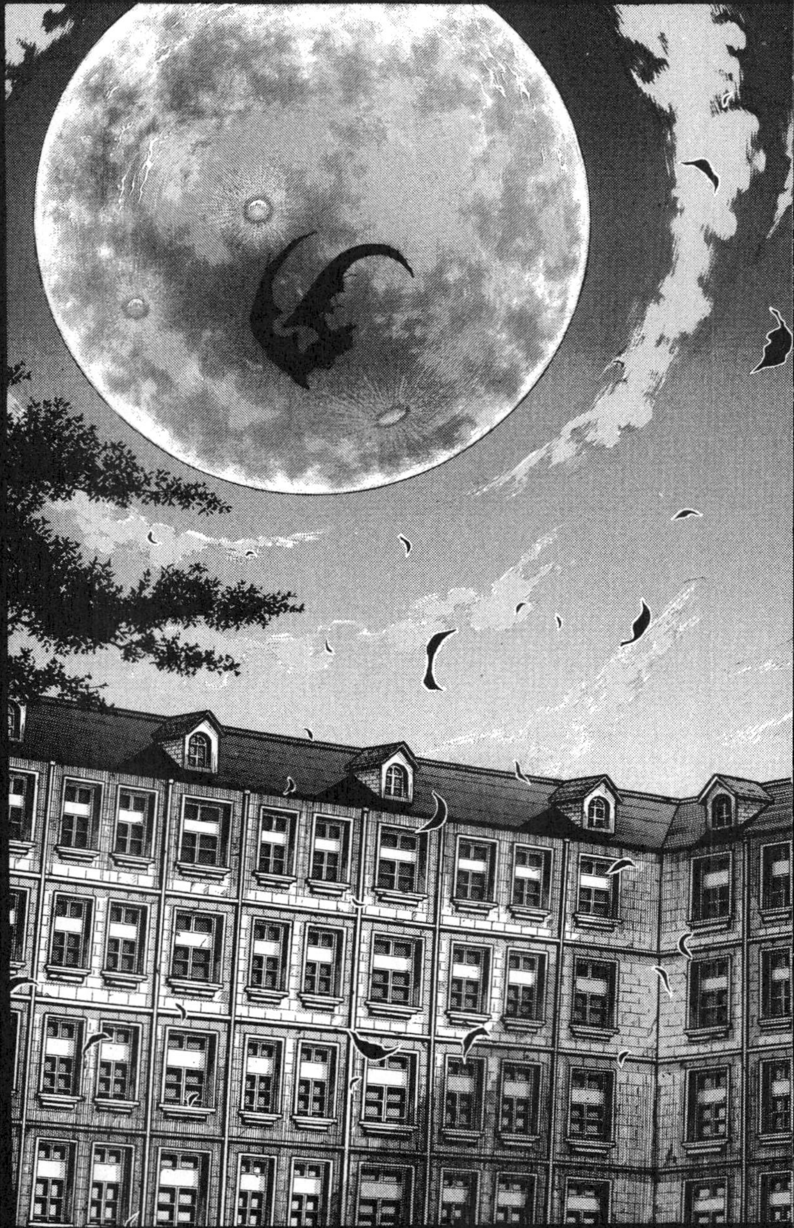

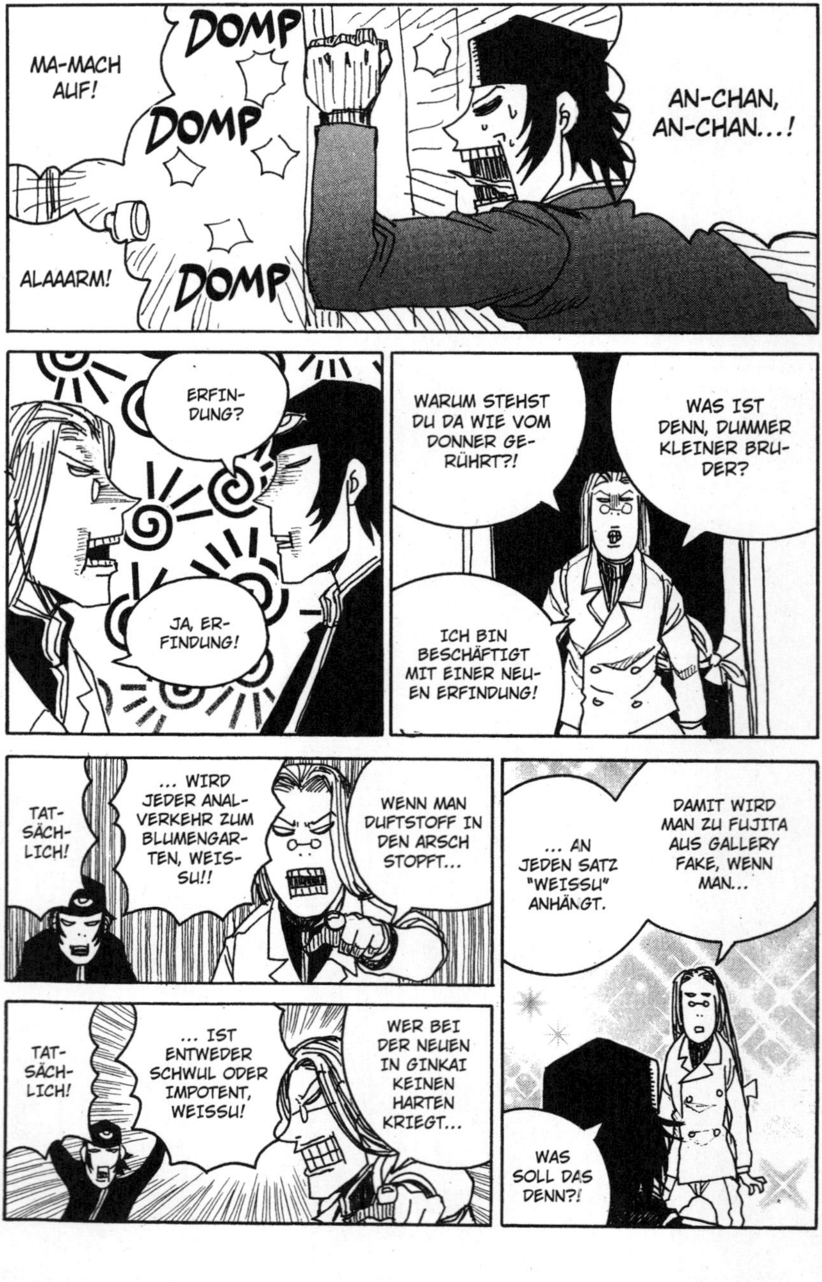
AN-CHAN, AN-CHAN...!
DOMP
DOMP
DOMP
MA-MACH AUF!
ALAAARM!
WAS IST DENN, DUMMER KLEINER BRUDER?
WARUM STEHST DU DA WIE VOM DONNER GERÜHRT?!
ICH BIN BESCHÄFTIGT MIT EINER NEUEN ERFINDUNG!
ERFINDUNG?
JA, ERFINDUNG!
DAMIT WIRD MAN ZU FUJITA AUS GALLERY FAKE, WENN MAN...
... AN JEDEN SATZ "WEISSU" ANHÄNGT.
WAS SOLL DAS DENN?!
WENN MAN DUFTSTOFF IN DEN ARSCH STOPFT...
... WIRD JEDER ANALVERKEHR ZUM BLUMENGARTEN, WEISSU!!
TATSÄCHLICH!
WER BEI DER NEUEN IN GINKAI KEINEN HARTEN KRIEGT...
... IST ENTWEDER SCHWUL ODER IMPOTENT, WEISSU!
TATSÄCHLICH!

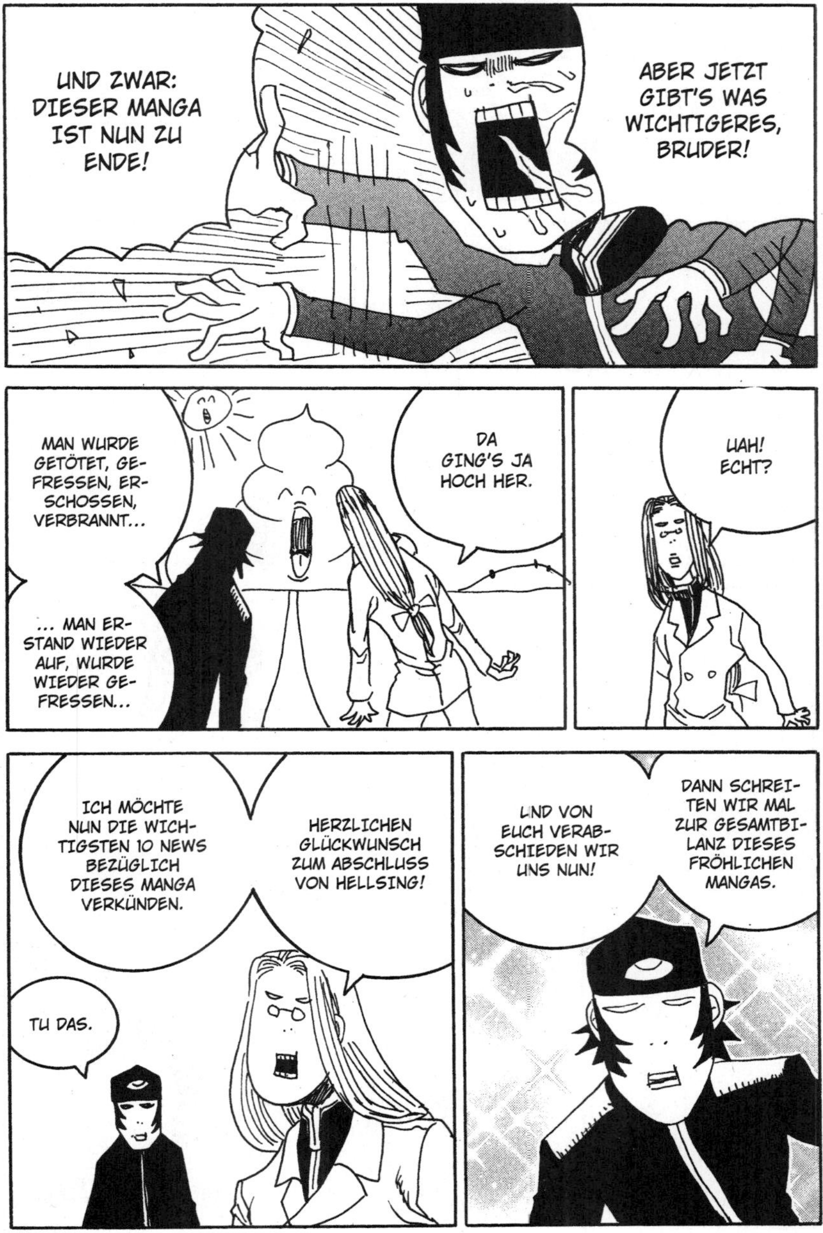
ABER JETZT GIBT'S WAS WICHTIGERES, BRUDER!
UND ZWAR: DIESER MANGA IST NUN ZU ENDE!
UAH! ECHT?
DA GING'S JA HOCH HER.
MAN WURDE GETÖTET, GEFRESSEN, ERSCHOSSEN, VERBRANNT...
... MAN ERSTAND WIEDER AUF, WURDE WIEDER GEFRESSEN...
DANN SCHREITEN WIR MAL ZUR GESAMTBILANZ DIESES FRÖHLICHEN MANGAS.
UND VON EUCH VERABSCHIEDEN WIR UNS NUN!
HERZLICHEN GLÜCKWUNSCH ZUM ABSCHLUSS VON HELLSING!
ICH MÖCHTE NUN DIE WICHTIGSTEN 10 NEWS BEZÜGLICH DIESES MANGA VERKÜNDEN.
TU DAS.

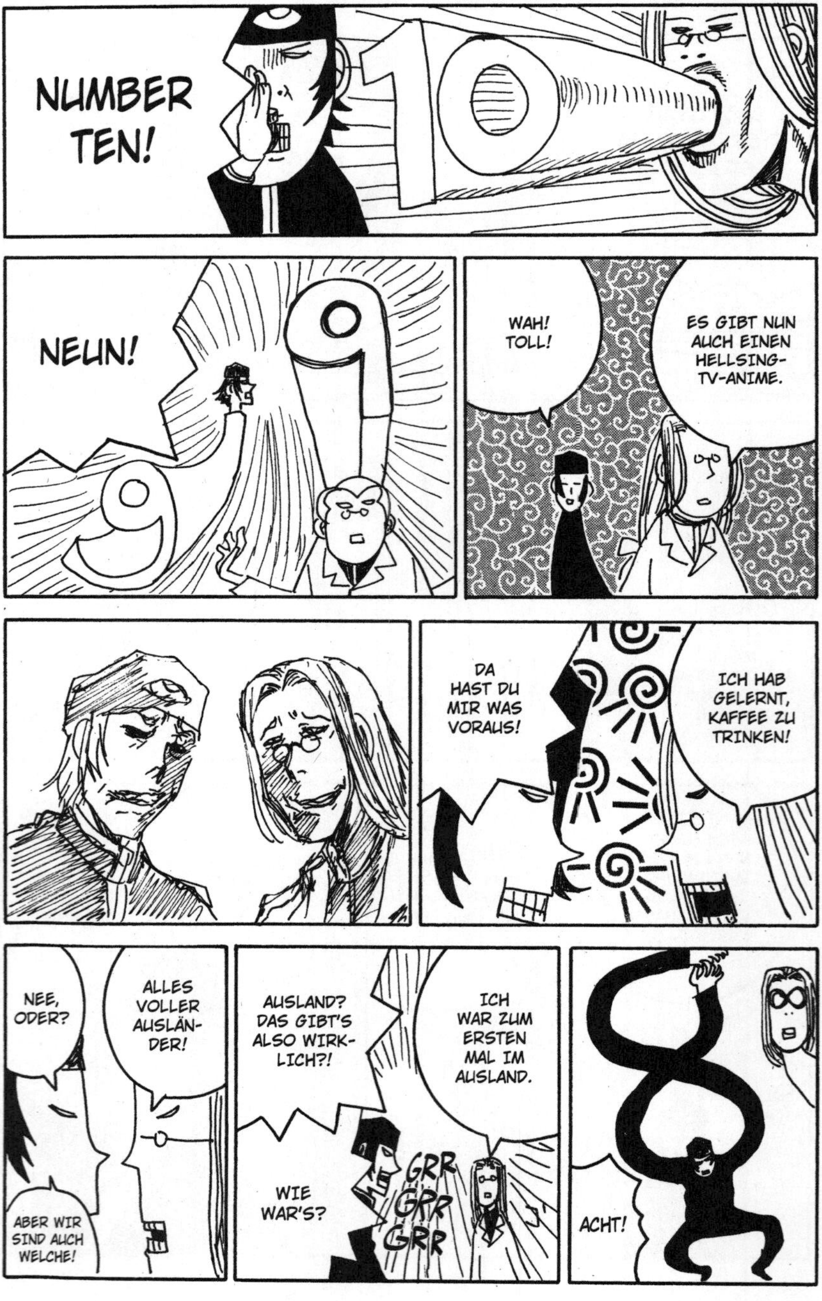
NUMBER TEN!
ES GIBT NUN AUCH EINEN HELLSING-TV-ANIME.
WAH! TOLL!
NEUN!
ICH HAB GELERNT, KAFFEE ZU TRINKEN!
DA HAST DU MIR WAS VORAUS!
ACHT!
ICH WAR ZUM ERSTEN MAL IM AUSLAND.
AUSLAND? DAS GIBT'S ALSO WIRKLICH?!
WIE WAR'S?
GRR GRR GRR
ALLES VOLLER AUSLÄNDER!
NEE, ODER?
ABER WIR SIND AUCH WELCHE!

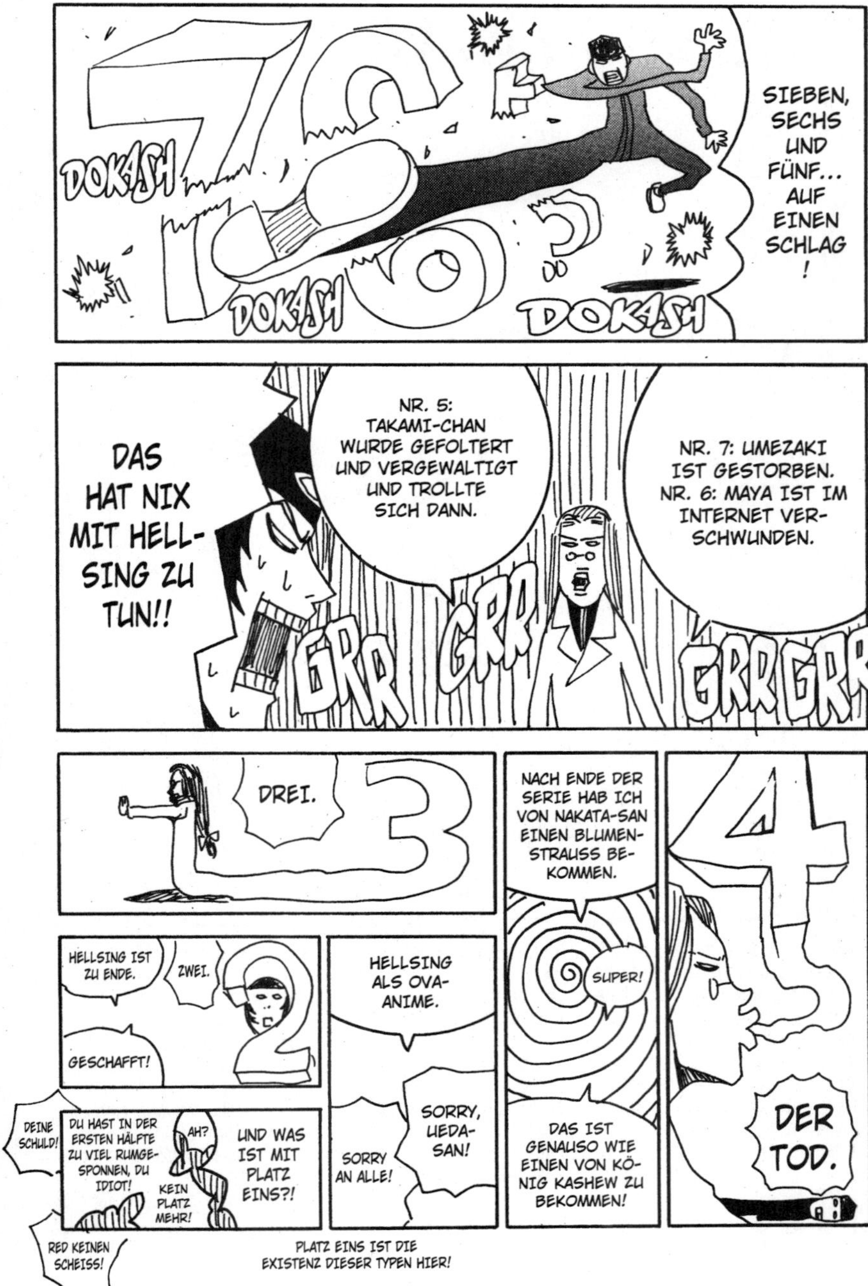

SIEBEN, SECHS UND FÜNF... AUF EINEN SCHLAG!
DOKASH
DOKASH
DOKASH
NR. 7: UMEZAKI IST GESTORBEN. NR. 6: MAYA IST IM INTERNET VERSCHWUNDEN.
NR. 5: TAKAMI-CHAN WURDE GEFOLTERT UND VERGEWALTIGT UND TROLLTE SICH DANN.
DAS HAT NIX MIT HELLSING ZU TUN!!
GRR GRR GRRGRR
DER TOD.
NACH ENDE DER SERIE HAB ICH VON NAKATA-SAN EINEN BLUMENSTRAUSS BEKOMMEN.
SUPER!
DAS IST GENAUSO WIE EINEN VON KÖNIG KASHEW ZU BEKOMMEN!
DREI.
HELLSING ALS OVA-ANIME.
SORRY, UEDA-SAN!
SORRY AN ALLE!
ZWEI.
HELLSING IST ZU ENDE.
GESCHAFFT!
UND WAS IST MIT PLATZ EINS?!
AH?
KEIN PLATZ MEHR!
DU HAST IN DER ERSTEN HÄLFTE ZU VIEL RUMGESPONNEN, DU IDIOT!
DEINE SCHULD!
RED KEINEN SCHEISS!
PLATZ EINS IST DIE EXISTENZ DIESER TYPEN HIER!

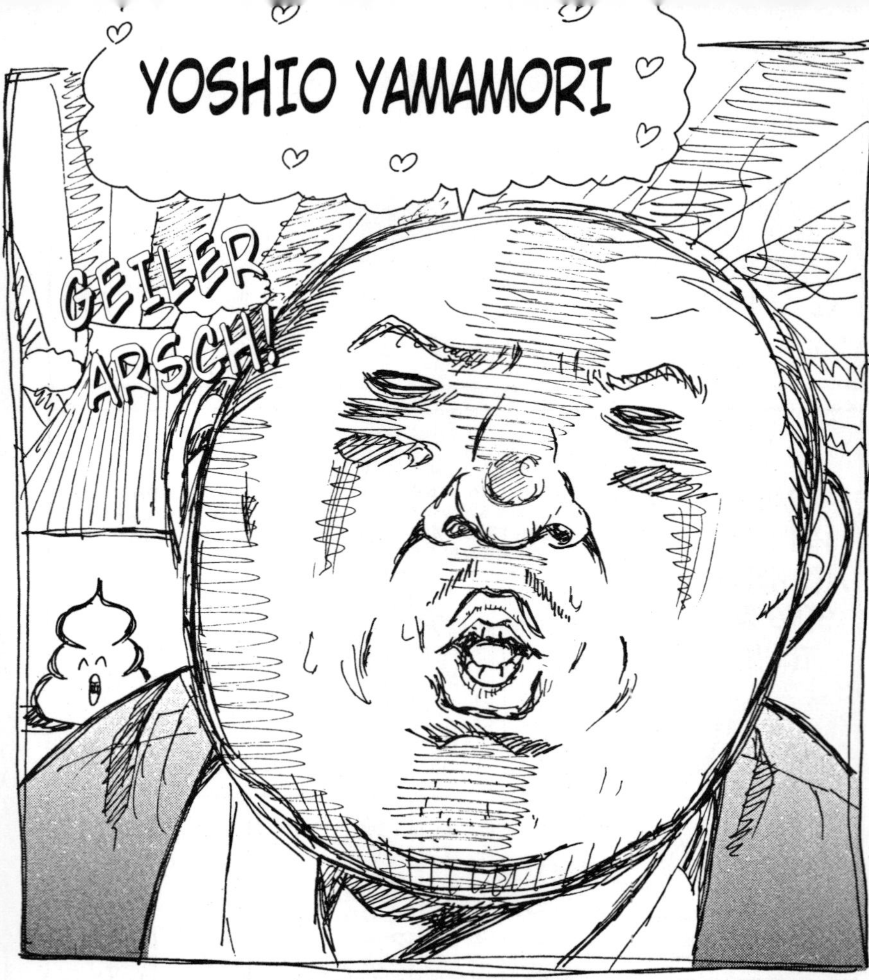

ER IST DIE HAUPTFIGUR DIESES MANGA. EINE ERHABENE EXISTENZ, DIE ALLES AUS DEM SCHATTEN HERAUS LENKT UND STEUERT. ER IST SO STARK, DASS ER MIT DEM KLEINEN FINGER DEN "ABSOLUT UNBESIEGBAREN ROBOTER, WIE IHN SICH EIN GRUNDSCHÜLER VORSTELLT" NIEDERMÄHT UND FRISST... ER IST DER INBEGRIFF DES EXTREM BÖSARTIGEN UNMENSCHEN. ÜBRIGENS, DIE YAMAMORI-GUMI IST EINE FURCHTERREGENDE GRUPPE VON YAKUZA, DEREN JAPANISCHEN SCHWERTER, DIE SIE SELBST BEI EINFACHEN HALBSTARKEN BENUTZEN, ZU STORMBRINGERN WERDEN, DEREN FEUERWAFFEN ZU ANGEL ARMS WERDEN, UND DIE AUS DEM MUND EINE ENERGIE AUSSTOSSEN KÖNNEN, DASS SICH SELBST DIE GURREN LAGANN IN WINZIGKLEINE EINZELTEILE AUFLÖST. IHR LIEBLINGSGERICHT: OKONOMIYAKI. AUSSERDEM ESSEN SIE HAUPTSÄCHLICH AUSTERN UND MOMIJI MANJU.

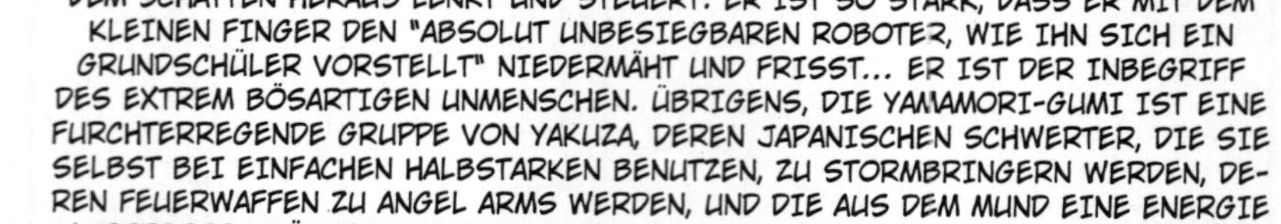

- "LANGE NICHT GESEHEN! ICH BIN'S!! HIRANO!! EH?! VON EINEM GORILLA...?! ER... IST TOT?! IST DAS WAHR?!" (ABKÜRZUNG FÜR "SCHÖNEN FEIERABEND" IM ADACHI-DIALEKT)
DAS HIER IST DAS LETZTE MAL... BIS ZUM SCHLUSS BLEIBT ES SO IN DEM STIL!
10 JAHRE HELLSING LIEGEN HINTER UNS, LEUTE, 10 JAHRE...!
UM ES MIT NIKOROBIN ZU SAGEN: DIE ZEIT, DIE LOLI BRAUCHT, UM ZUR MÖRDERIN ZU WERDEN.
UM ES MIT GUNDAM ZU SAGEN: DIE ZEIT, IN DER ZAKU II ZUM HAMMA HAMMA WIRD... WAHNSINN.

- IN DIESEN ZEHN JAHREN IST EINIGES PASSIERT. ZUM BEISPIEL IST DER PREIS FÜR EINEN BROKKOLI VON 1000 YEN AUF 20 YEN GEFALLEN. ABER SONST IST WIRKLICH ÜBERHAUPT GAR NICHTS PASSIERT, ODER?

- ZUM THEMA MANGA... ICH HAB ES TEILWEISE SCHON ZIEMLICH WEIT GETRIEBEN. ABER WENN ICH BUSEN UND BEINE ZEICHNEN KANN, DANN SIND MÖRDER AUCH IN ORDNUNG. ICH BIN ZUFRIEDEN.
MANZOKU (DIE ERO-ZEITSCHRIFT)

- DA HIER JA NOCH PLATZ ÜBRIG IST, UND WEIL ES DAS LETZTE MAL IST, SINGE ICH HIER EIN LIED.

◎ DAS HELLSING-LIED - YOTARO-EIKOKU-TANZLIED
HAH... DER TEE IST ALLE, DIE ZIGARETTEN SIND ALLE
AUCH HEUTE HAT DAS FRÄULEIN WIEDER ENTZUGSER-SCHEINUNGEN (HAA BULI TON BULI TON)
TITTEN BLOND IDIOTENPÄRCHEN
KRIEGSFAN FANATIKER (HAA WOMONGA WOMONGA)
"MÄDCHEN, AUCH HEUTE HERRSCHT FRIEDEN IN LONDON." - "GIBT'S NICHT!" - "GYAH!"
"WENN MAN SCHWARZEN TEE TRINKEN KANN, GIBT ES KEIN MORDEN MEHR." - "STIRB!"
AURA LOAD IST OFFEN (HEAVY METAL) - "GIBT'S NICHT!"

ALSO TSCHÜSS, UND LASST'S EUCH GUT GEHEN!

ACHTUNG!

Dieser Comic wird wie im Original gelesen:
von rechts nach links,
also fangt einfach von der anderen Seite des Buches an
und stürzt euch in die Welt von **HELLSING**!

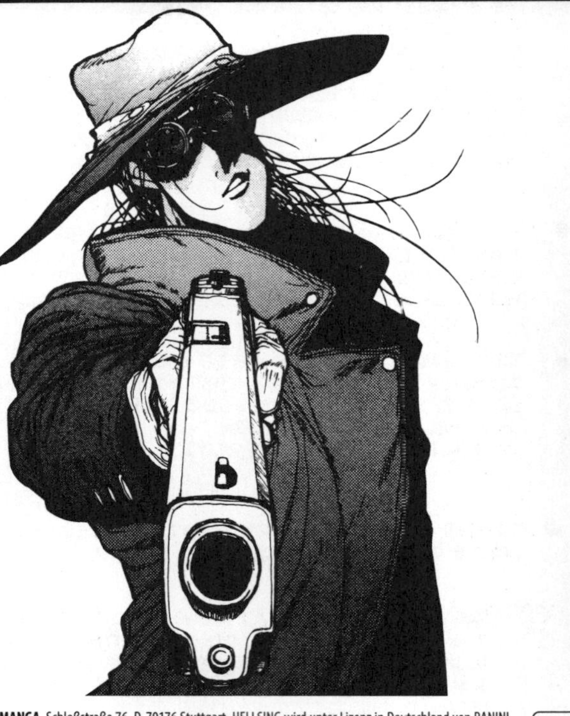

HELLSING erscheint bei **PANINI MANGA**, Schloßstraße 76, D-70176 Stuttgart. HELLSING wird unter Lizenz in Deutschland von PANINI Verlags-GmbH veröffentlicht. Druck: Gravinese Industrie Grafiche Srl – Leinì (TO). Direkt-Abos auf **www.paninimanga.de**. Geschäftsführer **Hermann Paul**, Publishing Director Europe **Marco M. Lupoi**, Finanzen/Logistik **Felix Bauer**, Marketing Director **Holger Wiest**, Marketing **Dr. Rebecca Haar**, **Jessica Langer**, Vertrieb **Alexander Bubenheimer**, PR/Presse **Steffen Volkmer**, Publishing Manager **Lisa Pancaldi**, Redaktion **Marlene Eggertsberger**, **Stephanie Jakob**, **Matthias Korn**, **Philipp Nakata**, **Daniela Uhlmann**, Übersetzung **Burkhard Höfler**, Proofreading **Enza Ceraudo**, grafische Gestaltung **Rudy Remitti**, **Nicola Spano**, Art Director **Alessandro Gucciardo**, Redaktion Panini Comics **Elisa Panzani**, **Ludovica Ungari**, Repro/Packager **Alessandro Nalli** (coordinator), **Anna Boselli**, **Mario Da Rin Zanco**, **Valentina Esposito**, **Luca Ficarelli**, **Simone Guidetti**, **Linda Leporati**, **Fabio Melatti**. **ISBN** 978-3-7416-2797-2

FSC
www.fsc.org
MIX
Paper | Supporting responsible forestry
FSC® C115044

2. Auflage

Bibliografische Information der Deutschen Nationalbibliothek
Die Deutsche Nationalbibliothek verzeichnet diese Publikation in der Deutschen Nationalbibliografie; detaillierte bibliografische Daten sind im Internet über dnb.d-nb.de abrufbar.